好妈妈影响孩子一生

3~6岁宝宝家长教子必读

孙晓丽 /著

黑龙江科学技术出版社

图书在版编目(CIP)数据

好妈妈影响孩子一生:3~6岁宝宝家长教子必读/孙晓丽著.
—哈尔滨:黑龙江科学技术出版社,2011.4
ISBN 978-7-5388-6609-4

Ⅰ.①好… Ⅱ.①李… Ⅲ.①学前儿童—家庭教育
Ⅳ.①G78

中国版本图书馆CIP数据核字(2011)第058055号

好妈妈影响孩子一生:3~6岁宝宝家长教子必读
HAOMAMAYINGXIANG HAIZI YISHENG 3~6SUI BAOBAOJIAZHANG JIAOZIBIDU

作　　者 孙晓丽
责任编辑 回　博
封面设计 白冰设计
出　　版 黑龙江科学技术出版社
(150001　哈尔滨市南岗区建设街41号)
电　　话 (0451)53642106　传真53642143(发行部)
印　　刷 三河市杨庄镇明华印装厂
发　　行 全国新华书店
开　　本 710×1000　1/16
印　　张 17.75
字　　数 190千字
版　　次 2011年7月第1版·2012年7月第3次印刷
书　　号 ISBN 978-7-5388-6609-4/G·699
定　　价 29.80元

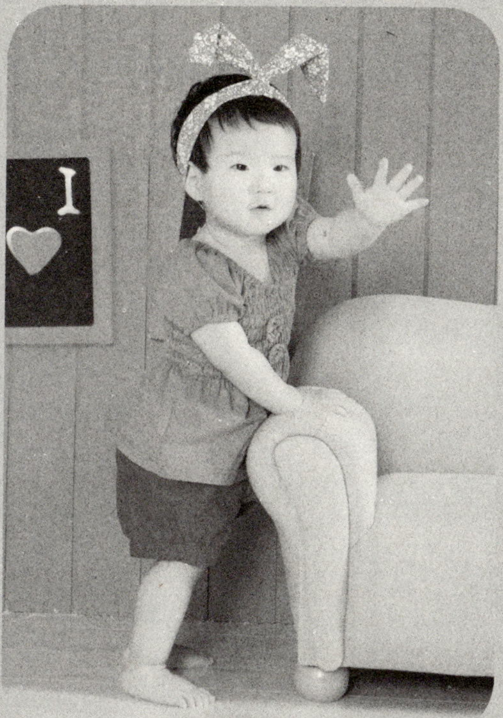

前言 Preface

每个孩子都是上帝送给父母的一份珍贵礼物，父母科学的教育方法才是给孩子最完整的爱。

在儿童时期，3～6岁这个阶段是至关重要的。我国自古就有“三岁看大，七岁看老”的古训。儿童心理学研究表明，人的一生有两个加速发展期：6岁前，身心发展十分迅速，称为“第一加速期”；6岁到青年期前，发展速度比较均衡，到青年期，发展又非常迅速，进入“第二加速期”。

因此，3～6岁这个阶段，如果孩子能够得到良好的教育，能够健康成长，就自然会让7岁以后的人生变得更加自如与精彩。

“妈妈”是这个世界上最美丽的称谓，她不但给予孩子生命，还教育孩子成才。好妈妈如何教育3～6岁的孩子呢？

具体来说，好妈妈应该做好以下几方面：

好妈妈要读懂孩子，认识孩子的敏感期；

好妈妈要接纳孩子，包容孩子的不完美；

好妈妈要尊重孩子，培养孩子兴趣爱好；

好妈妈要善于倾听，跟孩子进行沟通；

好妈妈要挖掘潜能，做孩子的好伯乐；

好妈妈要引导孩子，做孩子的方向盘；

……

事实上，妈妈就是孩子的一面镜子，有什么样的妈妈就会养育出什么样的孩子。好妈妈应该是一个身心健康、精神面貌良好的人，这样才能教育出优秀的孩子。总之，好妈妈教育孩子的工作做得好，就会影响孩子的一生。

目 录

第十一章　走出误区，好妈妈懂得自我反省

第一章

读懂孩子，
走进孩子的内心世界

亲子关系决定家庭教育的成败

现在很多妈妈事业很成功，却感觉对孩子的教育并不怎么成功，十分苦恼。其实，衡量孩子教育成功与否，更重要的是看孩子能否感受到愉悦和幸福，能否与周围人和谐相处，能否在亲子关系中融洽自如。

不妨问问自己，是否更关心孩子如何变得让自己“有面子”？是不是更希望他能考高分，却很少关注他是否快乐，有没有朋友？这些关怀的缺失，使得妈妈和孩子之间总是有层隔膜，孩子总是表现叛逆，总是和妈妈“对着干”。在孩子长大后，和妈妈之间“没话说”、“聊不来”。

亲子关系，在青少年时期，胜过许多教育，甚至决定着孩子教育的成败。据研究，如果孩子在12岁之前没有和妈妈建立很亲密的亲子依恋，那么孩子一生的安全感和幸福感很难建立，尤其是6岁之前，如果妈妈没有拿出足够的精力陪孩子，亲子之间很难再建立起足够的信任和依赖。

建立融洽的亲子关系，对孩子成长的重要性，不言而喻。而其前提是，妈妈必须明白，爱是无条件的，孩子存在本身就是妈妈给予爱的理由。教育的艺术首先是倾听的艺术。妈妈必须学会倾听，学会去欣赏、理解孩子的成长。妈妈最容易犯的错误，就是自以为是，以为自己什么都懂，其实不然。如果你的孩子在你眼中满是缺点，那么你可能是一个很失败的妈妈。

教育的核心，就是培养健康的人格。身为妈妈，不要太重视孩子外在的成功。孩子的成绩好坏，上的大学好不好，有没有找到好工作，这些外在的标准固然对家庭很重要，但是妈妈必须意识到，还有比这更重要的东西，那就是爱和幸福的能力。

信息时代动摇了老年人的权威。过去的父母可以很骄傲地跟孩子说：“我过的桥比你走的路还多”、“我吃的盐比你吃的米还多”。到了今天，反倒是孩子们经常跟妈妈很不屑地说“你懂什么呀！”

所以，我认为，21世纪是妈妈和孩子互相学习共同成长的时代。妈妈需要从孩子那里学习的，不仅仅是新技术新知识，还有新的思维方式和新的生活理念。学习的前提是互相尊重，尊重孩子的特性，尊重孩子的选择，更重要的是尊重孩子的人格。

做孩子的知心朋友

妈妈与孩子之间，多因彼此不了解而发生误会，多为沟通少而产生矛盾，多是没有平等交流而伤了感情……如果妈妈学会与孩子做朋友，这一切问题就会迎刃而解。

王晓飞今年14岁了。在妈妈的眼里，他的毛病很多：抽烟、喝酒，做事拖沓，把大量的时间花在玩电子游戏上……而且，因为长时间玩游戏，王晓飞的视力受到影响，现在已经戴上了八百度的近视眼镜。妈妈看在眼里，急在心里：孩子现在如果不改掉这些坏习惯，不好好学习，不掌握一技之长，将来如何在社会上立足呢？于是妈妈把王晓飞管得更严了，经常在王晓飞耳边唠叨。

可慢慢地，妈妈发现王晓飞越来越不喜欢待在家里了，周末也总是找借口，早出门，晚回家。在妈妈的一次又一次“管教”下，王晓飞的脾气也越来越暴躁，有时候妈妈刚说几句，王晓飞就会咬着牙，冷冷地吐出一个字：“滚！”听到孩子说出这句话，妈妈惊得目瞪口呆。

很多妈妈都把自己的权威看得很重，从不去了解孩子的想法；一心望子成龙，却不能与孩子很好地沟通，忽略孩子本身的特点；一相情愿地向孩子提出过高的要求，给孩子造成了很大的心理压力。

很多妈妈面对这样的结果，不仅没有认识到自己教子方式的失误，反而对孩子施以更严重的惩罚，最终导致孩子与妈妈的关系越来越僵，孩子犯的错误也越来越多。这是因为妈妈没有做孩子的朋友，没有与孩子进行良好沟通导致的结果。

妈妈教育孩子，要想避免上例中妈妈与王晓飞那样的结果，就应该放下架子，与孩子进行平等沟通，了解孩子内心的想法，避免给孩子提出超出承受能力的要求，否则会造成孩子因怕被斥责而说谎，甚或更为恶劣的行为的产生。

妈妈要学会跟孩子做朋友，这样孩子有什么样的心情，对事情有什么样的看法，以及对妈妈有何意见等都能与妈妈及时沟通，妈妈也能够更深入地了解和理解孩子，更清楚地知道应该从哪里入手教育孩子，运用什么样的方法更合适；对于孩子的迷惘，妈妈也能够给予及时的指引和疏导，让孩子少走弯路，避免或减少不良后果的产生。

总而言之，妈妈与孩子做朋友，就能在全面了解孩子的情况下，有针对性地纠正孩子的缺点，及时改变孩子错误的思想认识，有效减少不良行为的发生。而孩子因为妈妈像朋友那样与自己交流，也会乐意接受妈妈的指导与教育。这样，妈妈就可以更好地帮助孩子，使他们更加健康快乐地成长，而像王晓飞母亲那样做，只会让孩子害怕，却不能带来好的结果。

学会与孩子做朋友，对许多妈妈来说，不是一件简单的事情。那么妈妈应该怎么做呢？教育专家给出了以下几点建议：

第一，学会尊重孩子的意愿。孩子也是家庭的一员，当遇到事情尤其是和孩子密切相关的事情时，妈妈应该征求孩子的意见，并尽量尊重孩子的意愿，而不是总以为孩子太小，根本没有思考问题的能力，即使跟他们商量也没有用。尊重孩子的意愿，遇事经常和孩子商量，不仅是因为孩子有权知道自己的事情，更是对孩子的分析和判断能力的培养。

第二，多与孩子进行心灵上的沟通。如今不少妈妈忙于工作，忙于赚钱，把孩子交给保姆，交给老人，图自己省事，往往以买玩具、买衣服、给许多零用钱作为补偿，其实孩子最需要的是妈妈对自己的关心，与自己做思想上的交流。与其花钱买名牌用品、高档玩具给孩子，不如多花时间与孩子谈心、交流，这才是妈妈给孩子的最宝贵的财富。

第三，尊重孩子作为家庭成员的地位。赏识孩子，就要尊重孩子的意愿，让孩子有知情权和参与权，这样才能让孩子感觉到他在家庭中的重要性，从而建立起对家庭的责任感，培养他们的主人翁意识。对于妈妈来说，对孩子的尊重是了解孩子最好的途径。如果妈妈尊重自己的孩子，孩子反过来也会尊重妈妈。只有妈妈想了解孩子的想法时，孩子才会大胆地告诉妈妈。

妈妈应该随时记住孩子是家庭中的重要成员，遇事主动征求孩子的意见；当孩子表示不满或者反对的时候，应该心平气和地给孩子解释，争取得到孩子的理解，而不能强迫孩子服从，甚至斥责孩子。

第四，每天多抽点时间陪伴孩子。妈妈无论有多忙，每天都应该抽出一定的时间来陪伴孩子。因为只有陪伴在孩子身边，妈妈才能满足孩子对亲情的需要，孩子才能体会到妈妈的爱。也只有多陪伴孩子，妈妈才能够更多地了解孩子的状况，给予孩子及时的关怀和帮助，让孩子快乐地成长。

以平和的态度走进孩子的世界

我认为，孩子幼小的心灵极易受到挫伤，任何粗暴武断的教育方式都是不合时宜的，只有用温和的方式，才能走进孩子的心灵。

我和丈夫工作都很忙，自儿子上学后，我们只好“早送晚接”。孩子中午就餐、休息和下午放学后的这段时间，就托付给二老代为看管。

我们与儿子最初的对话是口头上的，有时为了一件小事，容易激动的丈夫一看昔日在怀里撒娇的“毛头”成了“犟头”，气就不打一处来，常常是先蹦起来。“强权政治”下的儿子只得让泪水在眼眶里打转。几次下来，眼见对话就要演变成训话，我于心不忍，提议将对话方式改成以书面形式为主，以避免不必要的正面冲突。

我和儿子共同商定，列出8项需要沟通的专题，规定每日或隔天一次。为了有实际效果，在每页上方郑重注明：“严禁撒谎、隐瞒不报，否则重罚。”

9月的一天，我和儿子进入了对话角色。儿子对学习上的话题都是简明扼要，对一些自身的问题也能如实相告，如“练琴不太好”、“作业迟交”等。最能打动他的是“最想和爸爸妈妈说的话”这个话题，“对话”的当天，儿子就在这一栏里写下了“要有耐心”的话语。我和丈夫看到后，“八目”（两人都是近视患者）相对，暗喜这是一个良好开端，当即对儿子说了许多“滚烫”的鼓励和保证之类的话语。谁知第二天我们听说儿子上课时又讲话、做小动作了，急于求成的丈夫克制不住情绪，把儿子臭骂了一通。这次儿子在《对话专页》上写下这样一句话：“我现在说什么你们都会反对、不听，不能实事求是，我认为对你们说的话是没用的。”丈夫这才意识到自己“言重了”。我惟恐前功尽弃，恳请丈夫放下架子，尊重孩子的意见，积极配合我的工作，以达到预期效果。

在随后的一段时期里，儿子相继提出了“要和蔼”、“请不要误解”、“请根据我的学习方法来引导我”、“不要从自己的角度来考虑别人”、“爸爸，请保持情绪稳定”等要求。

通过对话这座“桥梁”，我和丈夫开始走进孩子的内心世界，更值得欣慰的是，以前常常和我们“对着干”的儿子也渐渐理解了家长的良苦用心。前几天，儿子给他爸爸写了一封情真意切的信，袒露了自己真实的内心。

丈夫和我都被他朴实的语言实实在在地感动了，我们也由此看到了希望的曙光。我们商定，和儿子的“对话”还要继续进行下去。

其实，孩子从他自己的角度看问题，就会有与众不同的意见，哪怕他的意见看起来很幼稚，也能在某种程度上启发父母，弥补父母认识上的不足。

有时，孩子即使犯了一个小错误，家长也会凭借对孩子的了解做出不恰当的评论，若是孩子为自己申辩，就会使家长气上加气。事实上，人非圣贤，孰能无过？家长应给孩子一个为自己的过失辩解的机会。

家长不让孩子把话说完，往往出于以下几种心理：

第一，孩子的话刺痛了家长的短处，让家长觉得很没面子。正所谓“童言无忌”，孩子常常想到什么说什么，毫不忌讳，所以家长不妨抱着轻松的心态和孩子进行沟通，听听孩子怎么说，或许能从孩子的话中受到启发。

第二，家长专制，认为“我就是对的”。此种类型的家长属于顽固型，认为孩子说的话都是在为自己找借口，所以不愿意听孩子解释，更反对孩子辩解。这种沟通方式会使孩子养成缄默不语的性格或者心生委屈和怨言不敢辩解，而一个不会据理力争的人，长大以后也是很难适应竞争激烈的社会发展的。

第三，认为孩子不懂事，没必要耐着性子听完孩子讲话。其实，孩子的思维比较单纯，远没有大人想的复杂，有些事情在大人看来好像很难完成，但孩子往往能从复杂的事情中看清事物本质的东西，从而给大人以启发。

孩子也有说话权，在家庭中，孩子想说话时，妈妈就应鼓励孩子完整地表达出个人的想法，而不是总用“住嘴”二字封住孩子的嘴，否则孩子就会变得沉默，渐渐地就懒于和妈妈交流。因为妈妈的“禁令”使他们觉得自己的意见根本就不受重视，即使说了也是自讨没趣，如此一来，孩子的自我表达能力就会降低，不利于孩子日后的发展。所以，家长在与孩子沟通时，给孩子一个发表意见的机会就可以避免产生种种不良的后果。

家长应以平和的态度接近孩子，认识到自己是孩子的朋友。当孩子的理解有偏差时，你可以纠正他的想法；当孩子的看法片面时，你可以适当地给予补充，还可以根据孩子的话有针对性地进行教育，这样，孩子的判断能力和思维能力就都能得到提高。

当然，除了在孩子想说话的时候让他尽情地说，还要在他沉默的时候鼓励他说，因为有的孩子根本没有为自己辩解的意识或胆量。鼓励孩子说出心里的想法、不满，会让他变得善于思考，也会使他的自主意识和表达能力得以增强。

增进亲子关系的“黄金时间”

一天24小时，你有多少时间和孩子相处，在这段时间里又有多少时间能有效增进亲子关系？下面我们为大家介绍几个增进亲子关系的“黄金时间”。

☺ 孩子起床前——“薄荷时间”

迪迪是个公认的“快乐小天使”，妈妈说，她的育儿秘诀中有一条是：一天之计在于晨。

迪迪妈妈不会像有些妈妈那样，早上总是急匆匆地把睡眼惺忪的孩子从床上揪起来，她强调，要给孩子一个美好的开始。所以，迪迪早晨起床前会有一系列的“仪式”：新鲜空气、音乐、拥抱和问候，还有——“画个梦”。

要想孩子一天有个好心情，早晨睁开眼睛的那一刻是很重要的。所谓“薄荷时间”就是要让孩子起床前的时间如薄荷般清新和令人愉悦。

做法是：

（1）为孩子在睁开眼睛到起床之间预留15分钟左右的时间。

（2）营造一个适宜环境，让孩子自然地醒来。比如：打开窗户，让新鲜空气进来；放上令人愉快的轻音乐；轻轻摩挲孩子的头顶（据证实，这有助于人自然醒来）。

（3）给孩子美好的问候。当孩子睁开眼睛时送上快乐的问候：宝贝，早上好！再给孩子一个拥抱和亲吻。

（4）让孩子画画梦。问问孩子睡得好吗？做了什么梦？给孩子纸笔把梦画下来，和孩子一起分享他的梦。透过孩子画的梦，妈妈可以了解孩子的心思，并做一些引导。

如此几步下来，孩子的身心都已经做好了迎接新的一天的准备了。

☺ 从外面回到家时——“奶油时间”

快下班了，小梅边收拾东西边抱怨，想到回家头就大，一进门看见的就是早上匆匆离家时留下的乱糟糟场面，桌子上是没收拾的碗筷，卫生间里是一大堆脏衣服，小家伙还会缠上来要吃要喝要陪着玩，弄得人心里直上火。

听了小梅的抱怨，一旁的李楠笑了，说：那是因为你家缺少个“奶油时间”。

“奶油时间”指的是无论大人还是孩子，从外面赶回家后都需要一段时间用来放松和调整，这段时间就应该像奶油那样松松软软，令人舒适自在。

事实上，每个人在进入房间时，都会敏感到自己是否受到欢迎，这会对人之后的心情产生微妙的影响。

当孩子回到家时，他不希望迎接他的是连珠炮似的抱怨和批评，“你看你，又把衣服弄得这么脏！”“今天在幼儿园调皮了没有？”“快把你的脏手洗干净，做作业去。”孩子希望得到的是妈妈欢快的欢迎，是热烈的拥抱，是平静、耐心地听他说说白天发生的事情。

工作了一天回到家中，妈妈也需要一段时间来放松一下，尤其是出差后风尘仆仆地赶回家，也许很想先冲个澡，喝杯茶，而不希望孩子这会儿问东问西、索要礼物。

所以，和孩子约定，为每个从外面赶回家的人留一段松松软软的“奶油时间”吧。

（1）热情的欢迎，也许是一句问候、一个拥抱、一双拖鞋或一杯热茶。

（2）让他自己安静地待一会儿。

☺ 孩子入睡前——“蜜糖时间”

以前，让佳佳上床睡觉是让妈妈很头疼的事。佳佳要么没完没了地要妈妈讲故事，要么就一会儿上厕所、一会儿喝水地折腾。眼看着时间越来越晚，佳佳还是毫无睡意，妈妈就可能忍不住了，大声“吼”她两句，结果常是佳佳脸上挂着泪水委屈地入睡。

后来，妈妈改变了策略。讲了事先说好的三个故事后，她就温柔地搂着佳佳，轻轻地抚摸着她，说：和妈妈聊聊天吧。于是，母女俩就东一句西一句地聊起来了，无论佳佳说什么，妈妈都很认真地聆听和回应。有时候，妈妈也会给佳佳做全身按摩，边按摩边轻声细语地说些甜言蜜语：佳佳是妈妈的心肝宝贝，妈妈爱佳佳，佳佳也爱妈妈，佳佳是个快乐的小姑娘……现在，佳佳是脸上挂着满意的微笑甜甜入睡。

在很多家庭里，就寝时间是一段混乱的时间，妈妈和孩子两方都会受挫。孩子希望尽可能晚睡，而妈妈则巴不得孩子尽快睡觉。结果就免不了“战火纷飞”。

可是，如果让入睡前成为一天中的一个特殊时段，在这个时候，孩子可以和妈妈或爸爸“单独在一起”，说些亲密无间的话，那么孩子就会盼望就寝时间的到来了。

“蜜糖时间”，正是父母利用孩子入睡前的时间和孩子“谈情说爱”，让亲密的感觉成为调和亲子关系的主要动力。

重要的是，妈妈应很认真地聆听孩子说话，这样，孩子会慢慢学会跟妈妈分享他的忧虑、希望和心愿。而充满爱意的拥抱、亲吻和抚摸缓解了孩子的不安，让他的身心都得到了放松和满足，平静地进入了甜美的睡梦中。

培养孩子健康的情感

健康的情感，对于孩子来说，像是成长中的阳光、雨露。没有情感，就没有完美的童心。孩子的情感要靠爸爸妈妈悉心的培养，才能健康发展。

孩子的情感特点一般有：

（1）容易冲动。孩子的情绪常常处于激动状态，如爸爸妈妈说要带孩子去看电影或上公园玩，孩子就会立刻激动起来，爸爸妈妈要再提一些要求，孩子此时就一句也听不进去。

（2）情感不稳定，易变化。孩子的情感常常受外界的影响，容易受感染和暗示。看见别人笑，孩子会跟着笑；别人哭，他也会跟着哭。

（3）情感外露。孩子一般不掩饰自己的情感，也控制不了自己的情感。

那么，怎样培养孩子健康的情感呢？

（1）开展丰富多彩的活动，建立合理的生活制度，使孩子身心感到愉快。孩子的情感是在活动中培养起来的，爸爸妈妈平时可多安排一些游园、游戏等活动，来丰富孩子愉快的情感体验，培养孩子的积极情感。同时要根据孩子生理、心理发展的年龄特点，制定科学、合理的作息制度。这样，不仅有利于孩子的身体健康，还能使孩子积极、活泼、朝气蓬勃、情绪欢快。

（2）注意爸爸妈妈的表率作用。孩子的情感容易受“传染”，妈妈用良好的情感特征，特别是和睦的生活气氛来“熏陶”孩子，会使孩子成为一个情感健康、丰富的人。

（3）利用文学艺术作品来丰富和培养孩子的高级情感。例如，利用讲故事、看动画片等，丰富和培养孩子的情感，效果会很明显。

（4）考虑孩子的需要。孩子的精神需要往往超过生理需要，比如孩子喜欢捉小虫、玩水，等等，这是孩子探索求知的需要，爸爸妈妈不要横加阻拦，挫伤孩子的积极性，应针对他的特点，满足他的合理需要，发展健康情感。当然，不能一味地满足孩子的所有要求，要让孩子学会控制自己的欲望。

（5）要教会孩子控制和调节情感，妥善对待孩子的情感表现。爸爸妈妈要针对孩子情感易冲动、难控制的特点，相机而行，采取办法，使他们的情感由消极变积极。同时，对孩子的有些消极情感也不妨让他表达出来，非要孩子压在心里是不利于孩子身心健康的。

第二章

接纳孩子，开启孩子一生的幸福

家庭亲子教育，从接纳孩子的情绪入手

亲子教育被许多人称为是人文学科的第一难题，因为它是培养一个生命的基础，严格上说，一个人的孩提时代如果比较健康，那么生命的坦途便八九不离十，就算今后再遇到什么坎坷，化险为夷的可能性也会比那些童年成长不利的人大得多。

心理学通过多年研究证明，人生的性格经验中，95%以上来自童年经验，也就是家长为孩子塑造的家庭关系。这里面包括两种关系：夫妻关系和亲子关系。一般说来，夫妻关系是亲子关系的基础，良好的夫妻关系为孩子的健康成长提供了最好的沃土，反之，如果夫妻关系不良，那么孩子健康成长的概率便会大大降低，甚至成为不可能的事情。

与夫妻关系不同，亲子关系强调妈妈对孩子的无条件接纳，如果这个无条件接纳完成得较好，孩子的人格就会比较完整，德、智、体就会最大程度地得以良性发展，因此，若想使孩子健康成长，家长的第一要务就是要学会无条件地接纳孩子。

说来简单，可做起来，接纳孩子却是一件相当不易完成的工作。生育时，妈妈是接纳孩子的，但只要当孩子长到会说话，许多妈妈的接纳就开始变得有条件了。

有好几次，我在讲座时问台下的孩子和家长：请问，人类的四种基本情绪中，喜、怒、哀、惧，哪个是好的，哪个是不好的？

几乎所有的人都只说喜是好的，其他的都是不好的。

我知道，大多数家长也一定这样认为，并将此贯穿于与孩子的互动中，比如当孩子哭泣时，特别是对男孩子，妈妈就会说："男孩子不哭"，"不许哭"或者"男儿有泪不轻弹"。

当孩子生气时，无论是同小朋友或是同老师，或者是因为家长，或者是跟自己较劲，大部分家长一定会禁止孩子的发作，甚至不许他们表达反对意见。比如说："你怎么敢跟大人顶嘴？""你再说，我就打你"或者"都是为了你好，你急什么？"

当孩子恐惧时，无论是怕黑或是怕高，或是恐惧一个游戏、玩具，甚或是一个动物、一个故事，许多家长也会鼓励他们别怕，甚至为了培养孩子的大胆，还会存心吓唬他们。

总之，在家长的认知经验中，怒、哀、惧都是不好的，不对的，这种暗示，就会给孩子形成一个观念：我真正的情绪是不被接纳的，我是没有权力表达感受的。

后果呢？当以上的情绪能量未得以宣泄时，便阻塞在身体里，永远不会消除。当遇到相关的人或事的时候，特别是这一事件与妈妈的禁止有相似之处，那么，发作便是难以避免了。

比如，一个孩子因为诚实地告诉妈妈自己的考试成绩而遭到打骂，而且妈妈不允许他哭泣、愤怒和恐惧，那么，这些能量就被积存在身体里。好的，长大后，当他自己认为业务不够完美，或者妻子对他表示不满时，这个信号就被激活，他就会特别焦虑，因恐惧而发作，又因悲伤不被接纳而不敢说实话，总找借口掩饰。从而，他也不喜欢有人批评他，甚至忍受不了有人管他。

这就是妈妈不接纳孩子四种情绪的后果。无条件的爱，是接纳孩子的所有表达。如果孩子哭泣、愤怒、恐惧，家长第一件事，不是把自己认为的好与坏、对与错拿出来，而是要问孩子：爸爸（妈妈）知道，你现在很不开心，那么你一定有你的理由，能跟我说说吗？

当孩子如泣如诉地表达之后，妈妈不能评断所谓的对与错，而是应该讲一个故事，一个孩子能听得懂的故事，不是大道理，是一个自己当年的类似故事，或者是书本里的某人和某事，讲完了也不要总结性发言，除非孩子提问。这就是分享，不是否定与禁止。如此，孩子得到尊重，他就会得出结论：我的悲伤被接纳，别人愿意与我分享、陪伴并理解我。

结果就是，当他长大后会交下真正的朋友，再遇到不开心的事，有哀伤的情绪时，他就不会憋在心里。更重要的是，他的肾不会虚，体质差不到哪儿去。一般来说，能够充分表达情绪的人，健康和长寿的概率相当高。

哀伤是告别的能量，如果孩子能够顺利地哭完，没有中途遭到禁止，那么他的情绪宣泄也就宣告完成，不会留下什么心结。比如一个亲人或小动物离去，孩子会哭，如果顺利地哭完，那么这个离去就不会为他留下分离焦虑的后遗症，将来若再遇到亲人离去、失恋、离婚，或失去心爱的东西，或者因某种失败而摔倒，也不会过于痛苦；可如果他的哭泣遭到禁止，那么当他长大后遇到上述事件时，便极有可能过不去那个坎儿。

愤怒是保护的能量，如果愤怒没有得到引导和认可，那么孩子长大后，当遇到真正的危险和侵害时，便没有能力防御，甚至连手和脚都抬不起来。

比如一个男孩子总听妈妈说：一定不要欺负女孩子，好男决不和女斗。好了，上小学时，女孩子真的欺负他时，他只能跑；再长大后，一个女生喜欢他，遭到他的拒绝，于是那个女生想方设法地侵犯他，他也不敢反抗或为自己申辩；再长大些，到了单位，若有女同事喜欢他，或者一个女人想占他的便宜，他不从，就挤兑他，他也不敢动一动，甚至连为自己伸张正义的想法都没有。

这就是童年那些负面暗示的效果，也就是性格决定命运。

可是，当他小的时候，第一次遭到小女生的欺负时，他的第一反应也是反击，如果这个天性得到支持，那么他将来也不会有这么多委屈。然而，传统的观念和教条，还有所谓的母爱制约了他，才让他丧失了自卫的本能。

因此，家长不应一味地要求他不和女斗，而是应该引导他如何处理这种关系，包括与男孩的冲突，这就需要妈妈与他共同完成。最好的方法，是讲一些孩子能够听得懂的案例。

另外，当两个孩子发生冲突时，家长们总爱干涉，其实，他们自己有智慧完成从冲突到化解的过程，如果不是矛盾过于激化，过了一会儿，他们就会握手言和，从中，他们学会了调整关系。可家长的参与会让他们认为：一旦发生矛盾，必须有人站出来当中介（调停），否则，我们自己是无法也是无权调解的。

现代社会，多少年轻的夫妇自己无力调解矛盾，而必须由家长、权威，或心理医生的介入，才有可能克制自己。也就是说，他们丧失了自调能力，那么，当他们每天都生活在一起的时候，是不是所有的摩擦都必须经过他人的介入才能够得到处理呢？他们的依赖感，到底是被谁所赐呢？

可见，他们从小在遇到这些事时，就已经被妈妈或老师代替了，他们的本能界限已经被侵犯得一塌糊涂，还天真地认为这是唯一解决问题的办法。

不接纳孩子的冲突，认为矛盾是不好的家长有多少是这样认为的呢？

这些家长也同样认为：摔倒是不好的，认为急躁是不对的，认为不叫人是不对的，认为爱玩是不良的，认为胆子小是不好的，认为不爱学围棋是不好的，认为不上台表演是不好的，认为不爱照相是不好的，认为不爱让老人抱是不好的，认为爱游戏是不好的，认为说话晚是不好的，认为不多吃是不好的，认为不睡午觉是不好的，认为学文是不好的，认为爱看电脑是不好的，认为撒娇是不好的，认为爱哭是不好的，认为说谎是不好的，认为爱攀比是不好的，认为拿钱是不好的，认为不爱上幼儿园是不好的……

其实，没有什么事是绝对的好与坏，一切都是那么的自然而然，可当孩子有这样或那样的反常时，家长第一反应就是焦虑，进而，他们只能用自己所有的经验来规范孩子的反常，却在这一刻，破坏了孩子的界限，反而造成了更大的麻烦。

因此，当遇到孩子的所谓反常时，家长的第一反应应该是反省，指着自己问一句：是不是我在这方面为孩子留下了不良经验，才导致他如此反常？要知道，孩子自己是不会反常的，一定是家长有什么地方反常了。比如让孩子要有礼貌时，家长会训斥着说：跟你说过多少次了，见人要叫，要有礼貌？！

那么在这个表达中，家长的情绪就是不尊重别人，对孩子没礼貌，又怎么可能让孩子表里如一地欣然接受和模仿呢？

因此，请从接纳孩子的四种基本情绪入手，接纳孩子，就是接纳自己。比如，当我们第二天早上就是起不来时，能不能原谅自己？那么，当孩子昨天晚上还答应你第二天一定起早，不迟到，可第二天居然又起晚、迟到时，能不能放过孩子？因为连一个大人都做不到说到做到，又干吗去为难一个孩子？

老实说，要希望孩子健康成长，唯一的途径不是“头痛医头”，而是了解自己的童年，真的！只要你真正了解了自己的童年情绪是如何被禁止，被否定，你自己又是怎样压抑情绪与发作或憋气时，乃至这些能量是如何在体内运作，或变现为疾病，或变现为负面性格特质时，你就知道怎样对待孩子了。

也就是说，当你连自己的喜、怒、哀、惧都不接纳时，自然也就不会容纳孩子的基本情绪，而如果接纳了自己的本能情绪，那么在对待孩子时，也就释怀了，那么你便有能力进入下一步：引导和教育。

所以，不了解自己的人，根本不可能会教育孩子，因为一个连自己都不能完全接纳的人，又怎么可能接纳和认可子女和配偶呢？

先从接纳孩子和自己的负面情绪开始，别管爱人是否理解你，请你先理解和接纳你自己，不指望任何人，做你能做的，你能做的，就是接纳自己和孩子。只要做到这一点，你就已经为孩子的健康成长和家庭和谐做完3/4了。其他的工作，留给耐心和时间来完成。

不要把孩子当成自己的全部

现代家庭中独生子女尤多，爱子心切的家长往往把孩子当成自己的一部分，希望孩子的一切都掌控在自己的手中，从不肯放手去让孩子做一些力所能及的事情，更不会让孩子自由选择自己喜欢的事物。

家长总是认为只有自己的决定才是对孩子最好的。殊不知，这样全权代劳的做法会在某种程度上影响孩子自主意识的形成，所以，作为妈妈，照顾孩子是应该的，但是更要培养和锻炼孩子的自主能力，不能把孩子看得太紧。孩子需要尝试，更需要挫折，家长应该有意识地让孩子去做一些他们可以做到的事情，并试着为自己所做的事情负责任，这不仅能使孩子变得懂事，还有助于孩子健康地成长。

家长应该时刻提醒自己：孩子不是自己的一切，自己不能一辈子都跟着孩子，更不能包揽孩子生活中的一切内容。家长应该做的就是让孩子学会对自己的人生负责，给孩子自由发展的空间，培养孩子的责任心。

☺ **增加孩子接触各种事物的机会**

为了培养出对自己负责的孩子，家长应该让孩子在小的时候就尝试接触各种事物，培养他们的独立能力。也许在刚开始的时候，他们会给家长添不少麻烦，或偶尔犯一些小错误，但即便是这样，家长也应该让孩子坚持自己完成，这是教育孩子有责任心的第一步。

☺ **多鼓励孩子**

鼓励是孩子的心理需求，当孩子取得进步时，家长要及时对孩子的行为给予鼓励和赞赏。孩子掌握知识和发展人格的过程就像一个人从镜子里看自己，孩子会把别人对他们的评价当做一面镜子，然后按照这面镜子里的自己去规划人生，如果家长总是说他做得不好，孩子就会放弃努力。因此，学会鼓励是家长首先应该做的事情。

☺ **让孩子从简单的事情做起**

培养孩子的责任心需要耐心，要让孩子从最简单的事情做起，不要对他们抱有过高的期望。如果对孩子的要求过高，孩子会因为达不到家长的期望而苦恼，家长也会因为孩子没有进步而失望。

☺ **收起家长的溺爱**

在孩子心中，妈妈无所不能，孩子想要什么都能从妈妈那里得到，但是这些“强”妈妈教出来的往往是“弱”孩子。妈妈太能干，则孩子往往显得无能，而且这些只习惯于接受的孩子大多视别人的付出为理所当然，他们很少有感恩的念头，而妈妈相对表现得“弱”一点，孩子就会“强”一点，他们会比其他孩子更会体贴、照顾别人，更有责任心。

☺ **把选择的权利还给孩子**

家长在教育孩子时应该民主一些，尊重孩子的选择。对于孩子的不同观点，家长尽量不要持反对的态度。孩子有自己的看法，说明孩子不再依赖于家长，而是在用自己的大脑思考问题。这时家长最明智的做法应该是和孩子一起讨论他的观点，从而做出正确的引导。切记，仅仅是引导，最后的决定权还应该在孩子自己手中。即使孩子的选择会让他们摔一跤也不要紧，因为孩子的选择能力就是在一次次的尝试中提高的。

与孩子讲话时，将命令改成建议

家长管教孩子的口头禅时常为：“你必须在今天完成某事。”“为什么你还不去做作业？”“我不是说过不许看电视，你怎么不听呢？”但如果长期使用命令的口吻与孩子讲话，孩子就会养成怯懦的性格，因为没有谁愿意忍受别人对自己颐指气使，动不动就被要求“你这样不对，那样不好，你必须这样做”。

沟通是双方面的，而命令只是单方面的交流，是家长自顾自地讲话，毫不考虑孩子的想法。家长要知道，孩子并不是家长的奴仆，更不是家长的私有物品，他和妈妈的地位是平等的，他同样是个独立的个体，有着自主选择的权利。

家长使用命令语气，一是不尊重孩子的人格，二是会抹杀孩子的自主性，三是会让孩子感到害怕或反感。如果家长想靠命令或呵斥孩子树立自己的威信，那么等待家长的无疑是失败的苦果。命令式教育的后果主要有两种：

后果一：不满情绪早晚都会爆发的。

从表面上看，有的孩子对家长的要求或命令持唯命是从的态度，但是在他的心里就一定会接纳这样的命令吗？其实不然，孩子目前只是无力反抗而已，一旦不满情绪在孩子的心中积累到一定程度，瞬间就可能会产生难以想象的后果。

后果二：形成懦弱的性格。

生于专制家庭的孩子，从小就成长在妈妈的训斥声中，例如："你给我听着"、"你怎么这么不听话"，这样的孩子即使长大也会在内心深处对强者持唯命是从的态度，这既是一种行为驱使下的习惯，也是怯懦性格的表现。

家长一定要记住，没有一个孩子是喜欢被命令的，这种监管式的教育不仅会使孩子越来越叛逆，还会使孩子丧失自己的思维和判断能力，所以家长不妨将命令的口气变成建议的语气。

如果家长将命令替换成建议，如"你能不能……"、"你试着……如何"的话语，会起到完全不同的效果。这个时候，孩子会认为家长是在与自己商量，征求自己的意见，在孩子心中就会产生被重视的感觉，也就更容易接纳家长的要求。同时，孩子还会认真听从家长的引导，分析事情的利害关系，从而思考自己应该如何去做，这不仅有助于锻炼孩子的思维能力，还会提高他们的判断力。

家长是孩子的引路人，而不是孩子的拐杖，所以家长只能为孩子提出选项，让孩子自主选择。例如星期天上午，孩子还没有写作业，家长千万不要命令他："马上给我看书去！"最好改成："你不打算去看会儿书吗？"孩子听完你的建议会加以考虑的。

总之，在多数情况下，建议总比命令好，对待家长的建议孩子会慎重地考虑，而不是产生反感。

包容孩子的过失

家庭教育不应是监督和简单的奖罚，更多的应该是对孩子的包容和具体的帮助。

一个法国化学家，在获诺贝尔奖的时候，把自己的成就归结给了自己的妈妈。

“在我5岁的时候，有一天我到厨房去拿牛奶，1500克牛奶放在冰箱里的一个玻璃瓶子里，当我去取牛奶的时候，一下子没抓住掉在地上。妈妈听到了响声赶紧跑过来，一看，洒了一地牛奶，玻璃碎片满地都是。

“我本以为妈妈会打我一顿，结果妈妈并没有打我，而是让我们来‘划纸船’。在我去找纸船的时候，妈妈把地上的玻璃碎片都收拾干净了，地上全都是牛奶。然后，我和妈妈拿着纸船在那个牛奶上面开始比赛。玩了20分钟，纸船也湿了，妈妈便把它打扫了。最后，妈妈把我领到院子里，找了一个一模一样的瓶子跟我说，‘刚才你之所以把牛奶洒到地上，是因为不知道怎么抓，现在妈妈灌满水，你现在用右手抓瓶颈，用左手拖瓶底，试一下。’我在草坪上，来回走了十多次，等到我学会了拿牛奶瓶之后，妈妈相信我以后再也不会打破瓶子了，便让我玩去了。”

化学家说：“这件事影响了我一生。妈妈把一滩已经没用的牛奶变成有价值的东西，我们玩了20分钟。这件事给了我太大的启发，我从童年开始就不害怕失败，不害怕犯错误，一个人任何错误都可以犯，只要以后改了就可以，下次做对就可以了。这是我成功的关键秘诀。”

事实上，孩子犯这样的错误并不可怕，关键是如何对待错误。如果能够看到错误的价值，就不仅能宽容地对待错误，甚至能够悦纳错误。

俗话说“金无足赤，人无完人”，每个人都会有犯错误的时候，当孩子犯了错误，妈妈要学会去包容，这是教育孩子的一种方法。

就是说，当孩子偶尔做错了一件事情的时候，作为妈妈应该以宽容的态度来对待孩子，而不是动辄发怒，粗暴地训斥或者打骂孩子。

心理学告诉我们，孩子的那些过错行为具有偶然性和盲目性，并没有构成一种习惯，而这种偶然性，又往往是由于好奇心和喜欢模仿等原因造成的，并非是孩子有意识的错误行为。在这种情况下，妈妈的宽容是对孩子的理解。孩子体会到了妈妈的理解，会更加珍惜妈妈的宽容，加倍努力使自己的语言和行为更规范，尽力把自己要做的事情做好，让妈妈满意。

现在，有不少妈妈，看到孩子做错了事，或者由于好奇心而损坏了家庭的用品，就大惊小怪，感到孩子犯下了不得了的错误，不问青红皂白地打骂孩子。妈妈的这种粗暴行为会束缚孩子的思想和行为，孩子的创造性思维和活动会在妈妈的粗暴中遭到损伤。

那么，妈妈在运用宽容的方法时应该注意什么呢?

第一，孩子要认识到自己的错误。实施宽容教育的前提，必须是孩子对自己的错误已经有认识，并深感内疚、悔恨时，才可以运用宽容手段。如果孩子对自己的错误没有点滴认识，甚至无所谓，如果再采取宽容的方式则会变成纵容。

第二，鼓励孩子做好自己没做好的事情。我们常常见到，孩子某件事情没有处理好，妈妈虽然没有过多的批评指责，但却再也不让孩子做这些事了。这种做法并非正确。

好的习惯和品德只有在实践中才能产生和巩固起来，要允许孩子经受锻炼，不可因为哪件事没干好，就再也不许孩子动手了。鼓励孩子进一步做好自己没做好的事情，也是宽容的一种重要表现。

第三，宽容绝不等于放任和撒手不管。宽容是积极的教育，是在孩子已经认识到错误的基础上，相信孩子能够接受教训，相信他能够改正，不再重犯，这是积极的态度。

如果对孩子改正错误丧失信心，不抱希望，对孩子放任自流是不负责任的，放任是妈妈失职的表现。

教育是一个过程，面对孩子的过错，妈妈不必大惊小怪，而要站在孩子的角度，在他们迷失自己时，信任他们，及时了解他们的思想动态，肯定错事当中的闪光点，让其反省，并在实践中自律，纠正自己的错误。要用发展的眼光对待孩子，多些宽容，那么他们的人生道路将会朝着美好的方向延伸。而且，让孩子在妈妈的处事中学会宽容的态度、尊重的态度，进而达到自我教育、自我管理的高度。

相反，如果不注意从过错中吸取教训，一味地过分责备孩子，只会导致孩子遇事小心翼翼、缩手缩脚，总怕做错了，而愈怕愈容易做错，愈做错则愈忧虑。

妈妈是孩子人生中的第一任老师，妈妈的一言一行对孩子起着举足轻重的作用，孩子会耳濡目染，继承妈妈的性格、脾气、人生观等。所以，无论孩子所犯的过失是大是小，都应该努力以心平气和的心境来对待；以暴怒对待孩子，不但于事无补，会伤害了孩子，还会掩盖了过失的本质，可能会让孩子一错再错。

别和叛逆的孩子较劲

当孩子出现叛逆心理的时候，作为妈妈应及时和孩子沟通，帮助孩子树立正确的生活观念。不要对他的行为泼冷水，也不要采取强制的手段，要多给孩子一份爱心和宽容。

作为一个好妈妈要懂得：在孩子出现逆反心理的时候，最需要的是妈妈的理解、帮助和爱心。

13岁的张亮亮正处在青春叛逆期，他反抗、易怒，对一切看不顺眼的事物都极力反对、逃避，把母亲的教导当做耳边风。

一天晚上，张亮亮从外边回来。一头钻进卧室，躺在床上，想想一天的不如意、不顺心，伸手想抱起枕头发泄，却意外地发现一封信。

他打开信，上面写着："儿子，我了解你对目前的生活感到不顺心和失败。我知道做妈妈的不一定什么都对，但是，我对你的爱是全心全意的，你所说的、所做的任何事都不会改变这一点。

"任何时候，你想找我谈谈，我永远欢迎你。

"请记住，无论你身在哪里，做什么事，我都永远爱你，更以拥有你这个儿子而感到骄傲。爱你的妈妈。"

在以后的生活中，当张亮亮的情绪波动时，他的床边总会出现一封母亲的信。这样的信，一直伴随到他长大成人。

孩子走向成熟的青少年时期，是孩子处于开拓的萌动期。这个时期，也是孩子的叛逆期。

孩子叛逆，妈妈一般会不满，会用自己的权力来压制孩子。其实，此时的妈妈，应该提醒自己，保持冷静，等孩子冷静，再进行沟通。孩子叛逆时，言语和行为会犹如暴风雨，不懂得控制自己。但妈妈是成年人，应该懂得何时该保持冷静。作为孩子首任启蒙老师的妈妈，应该怎样对待孩子的叛逆行为呢？

第一，平等地和孩子沟通。许多时候，妈妈应站在第三方的立场分析孩子叛逆的原因。

许多妈妈总觉得自己是对的，孩子应该听妈妈的。但是，孩子有自己的思维方式和处理问题的方式，所以妈妈应该放下架子，耐心听一听孩子自己的想法，从感情上、从具体事件上与孩子达成一致，做一些适当的让步。

第二，反思自己的教育方式。很多时候，妈妈应该超脱自己的角色，用第三方的角度观察孩子叛逆的问题。也许就会发现，问题不一定都在孩子身上。妈妈一般都会认为自己是对的，自己从前都听妈妈的，自己的孩子也该听自己的。因此，孩子不顺从，在他眼里，就成了叛逆。所以，身为妈妈，有时必须谦卑，放弃自己的执著，以不同的角度看待孩子，做到迁就孩子。

第三，掌握批评孩子的艺术。有些妈妈看到孩子犯错误就一味地批评，这样就会刺伤孩子的自尊心而使其产生逆反心理。要是妈妈先对孩子的优点给予肯定和表扬，再指出不足和错误之处，孩子的自尊心得到了满足就会乐意接受和改正。

第四，引导孩子理智化。有些问题如早恋，妈妈应对孩子进行有情、有理、有据的说服、劝导，尊重孩子的感情和人格，让孩子自己去思考问题。同时，用具体事例改变孩子的理想化思维，用自己的冷静、理智换取孩子明智的选择。

不要苛求孩子对你言听计从

经常听到妈妈们唠叨："你这孩子怎么这么不听话！"可专家们告诫妈妈："太听话的孩子问题更大。"

很多妈妈都希望孩子能够自由地成长，但却总是按照自己的意愿来教育孩子。他们认为"我为你们付出这么多，你们就应该好好听妈妈的话"，他们希望孩子以"好好听话"的方式回报妈妈为孩子的付出。换句话说，妈妈并没有理解到孩子的特性和成长速度，一味地认为自己对孩子的期待和想法绝对正确，因此希望自己的孩子能绝对地听从妈妈的安排。在这种状态下，为了应付妈妈对自己的期待，孩子只好装作既听话又顺从。

但是小时候绝对地服从妈妈的孩子，随着年龄的增长，很容易惹出更大的麻烦。他们一直很担心自己会让妈妈失望，因此尽量避免跟妈妈进行对话，一直抑制自己的欲望，因此他们对妈妈的叛逆心理也会越来越强烈。这种叛逆心理最终会让孩子经常说谎，或者让孩子无法正常地表达自己的感情。长期下来，这些孩子的心理会出现严重的问题。

张默的妈妈从小就对他非常严格，如果孩子不听话就会挨打，所以从上学开始，张默就一直很乖，只要妈妈说的话，从来不敢不听。在妈妈的严格教育下，张默的成绩也很好。在妈妈和老师眼中，张默绝对是个好孩子。但是，今年上小学六年级的张默，却在关键时刻不听话了。

“我们的心愿就是他能考上重点初中，所以学习上对他更加严格，他并没有反抗。但是，去年底，他却不愿意上学了，把自己锁在房间内，我们怎么劝都不肯出来。”张默的妈妈说道，“一开始我们只好假称他生病了，跟老师请假。但是，几天下来，他还是不肯上学，把我们急坏了，不管我们怎么骂、怎么劝都没有用，只能跟老师说了实话。从老师那我们才了解到，我们家的乖儿子竟然前不久跟班上同学发生了激烈的争执，差点动起手来。”

后来，妈妈带张默去看了心理医生。

心理医生跟张默单独交流后才知道，这么多年来，张默一直活得很压抑，为了做个听话的好孩子，他只是做妈妈的乖儿子，而失去了自我。长期的压抑让他在与同学的争执中爆发了。他认为同学们都在背后说他坏话，大家都不喜欢他，所以他不愿意去上学。

经过医生诊断，张默已经出现了焦虑症。由于病情比较严重，不得不接受住院治疗。

正是由于张默的妈妈一味要求他做一个听话的孩子，所以才导致了张默活得很压抑，很不开心。要求孩子听话并不错，但关键是听什么话和怎么听。听话的孩子往往会缺乏创造性、冒险性和自我决断能力，而这些与生俱来的天性被妈妈抹杀后，一旦有一天他们面对困难时，就容易出现抑郁症、焦虑症、精神分裂症或者胃痛、心动过速、头痛等身心疾病。所以，心理专家指出，妈妈面对孩子不听话时，一定要弄清楚孩子为什么不听话，妈妈要允许孩子在某种程度上犯错，而且，妈妈也要认识到，自己的话不一定是正确的，不能简单地通过责骂、体罚等让孩子变得听话。

太听话不仅会对自己的心理造成影响，还会对自己未来的健康发展带来不利的影响。

第一，太听话的孩子会失去创造力。

与孩子不听话相关的一个问题，是很多妈妈责怪孩子太淘气，因为太淘气才不听大人的话。其实大人们往往只是把注意力集中在孩子因淘气带来的“不良后果”上，忽视了淘气背后深层次的东西。

有句俗话说得好，“淘丫头出巧，淘小子出好”，淘气正是孩子聪明、富于想象力和创造性的表现。淘气的孩子接触事物多，大脑接受的刺激多，从而可激活智能。因此，妈妈要宽容因淘气不听话的孩子，给孩子一点“不听话度”，这对提高孩子的创造力是有好处的。

第二，太听话的孩子会失去独立思考的能力。

听话的孩子常常认为在家里妈妈的话都是对的，但如果长期发展下去，孩子就会失去求是和探索的精神，变成唯唯诺诺、低眉顺眼的人。听话的孩子往往懂事早，学习态度认真，这是好的一方面。但是这样能使孩子就此失去自己的个性，阻碍其自身创造力的发展，缺乏独立思考和求异思辨的能力。妈妈应该认识到这一点，不要一味要求孩子“听话”。

在家庭教育中，千万不要苛求孩子“太听话”。妈妈应因势利导，在分清大是大非的原则下，允许孩子有不同的意见和建议。

著名教育家陶行知先生提出了“六大主张”，即：“解放儿童的头脑，使其从道德、成见、幻想中解放出来；解放儿童的双手，使其从‘这也不许动，那也不许动’的束缚中解放出来；解放儿童的嘴巴，使其有提问的自由，从‘不说许多话’中解放出来；解放儿童的空间，使其接触大自然、大社会，从鸟笼似的学校解放出来；解放儿童的时间，不过紧安排，从过分的考试制度下解放出来，给予民主生活和自觉纪律，因材施教。”

妈妈要努力做到“解放儿童的头脑”，耐心倾听他们的意见，让他们多长几个“脑袋”。引导还在于学会分析，善于鉴别，该听则听。当然，这也要求妈妈应具有较强的民主意识，要互相尊重，不断清除“妈妈”式作风。

信任是对孩子最大的激励

生活中，每一位妈妈都可能说出不信任孩子的话来。妈妈们可能不知道，当你说出这种话时，孩子的心正在受到伤害，他随着你的不信任而对自己失去了信心，使他觉得自己是一个非常无能的人。

通用集团前首席执行官杰克·韦尔奇被誉为“全球第一CEO”。母亲在韦尔奇的成长过程中起了很大的作用，她从来不把韦尔奇与其他的孩子相比，相反，她会把韦尔奇的优点与其他孩子相比，从而让韦尔奇产生巨大的成就感。

韦尔奇从小得了口吃症，引来不少笑话。很多人都有口吃，每当口吃者调动起全身的能量，用尽全身的力气表达一个再简单不过的词组却不能达意时，不是招来无情的嘲笑，就是憋得喘不过气来，到头来是心灰意冷。久而久之，便养成了不多说话的天性。

但韦尔奇是幸运的。他母亲居然能为这样一个令人很难堪的习惯，找到一个完美的解释：“这是因为你太聪明了。没有任何一个人的舌头可以跟得上你这样聪明的脑袋瓜。”

多么有智慧的母亲！从此，韦尔奇就自信自己的确是一个聪明的人，并努力训练语言能力，不仅纠正了口吃，而且拥有了强大的自信心。

韦尔奇感叹：“母亲给我的最伟大的一件礼物就是自信心。”在母亲的心里和嘴上，韦尔奇做什么都可以成功。这句话时常挂在她的嘴上：“你尽管去做好了！”

还有一个妈妈信任自己孩子的故事：

1996年，美国有一位身无分文的青年，他虽然没有什么成就，但是他看好了一份事业——电子商务，他相信这份事业非常有前途，一定能取得巨大的成功，于是他下定决心要在这个领域发展。但是他遇到一个非常大的难题，那就是资金问题，他还没开始自己的事业，几乎没有任何积蓄。

他首先想到了妈妈，当时他妈妈有30万美元的养老金。当他向妈妈说明了他的用意后，他的妈妈只考虑了一会儿，就非常痛快地把钱交给了儿子，并对他说："虽然我们对互联网并不了解，更不知道到底什么是电子商务，但我们了解并且相信你——我们的儿子！"

后来，这位青年凭借着这笔钱，开始并逐渐做大了自己的事业。

他就是当今个人财富达几百亿美元、大名鼎鼎的亚马逊书店的首席执行官——贝索斯。

在这个案例中，我们不能说贝索斯的成功完全归功于他的妈妈，但是他妈妈所起到的作用确实非常重要。妈妈的信任给贝索斯带来了无穷的精神力量。

美国的戴尔·卡耐基说过："千万不要取笑孩子的野心，对孩子来说，这种开玩笑就是嘲讽，而嘲讽是极具刺伤力的。"如果妈妈发现子女的愿望太过不切实际，不妨从各种不同的角度不断与他们讨论，可能的话，找机会谈谈最有前途的工作，再尽可能鼓励他勇往直前。

要把对孩子的爱表达出来

没有爱的世界是冷酷的，没有爱的世界是悲惨的，没有爱的世界是阴暗的。作为妈妈，应当通过适当的方式，让孩子感受到自己深深的爱。

妈妈深深的爱，恰似大江大河的源泉，当孩子生命面临干涸时，给孩子希望；妈妈深深的爱，恰似不灭的灯塔，当黑暗袭来时，给孩子光明；妈妈深深的爱，恰似激昂的旋律，当孩子意志消沉时，给孩子鼓舞；妈妈深深的爱，恰似激越的号角，当孩子烦恼袭来时，给孩子力量。

知心姐姐卢勤曾说过："爱是一个口袋，往里装产生的是满足感，而往外掏产生的是成就感。"的确，如果让孩子时时刻刻成长在爱心中，那么孩子就会生活在快乐与满足中，就会用一种深深的爱意去感悟生命，迎接挑战，健康地成长。

李嘉诚的父亲就是这样对待李嘉诚的——爱要表达出来。

李嘉诚的家族治学风气很浓，知书识礼。李嘉诚的父亲知识涵养俱佳，德高望重，致力于教育。可是，1943年冬天，对于14岁的李嘉诚来说是沉痛的，他那慈祥温和的父亲，永远离他而去了。

但面对人生，李嘉诚没有退却，而是鼓足勇气面对现实，以一种豁达的心态担负起家庭的重任，接受人生的挑战。李嘉诚回忆说："难忘的是父亲的拥抱。我至今还清楚地记得，稳健而富有涵养的父亲，与我亲密接触时，常常会忍不住紧紧拥抱我，并把我举得很高；父亲还时常对我说：'你是父亲的骄傲，有你这样一个儿子我是多么自豪。'父亲把他满腔的爱心都倾注在我身上，并培养我成为一个自信的、有主见的人。"

人生的启蒙教育，对于一个人的成长很重要。孩子的心灵充满了天真、好奇，妈妈的拥抱和期待是最好的一招。调查表明，当今，有近70%的孩子喜欢妈妈的拥抱，有近1/3的孩子认为人的一生都需要妈妈的拥抱。西方心理学研究发现，人都有一定程度的"皮肤饥饿感"。在妈妈给予孩子的众多接触中，以抱着孩子和搂着孩子的肩膀最为有效。

在此时，孩子的幸福感和安全感十分强烈。

拥抱孩子，通过亲子之间身体的相互接触，是传达爱意和亲情的良好沟通方式。妈妈就是通过这样的亲昵举动来表达自己的爱的。正是孩子在这种妈妈之爱的浸润中成长，造就了孩子健全的心理、良好的道德品质，为孩子的发展奠定了必要的基础。

孩子一切生活的基础和未来的认识及行为几乎全部归结于早期教育，而早期教育的爱是孩子的人格、心智、道德等各方面发展的最重要的基础。

妈妈的爱是奔腾的热血，是跳动的诗句，是陪伴孩子一生旅程的花朵。妈妈的爱的教育是飘入孩子耳朵的一个清音，是拂过孩子眼睛的一抹新绿，是流过孩子心灵的清澈溪流。用爱心去关爱孩子，就能发现孩子的闪光点，保护孩子的自尊心，树立孩子的自信心。在妈妈的教育中，应把对孩子的爱放在首位，善于发现孩子的闪光点，以此来保护孩子的自尊心，树立孩子的自信心，从而充分地挖掘每个孩子的潜力。

每个妈妈都应该懂得：爱是教养孩子的基础。没有爱就没有资格去谈教育孩子。

教育孩子是一门科学，而关爱孩子则是一门艺术。

为了孩子的健康成长，每一位妈妈都应该正确适度地爱自己的孩子，让孩子体验爱的力量，引导孩子走向成功。妈妈平时应做到：

第一，与孩子进行身体接触。身体接触是最易于使用的爱的语言。常被人拥抱和亲吻的孩子，比那些被人长期甩在一边且无人碰触的孩子容易发展出健全的感情生活。

第二，对孩子进行言词肯定。作为孩子，再也没有比听到妈妈在口头上肯定的话，更能使他们感受到被爱了。每个妈妈都应该每天对孩子说几句夸奖和赞美的话，即使觉得自己掌握不好夸奖的尺度，那最起码也要做到不挖苦、数落、讽刺孩子。

第三，时刻关注孩子。时刻关注就是给予孩子全心的关注。这种关注向孩子传达的信息是："孩子，你很重要，我喜欢跟你在一起。"这会使孩子觉得他对妈妈来说是世界上最重要的人。他觉得真正被爱，因为他完全单独拥有妈妈。

第四，适当的时候给孩子赠送礼物。赠送礼物是表达爱的有力方式。赠送礼物的效果常常会延续到好几年以后。最有意义的礼物会变成爱的象征，而那些真正传达爱的礼物，则是爱之语的一部分。赠送孩子的所有礼物，最终都会成为展示妈妈的爱的东西。

第五，给孩子行动支持。妈妈对孩子的行动支持，不仅是对孩子表达爱的一种方式，还是给孩子以身作则的人生示范。

妈妈的爱是无私的，但并不是每一个子女都能感受到的。有的妈妈害怕娇惯孩子，就采取一种很严格的方法对待孩子。孩子处于负面阴影之下。这样的结果，常常会引起孩子自尊心的缺失。自尊心是一种很难培养的德性，而独有爱可以为之。

批评孩子要理性

我们经常看到这样的情景：当孩子犯错之后，妈妈们不容孩子分说，对孩子严加斥责，甚至拳脚相加。这样做的后果是非常糟糕的，它使孩子的理性蒙上阴云，是他们判断力失常的根源。

与那些不分青红皂白就斥责孩子的妈妈不一样，著名教育学家威特的父亲给我们上了生动的一课。他总是努力弄清事实，避免错误地批评孩子。在斥责或禁止他做某事时，总是一一说明原因，使孩子先在思想上弄通。

威特的父亲反对专制，他不论在教育方法上还是在其他方面，都注重讲道理。他认为教育的关键之处就在于不蒙蔽孩子的理性，不损坏孩子的判断力。所以他在批评孩子时，决不会让孩子在挨了批评后仍不知道为什么挨了批评。这一点非常重要，因为再没有什么比妈妈弄错了事实而错误地批评了孩子更糟糕的了。退一步讲，即使妈妈的斥责和阻止是百分之百正确的，如果不让孩子明白其中的原因，那也是不好的，因为妈妈不可能一辈子待在孩子身边。适时地提醒他们，阻止他们，只有让孩子自己明白了其中的原因，他才会明白对错，才能在以后的人生中正确地处理同类事情。

威特的父亲说，一旦孩子失去正常的判断力，那么他一生就不能正确地判断事物的正误好坏了。他在书中写道：

如果儿子对他人说了些鲁莽的话，我并不马上斥责他，而是先立即给对方道歉："我的儿子是在乡下长大的，所以才说出这样的话来，请您不要介意。"这时儿子就已意识到自己可能说了不合适的话，过后他一定会询问个中原因。等他问我时，我才向他说明："刚才说的那些话从道理上来讲也没什么不对，而且我也是那样认为的。但是在别人面前那样说就不好了。难道你没有发现，当你说了之后，N君的脸都怔得发红了！人家只是因为喜欢你，又碍着爸爸的面子，所以才没有作声。但他一定很生气，后来N君之所以一直沉默不语，就是因为你说了那种话。"我这样对儿子讲明道理，也不会伤害他的判断力。

为了让妈妈真正全面地了解这种教育方法的好处，老威特对此作了进一步的论述：

假设在我向儿子提出批评以后，他继续反问："可是我说的是真的呀。"这时我就会进一步开导他："是的，你说的是真的。但是N君很可能想：'我有我的想法，你那么小的孩子知道什么。'再说即使你说的话是真的，你也没有必要非将它说出来不可。因为那已经是尽人皆知的事，你没有发现别的人都是沉默不语吗？如果你认为那事只有你才知道，那你就太傻了。再打个比方，大人指责孩子的缺点本来是理所当然的，因为孩子在成长过程中，有许多缺点，说出来也并不是什么可耻的事。即使这样，人们对你的缺点不都是装作不知道吗？如果你以为人们都不知道你的缺点，那就大错特错了。事实上，人们已知道你的错误但都沉默不语，这是因为考虑你的面子，为了不使你丢脸而已。这样你就明白了人们对你的好意了吧。而你在发现别人的缺点以后应该怎么做呢？也应当这样。圣书上不是说'己所不欲，勿施于人'吗？道理就是这样。所以在人前，揭别人的短是很不好的。"

坦然面对孩子撒谎

国内的学者曾对孩子说谎进行调查研究，曾对全国7省市的5600名3~9岁儿童的社会性发展进行了调查，发现3岁儿童中就已经有50%以上开始在家里说谎了，而且这种趋势随着年龄增长而增长，3~9岁在家里不说谎的儿童的比例从48%下降到34%，较多说谎和经常说谎的比例在各年龄段都在5.5%以上，其中7岁最高，达到8.7%。在人们心目中，3~6岁的幼儿应该是天真纯洁的，但是为什么还会有这么多的孩子说谎呢？说谎的原因不外乎是为了不挨批评、不挨打或为了得到表扬、为了逃避而说谎话。

春节刚过的一个晚上，刚回到家，两岁半的小外甥调皮地把酸奶洒在了小妹的皮鞋上，还装作发现了新大陆一般："妈妈的鞋怎么了，哪里来的酸奶哦？"妹夫发现了，生气地质问起来，"谁干的？""不知道，不是我，是妈妈自己吧！"小外甥手里握着酸奶瓶，一副若无其事的样子。这事就像全然跟他没关系似的。

孩子嘛，尤其是男孩子，有点淘，本来很正常，可是对于这么流利的回答，一向温柔有加的妹夫来气了。也是，这么大点儿的孩子就撒谎，而且是面不改色、心不跳，也确实够可气的了。

妹夫心平气和下来："孩子，你过来！仔细想想，这是谁干的好事？"

外甥："不是我。"（妹夫之前一直都是儿子的崇拜偶像，非常依从他。）

妹夫更加来气了，声音高大了，"真的不是你干的吗？啊？"

外甥："我没有，我没有，哇……"哭着跑向正在洗头发的妈妈那儿去寻求保护伞。小妹也默然。

妹夫火冒三丈:“到哪儿去?回来!还想耍赖啊!这么大点儿就撒谎,不是告诉你不能说谎,这么小就会骗人,以后还了得!”说着就朝小屁股狠狠打了几下,小外甥大哭起来,边哭边从手指缝隙偷瞟妹夫。

孩子的撒谎在很多时候都没有什么目的,只不过是脑海里所想象的与现实的情形产生差距而已。在我们妈妈的意愿里,谁都希望孩子犯了错能主动承认,即使没有主动认错,当我们发现并询问时,孩子也应该承认,而不是说谎。

现实生活中,孩子犯错了,我们的确会生气。但我们作为妈妈,有责任在孩子说谎时,控制自己的情绪,不是表现得歇斯底里,不是充满说教,而是切合实际、就事论事。我们希望通过我们的行为让孩子知道,没有必要对我们撒谎。

简而言之,我们不能激发孩子防御性的撒谎,更不能制造让孩子撒谎的机会。其实,这场争执是不必要的。如果妹夫换一种口吻和小外甥说话,情况就会不同了。“妈妈的新鞋是不是很漂亮?酸奶洒了,真可惜,而且洒在漂亮鞋上。这是哪个小天才的杰作啊?”此时,孩子的担心和顾虑就会减少许多,他就会比较主动地反省自己的过失了。

明白且坦诚地指出孩子的错误,不拐弯抹角,对孩子会更有帮助。孩子知道他闯的祸可以告诉妈妈,因为妈妈最了解他。同时也会得到教育,知道以后该怎么做。如果妈妈一定要逼孩子认错,以让他“铭记在心”,孩子为了保护自尊,只能用说谎来自卫。如果平时乖巧的孩子偶尔说一次谎,一定表示他在某方面遭遇了困难,妈妈应着重排除孩子的困难,而不是只责备孩子说谎。另外,当我们已经知道孩子犯错时,就不要再当做不知道,而要孩子自己承认。

尽管我们不提倡惩罚,但没有惩罚的教育是不完整的。对孩子进行惩罚时,要明确告诉孩子,之所以要惩罚他是因为他的撒谎行为,并告诉孩子犯错是难免的,犯错时应该如何去做;当孩子犯错后主动承认错误时,妈妈首先要表扬孩子勇于认错的行为，再告诉孩子如何才能做得更好。原则上，在惩罚孩子说谎行为的同时，应更多地奖励其诚实的行为，使诚实的行为得到强化。

最后，还想提醒做妈妈的，多注意我们自己的言行，避免成为孩子说谎的坏榜样。我们有时工作繁忙，一些工作的电话也难免打到家里来。当我们遇到一些不喜欢做的事情时，就编出一些虚假的理由，来推辞这些社会应酬。孩子耳濡目染，有一天他需要时，自然会依样画葫芦，他并不知道这样对不对，只是认为爸妈说的、做的都是对的、好的。许多人也都知道言传身教的重要性和影响力，但是会常在不经意中忽略一些小节。也许我们大人以为理所当然或无伤大雅，然而孩子的认识远没有这么深刻，他往往只接受行为表面最浅显的东西，而不明白其中的道理。

第三章

尊重孩子，用尊重成就孩子的一生

妈妈也需要尊重孩子

人类最不能受到伤害的就是自尊，孩子也一样。要想在家庭中建立和谐的亲子关系，家长就要从尊重孩子开始，从尊重孩子的隐私开始。只有尊重孩子的妈妈才能培养出懂得自尊的孩子。

做个好妈妈是件很不容易的事，要亲身体验孩子的感受，要常常替孩子想想：我的做法对不对？我有没有这样的权力？如果我是孩子，我的感受又是怎样？

孩子毕竟是孩子，更需要成长的空间和善意的理解。他们也有自尊心，也需要尊重，不适当的责骂、管教，有时会造成负效应。

当孩子犯了错误需要批评引导时，你要想一想，无休止的训斥，会极大地伤害孩子的自尊心。当然，我们这样说，不是说不能批评孩子，而是应该以尊重为前提，在充分尊重孩子、关爱孩子的基础上，采取恰当的、孩子愿意接受的方式对其实施教育、引导，这样才会收到良好的效果。

不要以为孩子没有尊严，不要以为只有成年人爱面子，当你悄悄地告诉孩子这样做不对、应及时改正，甚至用一个微笑和一个眼神来制止孩子的某些行为时，孩子还是乐于接受和改正的。教育家爱默生有句名言："教育成功的秘诀在于尊重。"尊重是一粒种子，只要把它撒进教育的土壤，就会不断地生长出更多的信任和爱。

随着年龄的增长，孩子的思想、观点和对事物的认识也会逐渐成熟。他们有独立的思想、鲜明的个性和个人的隐私，这些都是孩子成长过程中的特征。

作为家长应该理解他们、尊重他们、信任他们，与他们进行平等的交流。否则，相互之间就容易出现沟通障碍。

现实生活中，有些家长不顾孩子的实际情况，硬要求孩子学习成绩必须达到多少分，这样很容易使孩子产生逆反心理。

在日本，为了让孩子能早日独立自主，增强他们的自理观念，家长常常有意识地给孩子一定的钱，让孩子去决定买什么玩具。家人准备外出旅游，也会征求一下孩子的意见。孩子升入初中后，大部分衣服由他们自己上街购买。正是由于家长放开手脚的信任，才使孩子学会了货比三家、精打细算，养成了节俭的好习惯。而这正是妈妈尊重孩子的结果。

在美国，大多数的妈妈认为，孩子从出生起就是一个独立的个体，有自己独立的意愿和个性，无论妈妈还是老师都没有特权去支配或限制他们的行为。比如，美国人讲究对孩子说话的口气和方法，孩子同大人讲话，大人不但要认真听，而且要蹲下来同孩子对话，使孩子感到你在尊重他。

美国人反对妈妈在人前教子，更不允许当着别人面斥责孩子“不争气”、“没出息”，因为这会深深伤害孩子的自尊心。家长带孩子外出做客，主人若拿出食物给孩子，美国人最忌讳代替孩子回答“不吃”“不要”之类的话，也不会在孩子表示出想吃的时候对孩子呵斥。他们认为，孩子想要什么或是想看什么，本身并没有错，因为孩子有这个需要，任何人都没有理由来指责，只能根据情况适时适当地做出解释和说明，以做引导。

尊重孩子当然还要爱和严相结合。不要给孩子太多的压力，要多交流沟通，及时掌握孩子的动向，及时给予鼓励和理解。答应的事情一定要照办，这样才会赢得孩子的信任和尊重。

孩子的成长过程更多的是需要家长给予鼓励、支持、理解和尊重。给孩子营造这样的家庭环境，才能有利于孩子健康成长。而在鼓励与尊重中成长起来的孩子也必然充满希望和自信。

伟大的教育家洛克说过：“妈妈越不宣扬子女的过错，则子女对自己的名誉就越看重，因而会更小心地维护别人对自己的好评。若妈妈当众宣布他们的过失，他们越觉得自己的名誉已受到打击，维护自己名誉的意识也就越淡薄。”

事实证明，受到妈妈尊重的孩子大多都很愿意与妈妈合作的，他们待人友善，懂礼貌，同大人说话没有拘束感，自我独立意识很强。

不尊重孩子会使教育打折扣

生活中家长不尊重孩子的现象不在少数，有些家长不仅侵犯孩子的个人空间，还会对孩子的任何事情横加干涉，完全不理会孩子的感受。

虽然家长的出发点是为了孩子好，但是这样做并不能让孩子感受到“好”，相反，孩子在这样的“关爱”下会变得古怪、孤僻。尤其是男孩，本来独立性就比较强，喜欢按照自己的想法做事，靠自己的能力解决问题，如果遭遇到家长的不尊重行为，他们的逆反心理往往就会加强，以至于与家长走向对立，甚至会变得固执、任性。

事实上，男孩自我意识的发展本来是具有积极意义的，如果妈妈能尊重男孩的选择，不采取高压政策对待他们，使他们的自我意识自然发展，就能使其思维与性格逐步走向成熟。

每个人都希望得到他人的尊重，孩子虽然年纪小，但是他们也有受人尊重的需要，除了隐私的保密需要，他们也有选择和决定一些事情的权利。

有个小男孩十分贪玩，有一次放学后，他独自跑到一片树林里玩耍。由于玩得太入迷以致忘记了时间，等到天黑了，他才发现自己的困境。

男孩害怕遭到野兽的袭击，便爬到一棵大树上躲了起来。这时，男孩的父亲找来了，原来他见孩子很晚还没回来，就沿着孩子放学回家的路去寻找。

父亲到了那一片树林，借着微弱的星光，他隐约看见儿子正躲在一棵大树上。父亲并没有马上喊儿子，而是假装没有看见。

他在离儿子藏身的大树的不远处溜达了一会儿，然后吹了吹口哨。

儿子听到父亲的口哨声非常开心，但是他并没有立刻喊爸爸，因为他怕爸爸笑话他胆小，便偷偷地从大树上溜下来，然后摸到爸爸身边，吃惊地问："爸爸，您怎么知道我在这里呢？"

"哦，我独自散步到这里，没想到你也在这里。走，我们一起回家吧！"父亲若无其事地说。

男孩听父亲并没有责备与嘲笑自己的意思，心中的大石头就放了下来，高高兴兴地跟着父亲回家了。

男孩贪玩而忘了回家，原本是应该受到责备的，但这位父亲不仅没有这样做，反而巧妙地帮助孩子掩盖了恐惧心理，维护了他的自尊，真可谓明智之举。俗话说："树怕伤根，人怕伤心。"孩子的心灵是脆弱的，是需要尊重与爱护的。

多年前，一个小学六年级的孩子有一次为使考试成绩"一鸣惊人"，竟趁黄昏破窗跳入老师办公室盗取试卷。

正当他寻找试卷时，老师进来了，那个孩子立刻抱头缩在办公桌下，但还是被老师发现了。

老师并没有立刻把他抓出来，而是静静地站了一会儿，然后说："你不要露出你的脸，也不要说话。你要回答我的问题，只点头或摇头就行。你来这儿是为了找一件你想要的东西吗？"

孩子听了，点了点头。

"记住我的话，明天你来上学的时候依然是一个天真可爱的孩子，你走吧。"

那个孩子听了，低头慢慢走出了办公室，突然，他的眼泪夺眶而出。也许是因为感激或是愧疚，自此，那个男孩发奋学习，最终成为一名优秀的人民教师。

尊重孩子，才能让孩子健康成长，不尊重孩子，教育就要打折扣。

当然，尊重孩子也不等于完全任凭孩子做主，一味地迁就孩子，而是适时适当地引导孩子。

无论妈妈还是老师都没有特权去支配或限制孩子的行为，也没有权利去侵犯孩子的个人空间。家长要明白，在孩子以后的成长过程中，你不可能一直代替他们对客观事物进行选择，总有一天，他们要自己去选择，因此，你要让孩子知道只有自己才是自己的主人。

培养孩子的自尊心

自尊心是一个人品德的基础。从小尊重和培养孩子的自尊心是非常重要的。孩子的自尊心像稚嫩的小苗，一旦受到伤害，会留下难以愈合的伤口，甚至会影响他的一生。因此，作为成年人，特别是爸爸妈妈应保护孩子的自尊心，并注意培养孩子的自尊心。

怎样培养孩子的自尊心呢?

第一，不简单粗暴地对待，使孩子在愤恨中失去自尊，而应循循善诱，就事论理，使孩子在不知不觉中建立自尊。孩子有强烈的“自我中心”意识，作为爸爸妈妈要善于抓住生活中的点滴小事，向孩子讲清简单的道理，教育和培养孩子从他人的位置考虑问题的习惯，逐渐摆脱“自我中心”意识，使孩子觉得人与人是平等的，从而懂得只有尊重别人，别人才能尊重自己的道理。

第二，讽刺、挖苦孩子，能使孩子产生自卑而失去自尊，应积极鼓励，适当赞扬或给予奖励，使孩子在自信中建立自尊。孩子争强好胜，有上进心，并且希望得到成人的赞许，但由于年幼无知，难免出现过错或做事不如大人意。对此，不能过多责备孩子，而应抓住其微小进步，激发孩子的积极性，使他们克服不足，让他们在不断的进步中增强自尊心和自信心。

第三，对孩子冷漠、厌烦，会使孩子在失望中失去自尊，应为孩子创造表现自己的机会，使孩子在满足之中建立自尊。孩子爱表现自己，喜欢做事，更喜欢成功，成人不要怕烦怕脏，让孩子退缩一角，而应尽可能地给他们创造机会，施展他们的才华，并用爱抚的微笑、诚恳的赞许，鼓励孩子进步。这样不但使孩子增强了自信心，还可以培养妈妈与孩子之间的感情。

第四，对孩子管教过严，会使孩子在畏怯中失去自尊，应把孩子当做独立的主体，使孩子在平等之中建立自尊。妈妈不要把孩子当成自己的私有品，用命令的口吻跟孩子讲话，用成人的标准要求孩子。作为妈妈应该鼓励孩子大胆发表自己的见解，鼓励孩子与成人争辩是非，如果成人确实说错了，做错了，应坦诚地承认，并向孩子道歉，使孩子觉得妈妈是尊重他的，自己也应该尊重妈妈和别人。

当然，一味地表扬、奖励、赞许孩子，会使孩子产生虚荣心。必要的批评、慎重的处罚，也是培养孩子自尊心的一个很好的手段。它是一种冷却剂，可以使孩子冷静地检点自己的言行，修正自己的错误。

培养孩子的自尊心不是一朝一夕就能完成的，成人要有耐心、细心，关心爱护孩子，使孩子的自尊心得到健康发展。

不要总把自己当家长

尽管在教育方法上，每个家庭都不一样，但一些大原则却是一致的，比如相对平等、相互尊重。事实上，互相尊重也就是平等相处。在家庭教育中，如果能以平等的态度去对待孩子，孩子就能得到被尊重的感觉，从而与妈妈更加和谐地相处。

然而，在现实的家庭教育中，有不少妈妈始终不能做到与孩子平等相处，以至于双方的关系闹得很僵，甚至产生严重的后果。

很多家长有这样的想法，认为纡尊降贵会降低自己在孩子心目中的威信，害怕以后孩子会不服从管教。然而，事实恰好相反，在那些没有得到平等对待的孩子的眼中，没有妈妈的威信，却有恐惧或仇恨。长期面对妈妈的“家长式”权威，他们很可能形成怯懦的性格，造就冰冷的内心。这样的结果显然不是妈妈想要的。

许多妈妈不愿与孩子平等相处，是因为对平等的理解出现了偏差。其实，家长和孩子之间的平等是相对的。平等不是让大人跟孩子一样生活，而是让大人做好自己应做的事。妈妈和孩子所处的地位不同，但彼此之间却是平等的，大人没有特权。

当然，平等的范围很广，比如大人在孩子面前不小心说错了话、做错了事就要道歉，这也是平等。事实上，大人勇于向孩子道歉，不仅能让孩子明白对错，更能让他真切地感受到平等与尊重，孩子就会明白，无论是谁做错了事都要改正。

在家庭教育中，平等的态度非常重要。当你尊重孩子，给孩子以平等交流的机会时，他往往能够更快地意识到自己的鲁莽和错误。

有个男孩上小学五年级时，有一天放学回家后，他气呼呼地对妈妈说起学校的事情：在课堂上，后面的同学用手捅他，他反手将同学的书扔到地上，结果两人打了起来，老师狠狠地批评了他们，让他们写检讨书。对此，男孩觉得很委屈，因为这一切并不是他惹起来的。

男孩说得很激动，指手画脚，大声嚷嚷。妈妈在一边听了一会儿，有些不耐烦了，很想批评他，但正好那天她咽喉痛，一时之间说不出话来，于是，只好把那些批评的话收了回去。

没想到，孩子滔滔不绝地说完之后对母亲说：“谢谢您，妈妈，难得您能像今天这样让我把话说完。”

第二天，孩子交了检讨书，诚恳地承认了错误，并向对方道了歉。

虽然这个男孩得到的尊重是出于意外，但是这个“意外”却让男孩感受到了平等与尊重。

妈妈不要总把自己当家长，当你摆出一副高高在上的长者模样时，孩子或许会敬重你，但你可能永远都听不到孩子的心里话，因为你很难理解孩子。

如果你想成为孩子的知心人，如果你想让家庭关系变得更加和谐，如果你想让孩子快快乐乐地成长，那就不要总是把自己当成家长，学会和孩子做朋友吧！只要家长改变态度，把孩子当朋友，尊重孩子，给孩子以平等的对待，孩子自然就愿意接受妈妈的教育。

尊重孩子的个人兴趣

有句话说：“兴趣是最好的老师。”的确如此，如果家长想要孩子变得出色，那就让孩子做自己感兴趣的事情，这是促使孩子自觉学习的最佳方法。

日本著名教育学家木村久一曾经说过：“如果孩子的兴趣和热情能够顺利发展，他就会成为天才。”但遗憾的是，许多家长并不明白这一点，他们往往忽视了对孩子兴趣的培养，结果很多孩子的兴趣在萌芽时就被无情地扼杀了。这不仅是极为可惜的，而且是可悲的。

其实，每个孩子只要智力正常，父母都可以通过发展其兴趣来对孩子进行培养和教育。每个孩子都有自己的兴趣爱好，有的或许是天赋使然，有的则可能是后天的影响，如果这些兴趣爱好能够得到正确的引导，对于孩子的成长来说是极为有利的。

亮亮是一个聪慧的小男孩，他从小不喜欢汽车、手枪等男孩都喜欢的玩具，而单单对玩积木着迷。只不过他十分调皮，常常会将同学盖的“大楼”推倒，然后自己再盖一座更加雄伟的“宫殿”，为此，他经常和其他的孩子打闹不休。

每次看到儿子“惹事”，妈妈就感到头疼不已。亮亮的爸爸却一点也不为儿子的破坏行为烦恼，他没有过分地批评孩子，而是一点点地把孩子的爱好引向了正路。

他经常有意识地带亮亮去参观各种风格的建筑，并跟亮亮一起做搭积木的游戏，还比赛看谁搭得又快又别具风格……

在爸爸的支持和引导下，亮亮渐渐地对那些“小房子”着了迷。爸爸告诉他：“你这么喜欢小房子，其他小朋友也一样喜欢他们自己的小房子，你可以和他们比比谁的房子漂亮，但不能毁坏别人的小房子。”

从此，亮亮不仅不再毁坏他人的“大楼”，还积极地帮助其他孩子盖“房子”。更令人意想不到的是，在一次儿童游戏比赛中，亮亮设计的建筑获得了特等奖。从此，这个男孩就给自己树立了一个理想——做一名出色的建筑师。

仅仅因为烦恼和看不惯孩子的“破坏”行为，就对孩子进行打击与严管，这样的教育是不科学的。毕竟孩子年龄还小，总是会有些不恰当的行为，一味地教训孩子，并不能彻底地更正孩子的鲁莽，相反，还可能会将孩子的天性掩盖，把他的一些特有才能和天赋给磨灭。

当孩子有一些破坏行动时，大人不要急着生气，而应该以正确的办法把孩子的莽撞行为引上正途，这不仅可以改正孩子的错误，还能够维护和培养孩子的兴趣。

对于孩子的兴趣，家长应该重视，并对此抱以尊重的态度，千万不要妄加干涉。家长也不要把自己的主观想法当做孩子的兴趣，甚至将自己的兴趣强加给孩子，这样不仅会挫伤孩子的积极性，不利于孩子的成长，还会引发孩子与大人之间的矛盾，不利于亲子关系的发展。

相反，若是家长对孩子的兴趣抱着尊重的态度，孩子往往能够对自己的兴趣更执着、更专注，使得兴趣的能量充分释放，从而引领孩子走向美好的前途。

雅典奥运会男子十米气步枪冠军朱启南的母亲是个朴实的农民，她没有读过书，因此她最大的愿望就是让孩子读书。为了能够让孩子有好的学习条件，她把朱启南送到城里去读书，自己去广州做生意挣钱养家糊口。尽管生意的利润不高，生活很艰苦，但为了孩子的前途，她还是努力不懈。

1999年的一天，她突然接到家里来的电话，孩子说让她回去商量事情，她觉得孩子的口气有些蹊跷。回到家里才知道，原来朱启南背着母亲在体校学了一年多的射击。

这是一个严重的问题，这么大的事情竟然被孩子隐瞒了一年多，她很生气，显然，儿子学射击与她最初的愿望背道而驰了。她很想痛打孩子一顿，但当她听到孩子特别喜欢射击时，最终还是尊重了孩子的选择，因为她想，孩子最终都要走自己的路。事实证明她的选择是对的，最终她的儿子在射击上取得了优异的成绩。

每个孩子都有自己独特的天赋、兴趣和追求。对于喜欢做的事情，孩子总是具有奋发的动力。所以，家长只要了解孩子的兴趣和爱好就可以按孩子的兴趣帮助他选择努力的方向，这是促使孩子早成才、快成才、成大才的最好方法。

如果无视孩子的兴趣与爱好，就会让孩子的学习成为痛苦的过程，最终使孩子变得毫无竞争力，葬送孩子的美好前途。

作为妈妈，应该了解孩子的兴趣和爱好，尊重孩子的选择，学会引导和激励孩子，让孩子自主选择、发展自己的兴趣，快乐学习、快乐成长。

不要当面批评孩子

如果想摧毁一个孩子的自尊心，你只要当面批评他的缺点，让他没有反驳的机会，一下子就大功告成了！

太多的时候，孩子不听话，在人前屡屡“造次”，我们家长感觉伤了自尊，就大声呵斥孩子。我们传统的教育理念认为这是正常的。殊不知，当众批评只能让孩子暂时慑于压力，不敢抵抗。更重要是会挫伤孩子的自尊心。恶言恶语不用多，一次就够了，一下子就可以把孩子幼小的心灵给伤害了！

每个家长必须明白，即使再幼小的心灵也会非常敏感。

在孩子的生命早期如果得不到足够的尊重，将导致孩子正在建立的自尊心被无情地扼杀。在这个问题上，很多家长都存在一个误区，他们遵循“人前教子，人后教妻”的古训，认为在外人面前，在家庭的公开场合，可以直接教育训斥孩子，只有这样孩子才能有记性，才能印象深刻从而改掉毛病。这些错误做法导致的结果和家长希望的恰恰相反——这样的孩子在人群中表现得行为粗鲁、粗暴无礼、轻率、目无尊长。请检索一下你在家庭教育中是否有类似行为：

对自己的婴儿生气时，尖声叫嚷，咒骂。

高声训斥年幼的孩子：“闭嘴！让你说话了吗？”“再不听话把你扔在这儿，看谁来管你！”

用言语威吓十几岁的孩子：“如果不听话就再也不要回家来！”“我没有你这样的儿子（女儿）！”

对孩子的行为横加指责，破口大骂：“如果你不老实呆着，我就扒了你的皮！”

甚至有些家长采取让孩子当众跪着，公开羞辱孩子以期使孩子变好的措施。

试想，有没有一个成年人能够忍受另一个成年人近乎凌辱的对待？而孩子的弱小决定了他们除了服从以外别无选择。而成年人却不断以爱的名义在固执地用成人世界的规则强行约束孩子、伤害孩子，全然不顾成年人的规则和孩子世界的规则是不同的，不顾孩子的行为背后肯定有他自己的理由。我们亲手培植了孩子的无礼和傲慢，然后再向全世界埋怨：“这个孩子他怎么能这样……”

在不被尊重的孩子的感觉里，自己未被尊重是因为自己是不值得被尊重的，所以很多看起来张狂自负的孩子，内心却并非看起来那么对自己满意，他的行为表现只是在以对自己的感觉来对待别人。

所以，家长要时刻铭记：在人格上，孩子是和自己平等的主体。孩子生来就有权利得到尊重。请你像尊重自己，尊重领导、同事、朋友一样尊重你的孩子。

所以，大家在教育过程中要绝对避免当众批评孩子。

妈妈要用自己的言行教会孩子尊重他人

这是一个多元的时代，每个人都有自己的生活方式和价值。在这样的社会中我们要懂得去理解他人，尊重别人。每个人都有每个人的优点和不足，不能因为别人的一点不足就贬低别人，也不能因为一个人某一方面做得好就恭维他，而贬低自己。我们需要有一颗一视同仁的心。

作为一个妈妈更是如此，如果你不能一视同仁地对待别人，在孩子面前恃强凌弱、嫌贫爱富，就很难在孩子的心中留下有品格的印象。

一天，一位40多岁的中年女人领着一个小男孩，走进美国著名企业巨象集团总部大厦楼下的花园，并在一张长椅上坐下来。她不停地在跟男孩说着什么，似乎很生气的样子。不远处有一位头发花白的老人正在修剪灌木。

忽然，中年女人从随身挎包里揪出一团白花花的卫生纸，一甩手将它抛到老人刚剪过的灌木上。老人诧异地转过头朝中年女人看了一眼。中年女人满不在乎地看着他。老人什么话也没有说，走过去拿起那团纸扔进一旁装垃圾的筐子里。过了一会儿，中年女人又揪出一团卫生纸扔了过来。“妈妈，你要干什么？”男孩奇怪地问妇人，女人摆手示意让他不要说话。

老人再次走过去把那团纸拾起来扔到筐子里，然后回原处继续工作。可是，老人刚拿起剪刀，第三团卫生纸又落在了他眼前的灌木上……就这样，老人一连捡了那中年女人扔的六七个纸团，但他始终没有因此露出不满和厌烦的神色。

“你看见了吧！”中年女人指了指修剪灌木的老人对男孩说，“我希望你明白，如果你现在不好好上学，将来就跟他一样没出息，只能做这些卑微低贱的工作！”

原来男孩学习成绩不好，妈妈生气地在教训他，面前剪枝的老人成了她的“活教材”。

这时，老人放下剪刀走过来，对中年女人说：“夫人，这里是集团的私家花园，按规定只有集团员工才能进来。”

“那当然，我是巨象集团所属一家公司的部门经理，就在这座大厦里工作！”中年女人高傲地说着，同时掏出一张证件朝老人晃了晃。

“我能借你的手机用一下吗？”老人沉思了一下说。

中年女人极不情愿地把手机递给老人，同时又不失时机地开导儿子：“你看这些穷人，这么大年纪了连手机也买不起。你今后一定要努力啊！”

老人打完电话后把手机还给了妇人。很快一名男子匆匆走过来，恭恭敬敬地站在老人面前。老人对那个男子说：“我现在提议免去这位女士在巨象集团的职务！”

“是，我立刻按你的指示去办！”那个男子连声应道。

老人吩咐完后径直朝小男孩走去，他用手抚了抚男孩的头，意味深长地说：“我希望你明白，在这世界上最重要的是，要学会尊重每一个人……”说完，老人撇下三人缓缓而去。

中年女人被眼前骤然发生的事情惊呆了，她认识那个男子，他是巨象集团主管任免各级员工的一个高级职员。

“你……你怎么会对这个老园工那么尊敬呢？”她大惑不解地问。

“你说什么？老园工？他是集团总裁詹姆斯先生！”

“啊，他是总裁？”

可能很多人会想，这个妈妈真倒霉，刚好遇到了总裁，但其实对一个母亲来说，因为自己的言行失当丢了工作事小，在孩子面前丢了作为母亲的庄重和风度事大。

无疑，这个故事中的妈妈是失败的，在她的耳濡目染下，那个男孩恐怕也难以学会在生活中尊重他人！

妈妈是孩子的第一任老师，也是孩子最亲近的人，妈妈的性格特质将很容易影响孩子品性的养成，妈妈的所作所为容易被孩子认为是合理的，并且，孩子知识经验贫乏，辨别是非能力差，对妈妈的言行会不加选择地模仿。因此，妈妈要求孩子做到的，自己必须要以身作则。例如，要求孩子孝敬长辈，自己首先要敬老；要求孩子尊重别人，自己首先要尊重别人，对所有人一视同仁。

在孩子的成长过程中，不仅需要学会基本的生存技能，更要学会如何与他人相处、协作。只有懂得尊重别人的孩子才能赢得友谊。朋友关系的存续是以相互尊重为前提的，容不得半点强求、干涉和控制。

彼此之间，情趣相投、脾气对味则合、则交，反之，则离、则绝。朋友之间再熟悉、再亲密，也不能随便过头、不恭不敬，这样，默契和平衡将被打破，友好关系将不复存在。

只有懂得尊重别人的孩子才懂自尊。自尊是促使孩子不断向上发展的原动力。自尊是自信的源头，一个孩子不尊重自己，就不能激发内心的勇气和自信，当然，也不会取得什么大的成就。屠格涅夫说过，自尊自爱，作为一种力求完善的动力，是一切伟大事业的渊源。

孩子只有尊重自己，才会珍惜和看重自己，才能够实现自己人生最大的价值。

孟子说“威武不能屈，贫贱不能移，富贵不能淫”。这是作为君子应该有的气节，也是有品格的母亲应该追求的境界。只有当妈妈的做到一视同仁，尊重他人，尊重自己，孩子才能把这种美德深入到灵魂中，在人生的道路上赢得更多的尊重和友谊。

第四章

善于倾听，与孩子进行有效沟通

孩子的成长需要有效的沟通

走进孩子的心灵，不是靠怀疑、监视，而是靠沟通。

与成人沟通，是今天的孩子，尤其是独生子女特殊的精神需求。

他们从小生长在“成人世界”里，是家庭的“个体户”，他们渴望被尊重，被信任，被理解，更渴望与妈妈沟通，与妈妈建立伙伴关系。

但妈妈往往不理解孩子的心，他们很奇怪：“你想要的我都给你了，你还要什么？”久而久之，孩子渴望沟通的大门关闭了，有的甚至永远也打不开了。

要想走进孩子的心灵，就要靠沟通。良好的沟通能使我们在家庭中建立良好的人际关系，反之，不良的沟通则会破坏这种关系。

在一次刚刚结束的讲座上，我还没走下台，就被家长和孩子们团团围住。一位50多岁的男士拨开人群来到我面前，流着泪对我说：“给我一点儿时间，我要带我儿子来见您。”原来，就在前一天晚上，他为儿子半夜回家第一次动手打了儿子，扫帚都打断了，但儿子宁可忍受疼痛，始终不肯说出自己去了什么地方。

望着这位年龄与我相仿、面容憔悴、泪流满面的汉子，我没有任何理由不满足他的要求，尽管我的日程安排得很紧。我们约好下午5点半到6点与他儿子见面。

5点半，他一家人都来了，每个人都是眼泪汪汪的。夫妇二人把儿子领到我的房间就出去了。

这是一个胖胖的男孩，正上初二。他一脸稚气，用手托着脸坐在我对面的沙发上，那神态很像我的儿子。

“昨晚到哪里去了，让你爸爸那么着急？”我直截了当地小声问。

“去网吧了。”男孩向我道出真情，“昨天是周六，我和一个男同学约好5点半在路口见面，一起去玩，可他失约了，没有来，我一个人呆着没劲，就去网吧了。”

“网吧的环境不太适合中学生，那里有些东西对你们影响不好……”我担心地说。

“我对别的不感兴趣。我主要是玩游戏攻关，攻下关来好跟同学去吹牛。”男孩的坦白让我对他很同情。是啊，哪个男孩不想在同学面前表现出自己很行呢！

“可是，我玩着玩着忘了时间，一共玩了五个小时，一看表已经是深夜一点了。”男孩讲述着头天晚上的事情，我静静地听。“我很害怕，硬着头皮往家走，走到家门口，我不敢进去，跑到河边站了很久，最后还是回去了。”

“回家以后怎么样呢？”

“我爸在外面找我找了好几个小时，也是刚刚回到家。他又急又气，问我干什么去了。我说去同学家了。我爸就拿起扫帚狠狠地打了我……”

“那是爸爸第一次打你吗？”

“是的。”

“听你爸说，扫帚都打断了，一定很疼吧？打什么地方了？”我关切地问，好像挨打的是我自己的儿子。

“打大腿和屁股中间。疼倒是没有什么，只是我第一次看到我爸这么着急，我很难过……”男孩说着，用手捂着脸，呜呜地哭了起来。我连忙递给他一条毛巾，可不知道怎么回事，我的泪水也跟着流了出来——自己挨了打没在乎，在乎的是让爸爸着急了。多么善良的孩子！

“你能体会爸爸的心就好。你爸爸都50多岁了，你才上初中，你爸爸快40岁了才有你，能不爱你吗！你跟他讲实话了吗？”

“没有。”孩子哭得更伤心了。

“待会儿马上把实情告诉爸爸妈妈，请求他们的原谅。你要爱他们，就不要让他们再为你操心呀！你家里有钱买电脑吗？”为了让他不再哭，我转了个话题。

“二手电脑3000元一台，我家才攒了1000多元。”男孩回答。

“慢慢攒，攒够了钱买一台，自己在家里玩会安全得多。”我很同情这个爱玩电脑的孩子。

“我会节省钱的。我以后不会让妈妈操心了。知心姐姐您相信我吗？”男孩用渴望的眼光望着我。

“你是个善良诚实的孩子，知心姐姐当然相信你。我想，你爸爸妈妈也会相信你的。一会儿就把实情告诉他们，好吗？”我拍拍他的肩，给他鼓励。

“好。”男孩点着头。这时，时针已经指向6点，他的爸爸妈妈走了进来。

“你有一个好儿子。”我对男孩的父亲说。

这位父亲深深地给我鞠了一躬，泪水不停地往下流。“如果今天没有见到你，真不知道这件事怎么收场，不知道应该怎样再跟儿子相处。”

“没什么。以后家庭中不管出现什么问题，妈妈、孩子都坐下来谈一谈，做妈妈的要用心听孩子说，而孩子呢，也要实话实说。”

当父亲听了我买电脑的建议，便说马上去买。我制止了他：“事到如今，只能等攒够了钱再买，教育也要有个过程。”

一家三口高高兴兴地离开了。

事后我想，假如我没有与他们一家人相遇，事情会发展成什么样子呢？孩子死活不肯说出实情，爸爸又非要问清楚不可，僵持下去，后果不堪设想。

所以说，学会沟通，对妈妈和孩子来说，实在是太重要了！

学会倾听，才能了解孩子

当妈妈对孩子表示重视和尊重的时候，孩子就会把心中的郁闷倾诉出来。这样孩子在变得开心的同时，也更乐于和妈妈沟通交流。这有助于加深孩子对自己的好感，也有助于与孩子的关系更加融洽。

许多妈妈认为，孩子在小的时候，应当对妈妈的话言听计从。其实，一个好妈妈不应当采取这样的教育方法。尤其是当孩子渐渐长大，有了自己的思想与主见后，做妈妈的更应摒弃这种做法。而应倾听孩子的心声，把他当做一个独立的个体，与孩子进行平等的交流，孩子才会快乐地成长。

一天晚饭后，妈妈跟小菲聊天。

刚开始，妈妈跟小菲聊了许多生活中的小事情，小菲也开心地讲起了学校里的趣事。突然，小菲沉默了。妈妈问道："小菲，你是不是有什么话要跟我说呢？不要紧，有什么事情你就说出来吧！或者你有什么问题，需要我来帮你解答一下？"

果不其然，小菲问道："妈妈，假如爱情和事业只能选择一个，你选哪一个？"妈妈心里一惊，14岁的小姑娘怎么问了一个成年人的大问题？看来得认真对待。

妈妈回答说："我选择爱情，有了爱情才会有温暖的家，即使事业不成功，也有个避风雨的港湾哪。"

哪知小菲竟然胸有成竹地表示："我选择事业，事业成功了，爱情自然会来。"妈妈思忖着说："事业成功的喜悦也该有人分享啊……"

“可是，爱情太麻烦了，我不喜欢唯唯诺诺的男人。”小菲反驳道。

一语道破天机，妈妈知道她一直和一位男生来往密切，并且正为这似断非断的关系而烦恼。妈妈没有急于捅破这件事情，而是借用了一句歌词自编自唱：“爱情这东西，拥有了好麻烦，没有了又拼命想，来早了添麻烦，来晚了又着急，不早不晚最香甜哪。”

聊完了，妈妈拍拍小菲的头，说道：“乖女儿，以后有什么事情多跟我说说，虽然我不一定能够帮你解决，但我可以做你最好的听众。”

“谢谢妈妈！”小菲会意地笑了。

人都需要发泄，需要倾诉，就像故事中的小菲一样，虽然她只是个孩子，但也需要倾诉，更需要有人听她倾诉。所以这个时候，好妈妈不妨多听孩子说说心里话。

孩子希望自己的妈妈可以分享他们的成功、喜悦，分担他们的忧愁、痛苦。同时他们也希望妈妈可以听听自己的理想、抱负，而不是只爱听“好消息”，不爱听“坏消息”。譬如，当孩子放学回家后，兴致勃勃地跟妈妈说起学校里发生的一些趣事时，她们却不愿意听，甚至会怒斥他：“你瞎操什么心，小小年纪懂什么，你现在最重要的是学习，其他的事情不必要操心，赶快回房间学习！”长此以往，孩子会认为妈妈不愿意听他说话，觉得什么事情说了也是白说，还不如将它埋在心里。久而久之，这种消极情绪找不到发泄和化解的渠道，积累到一定程度就可能突然爆发，变成一种对抗情绪，那时妈妈与孩子沟通就更困难了。

因此，一个好妈妈不但要倾听孩子说话，更要学会如何倾听。在倾听孩子说话时要做到：不急于表达自己的看法，而要尽量让孩子充分地表达他的意见；不随意打断孩子说话，在他一时没接上来时，耐心等一等。这样一来，孩子觉得得到了尊重，也就会把妈妈当成倾诉的对象，甚至会和她成为好朋友。

妈妈耐心地倾听孩子说话，可以有效地化解他们心中的苦闷和压力。当妈妈对孩子表示重视和尊重的时候，孩子就会把心中的郁闷倾诉出来。这样孩子在变得开心的同时，也更乐于和妈妈沟通交流。这有助于加深孩子对自己的好感，也有助于与孩子的关系更加融洽。

第一，听孩子讲话要专心。一个好的聆听者，必须集中注意力。因此，妈妈和孩子交流时应选择一天里空闲的时间和安静的地点，这样才能够做到专心听孩子说话。

在听孩子讲话的时候，不要做家务活，也不要看电视、打电话，而应该把注意力都放在孩子身上，用眼睛注视着孩子，真心与他沟通，这样孩子才会真心相待。

第二，要给孩子留出倾诉的时间。在孩子的生活中，有时需要家长，特别是妈妈在他身边听他讲话。

当孩子内心恐慌、受到创伤或感到失望时，他们特别需要温情的安慰，所以这时候妈妈更应该做一个忠实的听众，给孩子留出充分倾诉的时间。哪怕只用几分钟，也可以对孩子说“我们一起散会儿步”或者“让我们到小房间单独在一起谈谈”。

第三，向孩子表示自己有同感。一个善于聆听的妈妈，最重要的技巧是摆脱自己对问题的看法和感情，设身处地替孩子着想。有了这种技巧就能捕捉到孩子情绪的波动，并将自己切合实际的看法告诉孩子，让孩子摆脱烦恼的困扰。

妈妈要重视男孩的情绪表达

常常听到一些妈妈这样教育他们的儿子：“哭什么哭，女孩才总是哭哭啼啼的呢！”“有什么好哭的，像个女孩子一样！”

在接受家庭教育方面，男孩有时是很可怜的。因为是男孩，他们被剥夺了哭泣的权力；因为是男孩，他们必须坚强；因为是男孩，他们的情绪往往被妈妈忽视……所以有人说，做男人是可悲的，即使在还是小孩子的时候，就要承担比女孩大得多的压力。

事实也的确如此，对于男孩来说，由于种种原因，他们的情绪常常会发泄不出来。情绪不能正常发泄时，人便会感觉到很大的压力。也许正是因为如此，有儿童心理学家说："在孩提时代，男孩比女孩更容易抑郁。"

大多数的妈妈也许会怀疑这个观点，他们甚至会反驳这个观点，我的男孩是快乐的、无忧无虑的。但是，你是否注意到男孩的异常行为了呢？

一位研究儿童行为学的专家表示：如果一个5岁的男孩感到心情抑郁，他会显出懒散嗜睡的症状。他可能会在早晨不想起床，他可能在屋里闷闷不乐地走来走去，他可能会对原先使他兴奋的东西不感兴趣。还有一种特别重要的症状就是，他会公开表示出愤怒、敌意，他可能会突然对周围的人和东西痛斥、猛击。

如此说来，男孩真是一种奇怪的动物。他们表面看起来大大咧咧，其实他们的内心也有很多秘密；他们表面看起来坚强，其实他们的内心很容易受伤；在别人看来，用手击墙是一种很傻的行为，但他们却认为这是最爽的一种发泄方式。

很遗憾的是，大多数情况下，妈妈往往会忽略男孩的情绪。

12岁的王亮没有上初中就辍学了。他非常自卑，害怕见陌生人，脾气古怪、暴躁，动不动就大发脾气，并常常以自杀威胁家人，王亮为什么会变成这个样子呢？

原来，王亮曾经是一个性格开朗、学习成绩优异的孩子。在他上五年级时，班级评选班干部，他满心欢喜地以为能当选，结果老师没选他，反而选了比他差的同学。

这件事对他打击特别大，他放学回家后一句话都没说，直接躲到了屋里。第二天，他把这件事告诉了妈妈，并且反反复复说了好几遍。但当时妈妈由于工作忙，谁也没在意孩子情绪的变化。

从这以后，王亮就像变了一个人似的，沉默寡言，对所有的事都提不起兴趣，不爱上学，也不喜欢参加班级和课外活动，甚至在街上看见同学和老师他都会立刻绕着走。

然而，王亮的这种异常行为还是没有引起妈妈的注意……最后，等妈妈发现孩子的变化时，他已经变成了现在的样子。

是的，有时候男孩就是这么脆弱。他们也会迷路，而且他们不像女孩，发现自己错了便会马上回头，他们有一股一路走下去就是不回头的“倔劲儿”。因此，他们有时更需要妈妈的关注，需要妈妈在适当的时候为他们确定航标、指引方向。

我们有理由相信，王亮本来可以成长为一个可爱的少年，他只是在一个人生的岔路口迷了路。但是，由于妈妈的疏忽，却造成了他性格转变。

与女孩相比，男孩不善言辞，不愿意表达自己内心的想法，更容易暴躁、发火……但正因如此，男孩才更需要妈妈的关注，尤其是在他情绪变化的时候。

男孩也会遇到困难、男孩也有情绪失落的时候、男孩也会伤心，在这些情况下，他们需要发泄自己的情绪，因此他们大多需要一个倾听者。而对于还没有进入青春期的孩子来说，家长往往是他们最好的倾诉对象。

男孩往往都是这样，不开心的事情憋在心里，就会憋出更严重的事情来。然而，如果他们能够顺利地把这件事情说出来，他们会马上把那些不高兴的事情忘记。因此，做家长的应及时发现男孩情绪的变化，当你感觉孩子的情绪有异样时，就应该采取措施引导孩子把心事说出来。

另外，家长也应注意，如果男孩的诉说内容有偏激的倾向，切记不要在当时就指出孩子的错误，这样会让他感到更加无助，或是加重他的反叛心理。家长可以等孩子平静后，在孩子很高兴的情况下，再帮孩子分析他的错误观点，并帮他提出改正的建议。

越是孤独的孩子，越需要有效沟通

不少妈妈并不理解孩子内心的渴望，这导致妈妈和孩子之间的交流减少，甚至形成更大的鸿沟。其实每个孩子在内心中都期待和妈妈交流。所以，如果沟通的方式出现问题，孩子就会觉得迷茫、害怕，甚至产生心理上的疾病。

当孩子渐渐地长大，他们体验最深的就是孤独。一个好妈妈会注意到孩子的心理变化，并能够与孩子进行及时的沟通，使其走出孤独的阴影。

最近，妈妈注意到小宁总是闷闷不乐，经常会一个人坐在窗前发呆。妈妈很想试着跟小宁聊聊，可每当她要开口时，儿子便借口要复习功课躲回了自己的小屋。

一天，妈妈在整理小宁的房间时，看到了他的日记本，禁不住打开来看。日记本里写道：

“别看我老是和一大帮人一起唱歌、聚会，其实我找不到可以交心的朋友，没有人可以真正理解我的感受。

“我几乎每天都要上网，在我的网络圈子里，‘你孤独吗？你害怕孤独吗？’这句话已成为朋友间的问候语。在家人看来，我是家里的独生子，是个性格开朗的男孩，在旁人看来我也应该特别幸福才对。可实际上我很孤独，我最好的‘朋友’就是博客和日记。

“由于升学和就业的压力，学校不停地向我们灌输‘竞争意识’，老师、家长也对考试排名、班干部竞选等极为看重，这些都压得我喘不过气来。

“我抬起头，看见所有人都在疯狂地学习，转过头想和别人说说话，四周没有一个人理我，同学们都憋着劲儿互相拼名次。回到家，妈妈拿着新买的习题，告诉我几天之内必须完成……我几乎快崩溃了。

“我现在越来越不愿意跟人说话了，感觉生活没什么意思，高兴不起来。我只愿意一个人静静地坐着，对学习也提不起兴趣，只能看着其他同学还在努力地学习着……”

看完了小宁的日记，妈妈很不理解。她认为儿子现在过着衣食无忧的生活，学习成绩不错，家里也没有什么让他操心的事情，周末她还经常抽出时间陪儿子，或者带他出去玩，孩子为什么还会产生孤独感呢？

对于“孤独”，孩子与妈妈的理解是不相同的。妈妈理解的孤独，是对话者的缺乏；孩子眼中的孤独，却不仅仅是缺乏对话者而更多的是对角色转变的不适应。

随着孩子年龄的增长，有关自己和社会的各种信息纷至沓来，需要他们不断地思考，最后确定自己的生活目标。这个过程的一开始，孩子往往不知道自己想干什么，能干什么，自己是一个什么样的人。社会赋予他们的角色一下子增多了：不仅要作为子女，还要当学生。他们希望得到成年人的尊重和信任，希望被同学接纳和喜爱。要在不同的环境中“扮演”好相应的角色，对于孩子来说不是一件轻松的事情，可是他们又想表现得独立和成熟，于是一方面特别需要和别人探讨、交流，一方面又不愿意敞开心扉。

所以，德国心理学家斯普兰格说：“没有谁比青年人从他们孤独小房里用更加憧憬的目光眺望窗外世界了，没有谁比青年在深沉的寂寞中更加渴望接触和理解外部世界了。”由此可见，这种孤独感正是孩子自我意识发展的一种表现。随着年龄的增长、社会生活经验的丰富和自我探索的深入，他们会逐渐获得一种熟悉自己、对自己有信心、有把握的感觉。那时，他们就能够独立思考，也会乐于与人交流了。

不少妈妈并不理解孩子内心的渴望，这导致妈妈和孩子之间的交流减少，甚至形成更大的鸿沟。其实每个孩子在内心中都期待和妈妈交流。所以，如果沟通的方式出现问题，孩子就会觉得迷茫、害怕，甚至产生心理上的疾病。

作为一个好妈妈，每当看到孩子陷入孤独时，既不要无意义地叹气也不要进行严厉的责骂，而是应该帮助他们尽快走出孤独。那么，到底要如何做才能帮助孩子消除孤独、走出自设的泥潭呢？

（1）帮助孩子克服自卑心理。有一部分孤独的孩子是由于自卑心理在作祟，他们总是觉得自己低人一等，有什么事情也不太愿意跟别人交流，喜欢独来独往。这类孩子极需要妈妈的开导。因此，妈妈要携同老师一起从日常生活入手，适时、适当地对他们提出要求，给予独立锻炼的机会，让孩子体验成功的快乐，建立真正的自信心。

另外，妈妈还可以告诉孩子：自卑如同作茧自缚，不冲破自卑这层茧，就难以走出孤独的沼泽。一个人只有充分相信自己，才能使别人相信你。只有钻出了自织的蚕茧，才能克服孤独。

（2）鼓励孩子多与外界交流。一个人是不可以独自生活的，他需要与外界交流。所以，妈妈应该尽可能地为孩子打开生活空间，鼓励孩子走出家门，广交朋友。如参加夏令营等各种各样的集体活动，都是很好地培养孩子交际能力的场所。

孩子在集体活动中，不仅可以结识许多的小伙伴，还可以在了解他人的基础上了解自己，学会用集体交往的规则调整自己的言行，学会尊重他人、信任他人、谅解他人、乐于助人，学会调节集体和个人的关系。

（3）让孩子“忘我”地与人交往。孩子在与人相处时感到的孤独，有时会是独处时的十倍。因此，妈妈要鼓励孩子，在与他人相处时，无论是什么样的情境，都要做到“忘我”，并设法为他人做点什么，这样在温暖别人的同时，也会温暖自己。

善用先听后说的技巧

成长中的孩子会面临诸多问题和困惑，所以他们需要一个能倾听并且能帮助他们解决问题的家长，所以家长应该多挤出一些时间陪陪孩子，倾听孩子内心深处的心声，给他们一个诉说的机会。

初夏，妈妈领着10岁的儿子到公园里玩耍，由于天气较热，不一会儿母子就感觉口渴了，幸好有先见之明的妈妈在临出门之前将两个苹果放进了儿子的书包中，于是妈妈拿出苹果，问儿子要哪一个。此时，妈妈在想：儿子一定会将大的苹果让给自己吃，因为她从小就教育孩子要有长幼尊卑，要学习孔融让梨的精神。

但出乎意料的是，孩子却在两个苹果上都咬了一口。妈妈以为儿子是想将两个苹果都据为己有，此时，伤心的妈妈本想数落儿子一番，然后再教儿子应该怎么做。但是碍于在公共场合，妈妈改变了方式，温和地对儿子说："你能够告诉妈妈为什么要这么做吗？"儿子眨眨眼睛，天真地说："因为……因为我想把最甜的一个苹果给妈妈吃！"当妈妈听到儿子讲完这句话时，眼睛里涌出了泪水，她为儿子的懂事感到骄傲和自豪，也为自己能够给儿子说话的机会感到庆幸。

通常情况下，家长对于孩子的批评和教育要多于倾听和谈心，因此，孩子很难和家长站在同一高度进行对话。在家庭中占主导地位的家长往往是在自说自话，全然不顾孩子的感受和想法，这样的教育方式无疑是徒劳无功的。这样一来，家长的管教就变得毫无意义，孩子有时还会以不耐烦的情绪应付家长。

沟通需要技巧，不少家长经常抱怨孩子不好管教，和他讲道理也不听，甚至有时孩子的道理比家长还要多。所以在一些家长眼中，孩子的行为和态度就是不可理喻的，于是家长为孩子的教育而烦恼，孩子为家长的唠叨而烦恼，处于这种交流的怪圈内，是不可能取得良好教育效果的。

与此同时，有的家长对于沟通问题认识不足，认为供孩子吃穿，只要他好好上学就行，没有必要将更多的时间浪费在毫无意义的沟通上，甚至思想偏激的家长还会有“棍棒出孝子，打骂出成绩”的错误想法。

其实，这两种沟通方式都不利于家长与孩子的交流，相反还会滋生孩子心中的困惑，即使家长经常在孩子耳边苦口婆心地劝说和教育，也无异于隔靴搔痒，根本深入不到孩子的内心。

沟通的前提离不开尊重和信任，只有在此基础上的交流才能够顺利地进行，此外，沟通也需要几种技巧，这样双方才能够接纳对方的意见。

第一，倾听孩子“发脾气的心声”。这是沟通的第一步，假如孩子因某件事不满，家长可以允许他发脾气。此时家长要先放下手头的事情，专心坐下来看着孩子，并认真倾听孩子的想法和意见，而不要左顾右盼，无论他说得对还是错都不要打断他。这时孩子就会从家长那里得到这样一个信息：我是被重视的，妈妈在倾听我说话。

第二，感同身受，做出真诚的反应。当孩子说完他的想法或意见时，妈妈要表达出内心的真实想法和感受，而不是训斥或诱导孩子，更不能敷衍了事。

孩子往往很敏感，所以家长与孩子在交流过程中一定要注意态度和语气，这和谈话内容一样重要，同时家长最好运用肢体语言。据美国一项调查显示，谈话的影响力中，语言占7%，音调占23%，表情及肢体动作各占35%，所以为了使你的语言更有力度，可以将肢体语言作为沟通工具。

第三，掌握最佳的谈话时机，不伤及孩子的自尊心。生理学家研究指出，晚饭过后，人的心情处于最佳状态，是比较好的谈话时机，此时家长可以找到孩子的兴奋点，以达到“润物细无声”的教育效果。最好不要选择在下午5～7点与孩子谈话，因为这段时间是人体内生理活动的最低点，在各方面都不利于双方的谈话。

谈话时避免不了出现冲突，大原则是不伤害孩子的自尊心，批评要对事不对人，另外批评不是攻击，最好用建设性语言代替批评，这样可以避免孩子产生抵触心理。

第四，与孩子共同寻找解决问题的途径。孩子向妈妈寻求意见或帮助时，家长给出的指导越具体越好，不要只提供专制的意见，最好与孩子一同商量解决之道，这样就会使问题明朗化、清晰化，从而有助于问题的解决。

在家庭教育中，倾听孩子讲话是最基本的交流方式，这既是尊重孩子的表现，也能够创造更多的机会与孩子面对面地交流。

多数情况下，人与人之间不能沟通主要源于有人说话而没有人聆听。聆听是表现关怀的方式，它可以使亲子关系变得更和谐。

倾听，并不是光听不说，这是一种非常有价值的沟通方式，妈妈能够从中发现乐趣而不是苦恼，还能使教育收到事半功倍的效果。

倾听，既是能力也是方法

倾听既是家长教育子女必须具备的一种能力，也是教育子女一个好的方法。这是因为孩子的教育80%在于沟通，20%才是教育，只要沟通到位，教育不是一件很难的事情。而倾听正是亲子沟通必不可少的一个重要环节。因此，要解决孩子存在的问题，首先要解决好和孩子的沟通问题，而要使沟通顺畅，家长必须要学会和掌握倾听的技巧。

案例一：妈妈正在做饭，孩子回到家高兴地跑到妈妈身边：“妈妈，我们班今天发生了一件很好玩的事！”“没看我正忙着？还不快去做作业！别整天疯疯癫癫的光想着好玩。”孩子一下子蔫了。

案例二：爸爸在看电视，孩子走到身边说：“爸爸，我想跟您说件事。”“行，什么事？你说吧！”爸爸答应了孩子的要求，但却没有认真倾听孩子的诉说。孩子说的时候，虽然在哼哼呀呀地附和着，但眼睛却一直盯在电视上，根本不正眼瞧一眼孩子。最后，孩子气呼呼得说：“不跟你说了！”转身离去。

从这两个案例中我们可以看到，很多时候不是孩子不愿意说，而是做家长的容不得孩子说。这样的做法，怎么能够全面地了解孩子，怎么能够走进孩子的内心世界呢？赏识教育创始人、著名教育家周弘所说：“要想和孩子沟通，就必须学会倾听。倾听是和孩子有效沟通的前提。不会或者不知道倾听，也就不知道孩子究竟在想什么，连孩子想什么都不知道，何谈沟通？”

那么如何正确地应用倾听艺术，使自己在和孩子沟通的中收到良好的效果呢？

第一，要有主动倾听的意识。妈妈千万不能因为孩子小，就忽略他们的阐述。不要总是居高临下，而是要经常蹲下去，与孩子面对面，平等地互相倾听与诉说。倾听孩子谈话的过程中，运用眼神或简短的语言表示出你听的兴趣。切忌表现出不耐烦，或说出让孩子扫兴的话语。

第二，要允许孩子申辩、解释。现实生活中常会有这样的情况：孩子犯错时，妈妈凭着自己了解的情况对孩子的行为做出评价和责备。当孩子申辩、解释的时候，妈妈会气上加气，对孩子一声断喝：“住口，不用解释了！”这种做法对孩子会造成很大的伤害。孩子有时候犯了错，可能有一定的原因，应该让他申辩和解释，老是用“你不用解释！”来制止孩子，孩子渐渐就会放弃为自己辩解的权力，他会背着许多冤屈，一个人默默承受，长久下去可能会造成严重的心理问题。

第三，要善于运用倾听的净化作用，协助孩子及时排解情绪等方面的问题。倾听是了解的开始，在心理学上，倾听更具有净化作用。当孩子遭遇挫折、困顿、失败和难过时，积极的倾听能够沉淀和过滤孩子复杂而奔腾的情绪，帮助孩子解决存在的问题。就像眼睛里进了一粒沙子很难过，但当眼泪将沙子流出来后，便会觉得舒服多了。

第四，要注意运用反映倾听，帮助孩子找出问题的症结。所谓反映倾听，就是试着了解孩子的感受和想法，然后用不加入自己的意思、分析、劝告及任何判断的话表达出来，向孩子求证，进一步了解孩子话语中隐含的意义，找出孩子隐藏的感受和问题的症结，帮助孩子从合理、正面、积极的角度觉察自己的感受，使负向情绪得到疏解。可见，反映倾听是一种开放式的沟通反应，是妈妈对孩子感受表达的回馈，让孩子有“我被了解”的感觉。

第五，要巧妙地表达你的意见，在倾听孩子述说中，不要表示或坚持明显与孩子不同的意见。因为孩子希望的是家长“听”他说话，或希望家长能设身处地地为他着想，而不是给他提意见，批评他。你可以配合孩子的述说，巧妙地提出你的意见，比如孩子说完话时，你可以重复他说话的某个部分，或某个观点，这不仅证明你在注意听他所讲的话，而且可以用下列的答话陈述你的意见，如“正如你所说的，我认为……”、“我完全赞同你的看法……”等。

多提一些建议，少提一些要求

青春期的孩子心理波动比较大，这时妈妈要学着改变自己，研究孩子成长时期的心理和精神需要，理解和支持孩子，正确引导孩子，同时还要学会当个倾听者，不要提出太多的要求，相反要婉转地多提一些建议。

据国外心理学家通过一项对两万多名青春期孩子的研究发现：孩子在12岁以前很愿意与妈妈交谈他们的想法，但之后却有明显的变化，尽管妈妈对孩子的态度一如既往，但孩子有问题和想法，首先是与朋友谈，其次是老师，与妈妈交谈的次数和时间越来越少。

很多当妈妈的接受不了这样的变化，所以与孩子交谈的时候几乎都是不欢而散。随着交谈次数的增多，妈妈和孩子之间的隔阂也就越来越深。面对这种情况，有的妈妈抱怨不停，有的妈妈沉默不语，有的妈妈则会找出问题所在，以积极的心态去解决问题。

小辉今年17岁，正在读高二。在小学、初中时期，他的学习成绩一直名列前茅，深受妈妈和老师的喜爱。去年升入一所重点高中后，因班上高手云集、竞争激烈，他自感心理压力很大，经常会出现头痛、失眠、焦虑的情绪，脾气还变得急躁起来，总与同学发生冲突。回到家里，小辉还经常对妈妈发脾气，甚至摔东西、骂人，态度很恶劣，他还扬言要出家当和尚，不读书了。小辉的妈妈为此忧心如焚。

后来，妈妈对小辉的情况进行了分析：从初中到高中，从喜欢学习到厌倦学习，小辉之所以出现了如此强烈的反差，主要还是因为心理上的不适应和竞争压力大的原因。找到了问题的根源后，妈妈便不再强迫小辉学习，也不和他发生冲突，而是帮助他化解压力，使他明白，搞好学习并不一定就是要拿到多好的名次，最重要的是充实和提高自己，只有这样才能在学习中找到乐趣，在生活中得到满足。

没多久，小辉就在妈妈的耐心劝解下，恢复了对学习的兴趣，成绩一跃而上，不良情绪也自然而然地消除了。

青春期是人生中最具有特殊性的时期，是人生中的一大转折点。青少年在生理上和心理上已渐趋成熟，但尚未完善，并且面临着升学、就业等人生的一些重大问题，常常会因遇到这样那样的挫折或打击而产生许多烦恼。

这种烦恼若不能得到及时缓解，就会诱发心理危机。不过，只要在妈妈的正确引导下，孩子的这种危机状态绝大多数可自行缓解，恢复成为健康的正常人。只要妈妈对孩子青春期的生理、心理特征有正确的理解，在家庭教育中采取科学有效的办法，帮助孩子正确认识问题的本质，激发孩子的独立自主性，帮助孩子积极适应新的学习环境，剔除社会不良因素对孩子的影响，孩子完全可以顺利度过烦恼期，健康地进入成熟期。

青春期的孩子心理波动比较大，这时妈妈要学着改变自己，研究孩子成长时期的心理和精神需要，理解和支持孩子，正确引导孩子，同时还要学会当个倾听者，不要提出太多的要求，相反要婉转地多提一些建议。孩子大了，多给他们一些处理事情的机会，如果他们做得不好，妈妈也应放下架子和孩子谈心，剖析一下事情没做好的原因，这样总比硬碰硬的好。给孩子一个改正错误的机会，也是给他一个成长锻炼的机会。

当孩子进入青春期后，成长的道路上会出现许多的烦恼，如果处理不好会严重地影响其身心健康。在这个时候，一位好妈妈的成功引导会使孩子摆脱这一系列的困扰。

第一，和孩子进行平等交流。妈妈应根据孩子的心理特点，从行为和心理上进行引导。要采用平等对话的方式，让孩子把心里话说出来，然后妈妈把自己的观点、经历讲给他听，让孩子自己进行比较，因势利导。

第二，理解、信任孩子。孩子觉得自己已经长大了，有能力处理一些事情，这时，妈妈要充分利用孩子的这一想法，把家里的一些事情和孩子一起商量处理，听取、征求他的意见，对孩子生活、学习中出现的问题、困难，尽可能地让他自己去解决。当然，妈妈也要适时地提出自己的意见，正确引导孩子。

在孩子遇到困难和失败时，应多鼓励和安慰，成功了要及时给予表扬。妈妈自己有缺点和错误，应勇于承认，尽量改正，使孩子从中得到启迪。

第三，尽量避免与孩子正面冲突。在孩子发火时，妈妈应保持冷静。争论激烈时，妈妈应转移话题或采取冷处理方式，以免孩子萌发对立情绪，逆反心理变得更强烈。事后在适当的时候，妈妈应心平气和地指出孩子的错误和不当之处，使孩子积极克服爱冲动的毛病。

让孩子说出心中的委屈

孩子和大人一样，需要赏识和理解，更需要一个倾诉的对象，否则就会加重孩子的逆反心理。

孩子放学回家看见妈妈正在厨房洗菜，就兴致勃勃地对妈妈说：“妈妈，我告诉你一件有意思的事情……”

妈妈却不耐烦地说：“作业写完了吗？”

孩子的书包还没有放下，作业当然还没有写，此时，只听妈妈大声呵斥着：“怎么还不快写作业呢，有什么话等写完作业再和我说。”沮丧的孩子只得默默地回房间去做作业。

家长整日忙于工作，回家之后还要忙于家务，疲惫不堪的他们很少理会孩子的心声，即使孩子正在滔滔不绝地讲话，家长很多时候只是心不在焉地听着，有些家长干脆表现出不耐烦的态度。

孩子也会有情绪不佳和感到委屈的时候，如果家长能倾听孩子的声音，并正确疏导他们的心结，就会使孩子认识到自己的不足，从而明白自己该如何走出误区，这是加速孩子成长的办法之一。

即使是成人受到委屈或某些欲望得不到满足时，也会心生怨气和不满，更何况是涉世未深的孩子，所以他们的不良情绪若在内心深处越积越多，一旦爆发，后果将不堪设想。

一天，6岁的小雨与姑姑家的小表哥在房间里玩耍。他们本来兴高采烈的，但后来却因为抢一台电子游戏机打了起来。小雨坐在地上大哭，因为电子游戏机被表哥给抢走了。这时，小雨的母亲走进来，温和地对她说："孩子，不要哭了，告诉妈妈发生了什么事情？"

于是，小雨将事情的原委向妈妈说了一遍。妈妈很耐心地听完，边替她擦眼泪边说："兄妹两人要互相谦让才对，你就先让表哥玩一会儿好了，妈妈相信你们都是乖孩子。"

过了一会儿，表哥就把游戏机给了小雨，两个人又有说有笑地玩了起来。

如果换成一位脾气暴躁的家长，就会不分青红皂白地先说孩子一顿，但是这位宽容的妈妈却很理解孩子的行为，允许孩子诉说委屈。

给孩子一个诉说的机会就可以轻松地化解孩子心中的委屈，也会让孩子放弃那些无理取闹的要求。赏识孩子的妈妈会给孩子一些宽容和理解，让他们慢慢讲出事情的原委，从而弄清楚孩子委屈的原因，并对症下药。这种有的放矢的教子方式，不仅有利于孩子与妈妈之间的沟通，还能让孩子得到赏识和信任。

有一段时间，小林上学总是迟到，老师为此找他的妈妈谈话。妈妈知道后，并没有责骂孩子，而是在临睡之前询问小林："儿子，你每天那么早就出门，上学怎么会迟到呢？"小林见妈妈没有责怪自己，就说："我每天都在河边看日出，那简直太美了，所以不知不觉就迟到了。"

妈妈听完笑了，她问小林："明天能否带妈妈一同去河边看日出？"

小林很开心地同意了。

第二天清晨，母子二人手拉着手来到河边，望着眼前的景色，妈妈感慨万分地说："真是太美了，儿子，你的发现真棒！"

然而，这一天小林上学没有迟到。放学回家后小林发现自己的书桌上放着一块精美的运动手表，旁边放着一张小纸条，写着："美丽的日出昭示着我们要更加珍惜时间，对吗？爱你的妈妈！"从此，小林上学再也没有迟到过。

粗暴的责问、无情的惩罚都不是最佳的教子方式，即使孩子迫于无奈向家长承认错误，也不是发自内心的，反之，家长若是选择倾听，并在倾听之中融入对孩子的赏识、宽容、耐心和激励，就会使孩子拥有一个幸福、温暖的成长环境。

所以无论家长每天多么忙，都要给孩子留一些时间，让他们倾诉，而这时，妈妈要做的只是对受委屈的孩子说："不要哭，告诉我发生了什么事情？"然后做一个安静的倾听者。

用心倾听孩子的心声

孩子说话时需要家长用心倾听，妈妈要在孩子的生活中扮演好听众的角色。

很多儿童心理学的研究人员在长期研究中发现，孩子说话的主要目的只有两个：一是想要与人分享自己的心情，以证明自己的存在；二是希望通过说话来让别人为自己做些事情，让别人明白自己的某种要求。

所以家长要懂得倾听的艺术。

刘峰的孩子今年12岁，在学校里是个"风云人物"，除了经常参加一些演讲和知识竞赛外，如果学校里组织歌咏比赛或者书法比赛，都要让他当主持人。

很多邻居看见刘峰把孩子培养得这样优秀，都纷纷来向他取经。刘峰说，其实自己和妻子都不是一个喜欢说话的人，也没有在语言方面对儿子进行特殊训练，只是在日常生活中，他们夫妻俩都喜欢做孩子的听众。

刘峰说，在儿子1岁的时候，他便开始给儿子订阅各种适合婴儿阅读的画报和刊物。随着孩子年龄的增大，他又给孩子订阅适合儿童阅读的杂志。在孩子看这些书的过程中，刘峰渐渐发现，尽管孩子认识的字不多，但记忆力却很强，如果他和妻子给儿子讲故事，儿子听两遍后就能复述下来。

刘峰的儿子并不仅仅是把这个故事背下来，他还喜欢在幼儿园里把妈妈讲的故事讲给其他小朋友听，也会把幼儿园里老师讲的故事记下来，回家后讲给自己的妈妈听。而刘峰夫妇无论有多么忙，当儿子兴致勃勃地给他们讲故事的时候，他们总是很认真地听，并不时问孩子一些问题，比如“这是怎么回事”、“兔子为什么这样说”等，让孩子在记住故事的同时也读懂了故事的含义。而且孩子见妈妈对他讲的故事这么感兴趣，更乐于对妈妈讲述他在幼儿园里的所见所闻。

儿子在上小学的时候，刘峰又给他买了《世界五千年》和《上下五千年》这些历史丛书。那时，儿子认的字已经不少，基本上可以看懂这些书上的内容。于是，每个周末吃过晚饭以后，刘峰就和妻子坐在沙发上，听儿子给他们讲历史故事，儿子常常用抑扬顿挫的声音把故事讲得声情并茂。就这样，孩子的语言表达能力渐渐得到了提高。

恰到好处的倾听对孩子是最具影响力的教育，不仅能让孩子受到鼓舞，还能让孩子感受家长对他的爱，更能有效地提高孩子的表达能力和人际交往能力。

家长在倾听时要注意使用3种方法：

第一种：反映式的倾听。当你在倾听孩子说话时，能够将自己所听到的像镜子一样反映出来时，你就是一个最好的倾听者。

第二种：接受性的倾听。接受孩子所表达出来的信息时，要注意时间及内容，这样你才能掌握孩子所要表达的真实想法。

第三种：道出感觉。无论孩子是否希望与你分享他在阅读中的感受或是对你有所要求，你都可以直接地表明自己的感觉，这样可以让你更准确地掌握孩子所说的重点。

很多时候，大部分妈妈都觉得自己没有足够的耐心、自制力和认同度来倾听孩子的观点，这是妈妈的接受能力与价值观造成的障碍。其实，你不用先为自己加上任何包袱，成功倾听的秘诀在于：你必须注意自己的肢体语言，放松身心。所以，家长应注意自己倾听的态度和倾听的效果，只要尽量用耐心、关爱和信心去面对，与孩子交流这件事，就可以做得更好一些。

和孩子交谈须拉近心的距离

许多妈妈不懂得孩子迫切渴望得到尊重的需要。当他们逐渐长大后，虽然心理并未完全成熟，却越来越希望得到成年人平等的对待。

谁都渴望得到尊重，孩子当然不例外。如果好妈妈要想成为一个成功的教育者，就要学会尊重孩子，把孩子当成朋友，把自己放低点，放下妈妈的架子，把自己和孩子放在同等位置上，才算是对孩子的尊重，而这也同样会赢得孩子的尊重。

新学期开学没多久，小良的妈妈就着手安排孩子的周末计划。她给儿子报了一个英语强化班，每周六上一天的课；还给他报了一个奥数班，每周日上半天课。

当妈妈把决定告诉小良后，他表示坚决反对。

“上了一周的课后，周末应该是放松的时间，干吗还要占用我的课余时间？”

“这些都是为了你能学习好。”妈妈劝说小良。

“我知道是为我好，但是你们就不能听听我自己的安排吗？”

“那你说，你周末打算怎么过？”

听了妈妈的话，小良回答：“我打算从这个学期起，利用每个周六参观一个博物馆，增加知识；至于周日，我打算用半天时间去学游泳，或者打网球。”

“难道你就不打算学习吗？”妈妈对小良的安排很不满意。

“当然要学习了，周日下午我会到学校，和同学们一起上自习。”

小良的话刚说完，妈妈立即表示反对："我不同意你的安排，既然你是学生，就要把学习放第一位，去什么博物馆？"

小良急了："难道你们就不能尊重我的选择吗？"

"让我们尊重你？你有没有尊重我们？"妈妈说道。

"这件事就这么定了，你周末按照我的安排去做。"最后妈妈生气地说道。

与文中小良妈妈有着相同做法的妈妈非常多。在她们眼里，孩子是自己的私有财产，他们必须听从自己的安排。这样的妈妈往往会把孩子置于完全依附于自己的位置上，没有把他们当成独立的个体来对待。一旦孩子的行为与她们的意志相左，或达不到她们的期望和要求，斥责甚至棍棒便会随之而来。

许多妈妈不懂得孩子迫切渴望得到尊重的需要。当他们逐渐长大后，虽然心理并未完全成熟，却越来越希望得到成年人平等的对待。他们开始厌倦事事听从妈妈的安排，更厌烦妈妈对自己发号施令般的种种要求。好妈妈应及时了解孩子这方面的心理变化，从而调整自己的心态，适时地放下"为人妈妈"的架子，和孩子进行朋友般平等的沟通和交流。

只有被人尊重，孩子才可能获得自尊，并学会尊重他人。而自尊和尊重他人，是拥有健康人格的首要条件。所以，好妈妈更应当给予配合。

第一，平等地对待孩子。平等地对待孩子是尊重孩子的首要条件。在日常生活中，做妈妈的要允许孩子根据自己的意愿进行选择，鼓励孩子自己作一些决策。比如问问孩子："你想吃苹果还是香蕉？"和孩子一起协商："星期天你想怎么安排？"等等。同时还要注意自己的言谈举止给孩子的感受，经常与孩子保持同一视平线谈话，从一个简单的动作、表情到教育方式的运用都要体现与孩子的平等。

第二，和孩子交朋友。很多孩子都特别反感妈妈翻看自己的书包，偷看自己的日记。而许多妈妈之所以这么做，主要是想借此了解自己孩子的所思所想，担心孩子有什么事瞒着自己。妈妈的想法没有错，因为孩子毕竟是需要妈妈的教育引导的。但是，难道没有更好的办法了解孩子吗？有！那就是多和孩子交朋友。

所以，好妈妈平时应多抽时间和孩子聊聊天，问一问孩子学校的事情，人际关系情况，对一些事物的看法等。如果孩子告诉你一些真实感受和想法，如对某异性同学有好感，或某异性对自己有好感等，千万不可指责他，要站在孩子的立场先去理解他，然后告诉他该怎么处理。另外，还要多参与孩子的活动，多和孩子一起嬉戏玩耍，成为孩子开心的伙伴。

鼓励孩子说出内心的想法

遇到孩子叛逆的态度时，很多妈妈都会摇头叹息说：“弄不明白孩子到底在想些什么。”由此可见，家长要打开孩子的心门，探一探孩子的内心世界，就要学会和孩子沟通，这也是为人妈妈者必修的课题。

怎样才能和孩子有效交流呢？

首先，要培养共同的兴趣爱好。这就是说家长可以通过培养与孩子共同的爱好，达到与孩子沟通与交流的目的，比如与孩子一起下棋、听音乐或者游泳等。

其次，要耐心地倾听孩子的诉说。家长有足够的耐心倾听孩子的诉说，就会让孩子体会到关爱和温馨，从而对妈妈更加亲近与尊敬。这有利于孩子把自己的想法告诉家长，也有利于妈妈对孩子的行为做出正确的指导。

再次，要多和孩子亲近，共享欢乐。在节假日或者下班的时候，要主动地亲近孩子。只有被孩子认为是最亲近的人，他才愿意毫无顾忌地向你敞开胸怀。

最后，要取得孩子的信任，首先家长必须要相信孩子，要让孩子知道你是信任他的。平时可以与孩子以轻松愉快的方式进行朋友式的谈心与游乐，也可以偶尔和孩子打闹和开玩笑，让家庭充满幽默和温暖的气氛。与孩子说话时，家长应当散发一种亲切感，让孩子感觉到你对他的信任，这样孩子说话时就会自然而然地看着你。

多多是个6岁的孩子，刚从奶奶家回到妈妈身边，此前多多一直跟着爷爷奶奶生活。

有一天，多多的妈妈炒了一盘鸡蛋。妈妈把鸡蛋端到桌子上，接着进厨房继续炒菜。等妈妈再次端菜出来时，发现多多已经把鸡蛋吃光了。

妈妈并未责骂他，只对他说："你为什么不等爸爸妈妈一起吃就把鸡蛋都吃光了呢？"

多多不吭声，坐在一旁默默地哭起来。

妈妈说："你这孩子是怎么了？妈妈又没训斥你，你为什么要哭？"

在妈妈耐心的询问下，后来多多说，他在奶奶家里住时吃得越多，奶奶越高兴。如果他多吃点，奶奶还表扬他。奶奶从没有告诉过他，在别人还没吃的时候不能自己一个人把东西都吃完。

妈妈耐心地告诉多多，做一个懂礼貌的孩子就要知道谦让别人。自那以后，妈妈发现多多再也没有这样做过。

妈妈应鼓励孩子说出自己的真实想法。在孩子犯错误的时候，妈妈切不可妄下结论，轻视或嘲笑他，而是应该认真听他的想法，与他一起讨论解决问题的办法。孩子犯了错误，妈妈要懂得让孩子先找出自己的错误，然后再加以评论与引导，进行一些得失利害的分析，鼓励他自己去面对困难。

总之，家长要走进孩子的内心世界，就要做到以下几步：

第一步，常陪孩子聊天。现在的妈妈一般都很忙。很多上班的妈妈在家里最常挂在嘴边的，就是催孩子赶快洗澡、赶快吃饭、赶快写功课、赶快上床睡觉等。

但事实上，要想做合格的妈妈，就必须做到无论再忙也得找时间和孩子聊天。因为只有多听孩子的想法，才会对孩子的成长方向做出正确的判断。而且，在倾听孩子的时候也可以多跟孩子讲道理，引导孩子健康成长。

第二步，学习倾听孩子的话语。大多数妈妈在面对孩子的时候总是在不停地说，他们所要的就是让孩子听自己的话，做一个"听话的好孩子"。可是，家长有没有想过，自己不能适当地听孩子说，怎么能了解孩子，又怎么能以正确的方法管教他们呢？所以说，妈妈要想让孩子听自己的话，要先弄明白孩子的想法。

孩子在向妈妈叙述一件事时，妈妈尽量不要打岔。你们要做的就是不时点头、微笑，或以简单的言语鼓励他说下去就可以了。当孩子发现妈妈有兴趣听他说时，他一定会很高兴。

第三步，鼓励和说理代替责骂和唠叨。之所以很多家长都会觉得和自己的孩子难以沟通，是因为也许孩子很喜欢和妈妈聊天，可是他才刚开口，就被说成无理取闹、思想幼稚，久而久之，孩子就不想说了。因此，家长不要责骂孩子，要鼓励他们说出自己的想法。

注意身体语言的使用

很多家长在教育孩子的时候喜欢说道理，以为道理讲得透彻了，孩子就会听明白了。但是，多数时候家长会发现，说得多不但显得自己啰嗦，而且孩子也很讨厌听，很多家长为这个问题很苦恼。其实试一试用身体语言，即通过目光与眼神、表情、动作来教育孩子，也会收到不错的效果。

慕容先生的儿子今年刚上小学，老师发现这个孩子很顽皮，上课不好好听讲，还经常欺负同学。

老师把慕容先生请到了学校，孩子也被老师叫到了办公室。慕容先生看见儿子就气不打一处来，他指着孩子的鼻子说：“你在学校里不听老师的话，看我回家怎么揍你。”老师看见慕容先生这个样子，就赶忙劝说：“我这次请您是想跟您商量，看看怎么把孩子的问题解决好。您先不要生气。”慕容先生狠狠瞪了儿子一眼，然后跟老师说：“这孩子从小就淘气，跟他讲道理总是讲不通，不听话的时候我就只能揍他。”

老师明白为什么这个孩子会有这样的问题了。原来他有一个喜欢动不动就打他的父亲，所以他也选择父亲对待他的方式来跟别的同学相处。这个时候，老师要求慕容先生拉拉儿子的手，谁知道慕容先生竟然害羞起来，迟迟没有拉孩子的手。老师问慕容先生：“您有多久没有拉你儿子的手了？”慕容先生想了想，然后茫然地摇摇头。

老师又问：“那么孩子有委屈向您哭诉的时候，您一般采取什么态度呢？”慕容先生笑着说：“男孩子哪能像女孩那样哭哭啼啼的，他哭的时候，我一般都是命令他不准哭。”老师摇头叹气说：“您的教育方法完全错了。”

慕容先生以为教育孩子是件很简单的事情，犯了错误非打即骂。他不知道自己给孩子树立了一个不讲理的榜样，这使孩子在跟同学相处的时候也不讲理，总是喜欢欺负同学。

通过老师的讲解，慕容先生渐渐明白了自己的教育方式错在哪里。这时，他向儿子伸出了自己的手，而孩子露出受惊吓的表情。慕容先生用温和的语气跟儿子说：“爸爸不是要打你，而是想告诉你，爸爸以后再也不打你了。但是，你也不能再欺负同学了。”

慕容先生改变了自己的教育方式以后，老师渐渐地发现这个男孩真的有了改变，不但不再欺负同学了，有时候还会主动帮助同学。

其实妈妈在教育孩子的时候应该懂得，孩子在做得好的时候，不仅仅需要一句鼓励的话语，有时候他们还需要一个拥抱，而做错事情的孩子也不是跟他讲一通道理或者打他一顿就能解决问题，更多的时候，妈妈要注意身体语言的运用，在潜移默化中教育孩子。

丁先生的女儿只有5岁，是个很懂事的孩子。在跟着妈妈外出的时候，她见到邻居都会问好，并且问完以后都会朝妈妈的脸上看，这个时候，丁先生夫妇一般都是微笑地看着女儿，仿佛在对女儿说：“你是个很有礼貌的孩子。”妈妈的微笑让孩子更加高兴。

在散步的路上，如果小女孩发现垃圾箱旁边有没有丢进去的垃圾，她就会跑过去把垃圾丢进垃圾桶。这个时候，她又会看着妈妈脸上的表情，丁先生夫妇在这个时候会向女儿竖起大拇指，并说："你做得很棒！"

女儿从幼儿园回来，就对丁先生夫妇叙述自己在幼儿园一天的生活。如果说到她帮了哪个小朋友，丁先生就会拍着女儿的头说："做得好，以后还要经常帮助小朋友。"有时候，女儿在幼儿园里受到了哪个小朋友的欺负，在回家以后向妈妈诉说这件事情的时候，说着说着就哭起来。这个时候，丁先生的妻子通常是先拥抱着女儿，等她哭完了，才仔细地问明原因，并告诉女儿要和小朋友好好相处，要原谅欺负她的小朋友。

很多次，当丁先生去接女儿回家的时候，幼儿园的老师都夸奖女儿在幼儿园的表现非常优秀，跟小朋友们很团结，懂得礼貌谦让，又肯帮助比自己小的孩子。丁先生听了很替女儿高兴，同时也觉得自己用对了教育方法。

使用身体语言确实能起到好的教育效果，家长应学会使用。身体语言主要有以下几种类型：

第一，目光与眼神。在与孩子谈话的时候，家长要尽量看着孩子的眼睛，同时也要求孩子看着自己的眼睛说话。通过这样的训练，不仅让孩子知道家长对他说话的内容很感兴趣，而且能让孩子了解与别人说话时，目光注视对方是一种礼貌的表现。在交谈的过程中，还要让孩子渐渐了解严峻、慈爱、赞赏等目光的区别，这样孩子就会逐渐意识到自己的行为跟这些目光的关系。

第二，表情。家长还可以利用自己的面部表情来教育孩子，让孩子逐渐了解妈妈微笑就是表示赞许、安慰和鼓励的意思；如果妈妈的表情冷漠、呆板、紧绷着脸，则表示对自己不满和否定。不过家长需要注意的是，不要在平时表现出喜怒无常的情绪，因为这样很可能让孩子弄不明白家长的意思，反而会收到不好的效果。

第三，动作。家长点头和拍手表示赞同；摇头和摆手表示反对；竖起大拇指表示赞扬和庆贺。其他如抚摸孩子的头、亲吻孩子的脸、拍拍孩子的肩、拥抱孩子等，都表示对孩子的爱抚与关怀之情，这种无声的语言非常分明地表达了一个人的情绪和情感。

平等的关系是沟通的前提

一位教育专家认为：好的亲子关系胜过许多教育方法，如赏识、激励、批评、惩罚等。当你亲近或崇敬的人表扬你时你会欣喜不已，他批评你时，你会格外愧疚。优秀的孩子与妈妈既有母子之情，更有挚友之情。因此，学会与孩子沟通是教育孩子的核心问题，调整亲子关系则是教子成功的奥秘所在。

生活中，妈妈在和孩子说的话中，“快”“认真点”“细心点”“做作业”“你真笨”……这些词或话使用的次数、重复的频率最多。这些提醒和唠叨根本就不是在和孩子交流，长此以往，孩子对此则置若罔闻、不理不睬。出现这些问题不但不应单纯责怪孩子，而且应当在妈妈身上找原因。

妈妈希望孩子用功读书，希望孩子遵守纪律，希望孩子品德优良等。在日常生活中，有些妈妈看到孩子一点不顺眼的地方，不是用“你就是没毅力”“你永远没出息”等话语训斥孩子，就是用“你为什么不……”“你赶快给我……”这样的话语对孩子发号施令。妈妈千万不要以为孩子年龄小不懂事，可以任意训斥和打骂。

强迫的方法无法赢得孩子真正的合作，相反会损伤其自尊心，使其产生逆反情绪，造成与妈妈情感上的对立。

妈妈需要与孩子建立平等的关系，而不是居高临下做孩子的审判官。

传统的“长幼有序”和“师道尊严”，使得我们的社会常常在家庭中树立起妈妈的威严形象，妈妈总是习惯于摆出一副长者的架子，对孩子动辄打骂斥责，认为我是老子你就得听我的。还有的妈妈以孩子害怕自己为荣，以为孩子在自己的掌控之中，可以踏踏实实地凭这一点教育孩子。长此以往，这种被强力压制而屈服的孩子，要么形成自卑、怯弱的性格，对其一生的发展造成不可估量的损失；要么忍耐到一定限度，会奋力反击，造成难以收拾的局面，孩子和妈妈之间就会形成对话上的距离，就不可能形成良好的沟通关系。

亮亮很不喜欢逛超市，即使是跟着爸爸到了超市，也很不耐烦，吵着要早点儿回去。亮亮的爸爸一直不太理解。

有一次，他带飞飞在超市里选购，忽然飞飞哭了起来。不论爸爸怎么劝，飞飞就是哭个不停，吵着要回家。无奈之下，爸爸蹲下来安慰他。

这时候，爸爸突然发现，孩子所能看到的只是大人拥挤的腿和低矮的货架，凌乱不堪。

于是爸爸抱起飞飞，让他骑在自己的脖子上逛超市，这下飞飞止住了哭声，脸上露出了笑容："爸爸，超市原来是这个样子的呀，我以前从来不知道！"

如果妈妈能"屈尊"和孩子平等对话，就会有许多新发现。只有这样，妈妈和孩子才能有沟通的平台，才能建立融洽的亲子关系。

在家庭里，妈妈应当把孩子视为与自己平等的个体，尊重孩子的想法，遇到问题时与孩子进行平等交流、协商解决，这种良好的亲子关系可以形成孩子对妈妈的情感依恋和亲密接触。

根据一些专家的研究，缺少家庭交流、从来没有亲情依恋感的孩子长大后可能成为只顾自己而对别人毫无感情的人，也可能成为缺乏安全感或对人过分猜疑的人，还可能成为具有破坏性和攻击性的人。因此，家庭的关爱对孩子的健康发展具有重要影响，妈妈一定要适度地表现出来。

与孩子建立在平等和理解基础上的沟通是最有效的。给孩子创造一个塑造健康良好性格的良好环境，便是为他开辟了一条走向成功、幸福的大道，这远胜于留下万贯家财。

下面几点建议，可以让妈妈与孩子更平等地交流与沟通。

第一，孩子绝对不是妈妈的出气筒。当妈妈情绪不好的时候，最好向他人寻求心理援助，和朋友倾诉或者做一下户外运动，先不要和孩子面对面，因为心情不好的时候，坏情绪就会很容易爆发。

第二，做孩子的朋友。如果你有心事，无论是喜或忧，希望找人分享或分担时，第一个想到的，往往不是你的妈妈，而是最了解你的朋友。因此妈妈在孩子出生后，便要培养他成为你无所不谈的最要好的朋友。和孩子做朋友，就要和孩子交心。你可以将自己失败和挫折的经历向孩子坦白出来，自己曾有过什么抱负、梦想和目标，为何不能达成；怎样从许多失败、痛苦中积累到经验，终于步向成功等。这样当孩子遇到烦恼、失败与挫折时，也会向妈妈坦诚倾诉。

第三，为孩子做表率。许多妈妈认为自己辛辛苦苦将孩子养育成人，即使偶尔打骂孩子也无妨，况且大多数情况下是为孩子着想。妈妈如果这样想就大错特错了。其实，妈妈的一言一行，会成为孩子的模仿对象。妈妈在日常生活中有良好的品行操守，孩子就会拥有良好的教养。

改掉不良的沟通方式

家庭沟通的方式是直接关系到家庭生活状态的主要因素之一，不同的沟通方式具有不同的功能。不良的沟通往往是沟而不通，反而对家庭生活气氛起到不好的作用，进而对家庭成员的心理产生消极的影响，对孩子人格的形成与发展更加不利。

☺ 迁就讨好孩子

“啊呀！妈妈不知道这个菜你不喜欢吃，将就着少吃点。你想吃什么？我明天就去买。”“怎么，我给你买的这个圆规是小学生用的？对不起，我明天再去重买。”……

妈妈一味地迁就讨好孩子，表面上一团和气，但缺乏一种家庭成员之间真挚的爱，而且会让孩子养成依赖而又固执、软弱而又任性等不良人格特点。另外，这种沟通同样也不是真正解决问题的沟通，是通过回避问题来“解决”问题，也是一种缺乏建设性功能的沟通。

解决方法：妈妈不要把孩子放在“太上皇”的位置上，一味纵容孩子。应该和孩子保持平等的地位，以一位朋友的身份给孩子提出建议和意见，这样孩子才能认识到自己的错误并学会尊重妈妈。

☺ 大声训斥孩子

“这么简单的事情也做不好，真是丢人！”“你看看你，笨手笨脚的，养你这么大，有什么用？”……

孩子一旦有失误，好多妈妈都是严厉地训斥孩子。不给孩子解释的机会，自己只顾冲着孩子大吼一顿，这样自己的怒气消了，以为达到了教育孩子的效果。妈妈以为，训斥孩子，也都是为了孩子。

殊不知，从此孩子会害怕妈妈发怒，以后有什么事情就都不敢与妈妈交流了。

解决方法：妈妈最好放弃大声训斥的方法，暂时克制住自己的愤怒情绪，平静地和孩子沟通，好好引导孩子认识并改正自己的错误。

☺ 对孩子反复唠叨

“在学校听话啊！”“作业做完了吗？抓紧啊！”“多吃点有营养的，身体好。”……

妈妈总觉得孩子小，有些道理要反复讲才行。但孩子却已经慢慢把自己当成了大人，面对妈妈的唠叨，就会陷入烦躁、焦虑的状态中，盼望着这种唠叨早点结束，妈妈说了什么根本没有听进去。

这种毫无效能的沟通，不但解决不了问题，而且会造成孩子出现青春期问题，出现逆反和抵触，值得注意的是，这时孩子抵触的是妈妈的唠叨，而不是妈妈所说的内容。

解决方法：妈妈关心孩子，不放心孩子是人之常情，但管教也需要方法。

并不是说的次数越多，孩子就记得越牢。让孩子愿意听进去自己的话才是目的。

☺ 按照自己的情绪来对孩子

妈妈心情高兴的时候，孩子做错什么都睁一只眼闭一只眼，而不高兴时，一点小事则一触即发，让孩子觉得莫名其妙。时间久了，孩子就会对一件事情的正确与否产生怀疑，对妈妈的话也不再信赖了。

解决方法：无论孩子做了什么事情，妈妈都应该有一个评断的标准。不能因自己的心情高兴与否来随便改变对一件事情的看法。

☺ 对孩子超理智

“妈妈，我要买活动铅笔。”

“为什么要买？”

“原来那个坏了。”

“刚刚买的怎么就坏了？你怎么这么不爱惜东西……好了，下次可不准再搞坏了，小孩子要知道爱惜物品。”……

妈妈的“规范”意识过强，戴着过滤镜看孩子，孩子的一切成绩、优点都被过滤掉，剩下的只有缺点和危险，妈妈在任何时候都不忘了敲打、警示、规范孩子。这是一种严重缺少感情沟通，特别容易产生亲子感情障碍的做法。从长远来说，对孩子人格的成长是非常不利的，亲子矛盾往往在孩子进入青春期后爆发出来。而刻板、缺少热情、固执、偏执、社交不良等，也往往会成为在超理智型家庭沟通下长大的孩子的人格特点。

解决方法：妈妈不要老盯着孩子的缺点不放，要善于看到孩子的优点。对孩子多一些关心与热情，不要时刻规范孩子，这样孩子才能形成良好的性格。

☺ 对孩子算老账

孩子做错了事情，本来只是一件小事，妈妈马上把过去的老账一起翻出来。这种做法只会伤害孩子的自尊心。

解决方法：一件事情就只是一件事情，妈妈应该只针对此时的事情，不要再把以前孩子做过的错事一起又提出来，这样才能解决当前的问题，和孩子形成良好沟通。

☺ 指责埋怨孩子

“你玩不够啊！作业又不做，我看你哪天才能成人！”“你看你桌子乱的，就不能收拾收拾！”……

妈妈经常指责埋怨孩子，不仅不能真正解决问题，也会使孩子与妈妈之间的关系变得或沉闷或紧张。这是一种很具破坏功能的家庭沟通模式，孩子要不逆来顺受，要不一味逆反、攻击性强，对其成长极为不利。

解决方法：妈妈不要指责埋怨孩子，应该以乐观的心态去帮助孩子解决问题。这样才能与孩子形成良好的互动。

☺ 对孩子断章取义

孩子在陈述一件事情的时候，有的妈妈往往只听了一件事的片段，就不愿意听下去了，于是开始训孩子。这样的沟通方式对孩子毫无益处。因为可能孩子还没有陈述完的部分，对事情有着相反的结果。而妈妈断章取义的做法，只会浇灭孩子陈述的欲望，让孩子受委屈，导致孩子以后不愿与妈妈沟通了。

解决方法：孩子陈述事情的时候，妈妈一定要耐心听下去，让孩子从头讲到尾。这样，既会让孩子感到妈妈对自己的一种尊重，也会使妈妈了解事情的始末，做出正确的评判。

在尊重中批评孩子

孩子在成长过程中难免会犯一些错误，批评孩子可以说是所有为人妈妈者的必修课。但如果不分时间、地点，采用不适宜的方式批评孩子，甚至把批评变成对孩子的情感虐待，就有可能造成孩子自卑、孤僻的性格，激起孩子的逆反心理，批评后孩子还是会不以为然、我行我素，甚至引起孩子和妈妈唱对台戏，这与教育初衷背道而驰。

批评孩子一定要让孩子心服口服，这样才能达到教育孩子的目的，为了取得教育孩子的良好效果，就得讲究批评的艺术。

在这方面，著名教育家陶行知先生堪称世人的楷模，他曾经说过一段话：在教育孩子时，批评比表扬还要高深，因为批评一定要讲究方法，这是一门艺术，用得好，它比表扬的效果还有用处。

妈妈可从他“奖励四块糖”的故事中，获得深刻的启示。

当年陶行知任育才学校的校长。一天，他看到一名男生用砖头砸同学，遂将其制止，并责令他到校长室接受批评。

陶先生回到办公室，见男生已在等候。陶先生掏出一块糖递给他说：“这是奖励你的，因为你比我早到了。”接着又摸出一块糖给他：“这也是奖励你的，我不让你打同学，你立即住手，说明很尊重我。”男生将信将疑地接过糖果。

陶先生又说：“据了解，你打同学是因为他欺负女生，说明你有正义感。”陶先生遂掏出第三块糖给他。

这时男生哭着说：“校长，我错了，同学再不对，我也不能采取这种方式。”

陶先生又拿出第四块糖说：“你已认错，再奖你一块，我们谈话也该结束了。”

这个故事虽然简短，却形象地告诉我们，批评孩子也要找对方法。许多妈妈喜欢用急风暴雨般的批评方式，有的妈妈说：“训斥或臭骂他一顿，我自己也挺解恨，这孩子太气人了！”诚然，这种所谓的大发脾气式批评的运用可能会收到暂时的效果，但它只是表面的。

随着时间的推移，孩子一天天地长大，妈妈会痛苦地发现，孩子对妈妈这种近乎原始的批评方式越来越无所谓，有的孩子会说：“我妈妈就会说这几句话，她批评我第一句，我就知道她第二句要说什么，没啥新鲜的。”为什么孩子会有这样的反应呢，那就是批评方法有问题。因为你的批评没有让孩子从内心深处接受，孩子只是因为惧怕你的威力而临时做做样子而已，这样的批评就达不到教育的目的和效果。

批评孩子是一门特殊的艺术，它需要特殊的方法和技巧方可有效地运作和实施。

因此，批评孩子的时候要注意以下几点：

第一，不要随意批评孩子。有的妈妈凭着自己的喜怒随意批评孩子，同样的行为有时遭批评，有时则随他去。这会使孩子以为只要妈妈心情好，做错事不要紧，要是妈妈心情不好时，做任何事都有可能挨训。妈妈的这种做法，往往使孩子很迷惑，或者使他专看妈妈脸色办事。批评不仅没有起什么效果，反而会模糊孩子的是非观念。

第二，让孩子自己发现错误。对孩子来说，自己发现了错误，才算真正地“明白了”问题。例如，当孩子出现不良行为时，妈妈可以不马上指出哪里错了，而是要耐心地启发孩子：“这样做，对吗”“你对自己做的事是怎么想的”，让孩子冷静地反省，当他明白错在哪里了，他会愿意承认自己的错误。

第三，避免当众批评孩子。当众批评往往容易伤害孩子的自尊，引起孩子的厌烦心理。有些妈妈认为，当着别人批评孩子，可以更好地激发孩子的自尊，刺激孩子改正错误，但孩子的心灵是脆弱的，他们往往更容易受到伤害。

第四，批评孩子要对事不对人。妈妈批评教育孩子时，应该尊重孩子的人格，对事不对人，不能因为一两次的小错误就否定孩子以前的努力，更不能搞大清算，把孩子以前所犯的错误一一列举出来，将孩子批评得体无完肤。妈妈只需明白地告诉孩子，这件事情做得不好，错在什么地方，以后要注意改正，这就足以让孩子认识自己的错误了。

第五，批评孩子要点到为止。批评孩子不能没完没了、唠唠叨叨，这种批评往往会引起孩子的反感。指出孩子的错误所在，孩子能有所醒悟，并下决心改正，妈妈就可以不用再说了。

第六，批评孩子要及时。孩子的时间观念比较差，昨天发生的事，仿佛已经过了好些天了，加上孩子天性好玩，刚犯的错误转眼就忘了。因此，妈妈批评孩子要趁热打铁，不能拖拉，否则就起不到应有的教育作用。

第七，不要对孩子“翻旧账”。孩子在一个问题上总是犯错误，明明说了很多遍，批评了很多次可是就是引不起他的警觉。妈妈若一味地批评孩子，只能引起孩子的反感。另外，也不能在批评一件事情的时候又提起了一个其他的错误，这样做只会让妈妈的谈话更加缺少中心，不仅不能提高孩子对这件事情的认识，还会让孩子对妈妈的批评心不在焉。

第八，对孩子的批评中还要带有肯定。每个孩子都渴望得到赏识和肯定，妈妈批评孩子时，也应该设法寻找孩子的闪光点，肯定孩子以前的努力和成绩，批评中的肯定是最有效的批评，不仅可以督促孩子改正错误，还可以帮孩子建立自信。

第九，给孩子指出改正的方法。有的妈妈批评孩子时，没有指明改正的方向和具体方法，只是单纯在指责孩子这不对，那也不对，孩子听了大半天之后，还不知道应该怎么去做，这种批评是没用的。批评的重点不应把重点放在“错误”上，而是应引导孩子对错误行为进行补救。例如，孩子与同学发生冲突，如果错在自家孩子，妈妈除了要严厉批评之外，还要让孩子主动向对方道歉，弥补在对方身上所造成的有害影响等。总之，妈妈必须把改正方法说明，而且要说“做什么”，少说“别做什么”。

第五章

挖掘潜能，做孩子的好伯乐

发掘孩子的优势素质

尽早发现每个孩子能人所不能的潜质并把这些潜质培养成能人所不能的优势素质，使孩子成为能人所不能的未来型杰出人才是学前教育的最高境界。

☺ **第一种核心潜质：敏捷记忆潜质**

敏捷记忆潜质是指能在短时间里记忆多种类型的大量信息。具有敏捷记忆潜质的孩子常常表现为无论看到或听到何种类型的大量信息都能快速、准确地记忆下来，并复述给其他人。例如：家长带孩子去公园时并没有刻意要求孩子记忆一些事物，然而，回家后孩子能够复述出许多在公园里的所见所闻。

☺ **第二种核心潜质：独立完成潜质**

独立完成潜质是指能够经过自己的独立思考和独立行动自始至终主要依靠自己的力量完成一件事情。具有独立完成潜质的孩子常常表现为许多事情喜欢经过自己的独立思考和独立行动来完成一件事情，有些事情甚至是他们自己无法完成的，也喜欢依靠自己的力量独立完成。

☺ **第三种核心潜质：悟性思维潜质**

悟性思维潜质是指通过独特的思维方式，在完全不相关的事物之间指出内在联系或通过独特的思维方式选择出最简捷的解题思路。具有悟性思维潜质的孩子常常表现为几乎没有经过长时期的思考就能以独特的思维方式发现事物之间的联系及问题的要点，或者能够快速找出解决问题的最直接的方法。

☺ **第四种核心潜质：细节观察潜质**

细节观察潜质是指能够在对事物的观察记忆中通过积极思考，发现那些常常为人所忽视的不易察觉的重要细节。具有细节观察潜质的孩子在观察事物的时候常常能注意到其他孩子不注意的细节，发现那些对事物判断有意义而又不易被人注意的重要特征，并且有自己独特的观察方法。

☺ **第五种核心潜质：好奇探究潜质**

好奇探究潜质是指对未知事物充满好奇心，并且怀有自主探究心理和自己动手尝试动机。具有好奇探究潜质的孩子常常好奇好问，而且他们的思维并不停留于成人的答案，而喜欢自己去探究一番，想了解更多的细节。

☺ **第六种核心潜质：自主坚持潜质**

自主坚持潜质是指能够自主按照一定的计划和目标，长期坚持完成特定的活动。具有自主坚持潜质的孩子常常有较好的自控能力和稳定的情绪，对于计划好的某次长期活动能够自主地坚持。例如，每天在一定时间锻炼身体、看书、做智能游戏，等等。

☺ **第七种核心潜质：领袖交际潜质**

领袖交际潜质是指在与同龄人的交际活动中能根据他人的情绪和要求，并且运用交际技巧和个人的言行控制交际活动。具有领袖交际潜质的孩子常常感情丰富，对他人的情感敏感，知识面广，具有同情心和同理心，在与同龄人的交际活动中能领导其他同龄人完成一件事，并赢得他们的信任。

☺ **第八种核心潜质：艺术表现潜质**

艺术表现潜质是指在绘画、舞蹈、音乐、乐器等艺术方面表现出独特的个性品质。具有艺术表现潜质的孩子常常表现出对色彩、形状、立体造型或舞蹈、音乐、乐器等方面独特的领悟能力和超出同龄人的欣赏水平，并且有很好的表现能力。

☺ **第九种核心潜质：运动技能潜质**

运动技能潜质是指具有综合的身体素质，在速度、力量、弹跳、协调等方面表现出独特的运动技能。具有运动技能潜质的孩子常常在奔跑速度、身体平衡、灵活弹跳、力量协调、器械掌握等方面表现出超出同龄人的素质。

尽管每个孩子都具有能人所不能的独特潜质，但是如果在7岁前的发展关键期得不到科学系统的开发，许多孩子的独特潜质就将逐渐丧失。限于篇幅关系，下面主要介绍4种婴幼儿潜质开发训练方法：

（1）流畅记忆训练法。针对孩子新学习的某一事物或某一概念，引导孩子快速联想与此有关的各种事物。例如：孩子理解了“医生”的概念以后，家长引导孩子进行流畅性记忆训练，让孩子快速联想出“医院、救护车、病人、打针、吃药……”

（2）关系对应悟性思维训练法。引导孩子在日常生活中的不同事物之间找出相似的内在关系和本质特征。例如：引导孩子理解“大象和小象的关系”就相当于“大马和小马的关系”；“人与房子的关系”就相当于“鸟和鸟巢的关系”等。

（3）多角色关注训练法。引导孩子说出同一件事情对不同人的不同影响。例如：星期天要去郊游，让孩子说出相关的亲朋好友对此事的态度和想法，以及他自己的意见。

（4）逻辑表述训练法。引导孩子在表述任何事件时一定要明确表述时间、地点、人物，以及事件顺序、因果关联和自己的态度。

孩子的艺术表现潜质和运动技巧潜质由于其独特性，家长最好请有关专家予以指导，自己不要盲目尝试。另外，开发孩子能人所不能潜质的时期非常重要，我们将在以后的文章中详细介绍婴幼儿各种潜能的发展关键期，以及如何开展关键期全素质教育。

不要无情地扼杀男孩的创造力

还在上小学的徐亮，一天磨磨蹭蹭地将语文试卷拿过来给妈妈签字，并低声说：“考得不好。”

妈妈还没有接到试卷，就知道儿子这次的分数肯定不高，于是仔细看了看儿子的试卷，发现其中有两道看图题原本是可以得分的，但都被老师打了大红叉。

第一题的画面上有一个男孩正在给小树苗浇水，儿子在图下方的横线上写着：哥哥在种树。本题被老师判为错，题的下方，儿子更正的笔迹是：哥哥在浇水。

第二题的画面上有一大片成熟的麦子和两个小朋友正在捉蝴蝶，儿子在图下方的横线上写着：庄稼丰收了。这也被老师判为错，题的下方，儿子更正的笔迹是：小朋友捉蝴蝶。

这两道题从原则上来说，儿子都是根据画面显示的内容来写出的答案，儿子的答法也不能算错。

于是妈妈就把徐亮叫到身旁，问道："'哥哥在种树'和'庄稼丰收了'这两个答案都是对的，为什么没有得分呢？"

妈妈试图通过分析试卷以减少儿子的失败感。

儿子坚定地说："老师说，她的答案才是标准答案。"

儿子的话让妈妈稍有震惊，因为在儿子的眼里，老师的答案就是绝对的权威。妈妈没有再和儿子说下去。

妈妈并不在乎儿子这次的成绩，只是儿子的话让妈妈有些迟疑。

儿子原本正确的答案全然被否定了，一次的考分并不重要，重要的是，这样下去，就会阻碍儿子创造性思维的拓展。

妈妈思索着，如何能让儿子意识到自己的答案也是正确的呢？

过了一会儿，妈妈又把儿子叫到身边，然后又和儿子一起研究起那幅栽树的图。妈妈告诉儿子说："第一题的画面可以说是'哥哥在浇水'，也可以说是'哥哥在种树'，还可以说是'弟弟在浇水'……"

儿子打断了妈妈的话："也可以说是'弟弟在种树'。"

妈妈欣慰地点点头，告诉儿子，这一道题还可以有更多正确的答案，并让他继续想。

儿子歪着头想了一会儿，说："小树长高了。"

妈妈兴奋地说："对！"

儿子的思路一下子又开阔了许多，他大声地说："我和小树一起成长。"

妈妈鼓励着儿子："很好！"

儿子跃跃欲试的神情，让妈妈会心地笑了，因为在妈妈看来，儿子摆脱了教师标准答案的束缚，能够独立思考，将单一的答案扩充为很多种答案，这就能够增强儿子的创造性思维，如果能够让儿子形成一种习惯，那么他将终身受益。

继而，儿子又疑惑地问妈妈："妈妈，老师会不会认可我想的这么多种答案呢？"

孩子的思维多多少少受到了"权威"老师的限制，于是妈妈郑重地说："你的想法没有错误。"

这时，儿子也因为自己想了多种答案而高兴起来。

男孩的创造性思维是在科学的领域中能够有所创新的必备素质，无论是老师还是家长都应该下大工夫培养男孩这方面的素质。

在生活中，很多家长可能会陷入一种固定的思维模式之中，按照一种固定的思维模式去教育孩子，这样，就很少能给孩子以想象的空间来发挥其创造力。

或许"异想天开"带有一种贬义，但是对于孩子来说，"异想天开"也是一种难能可贵的想象力。"异想天开"对于孩子来说，便是他们早期创造性的体现。所以。对于孩子的异想天开以及奇特的想法，家长不要责备他们胡思乱想，而应该给予他们适当的鼓励和引导。

那么应该怎样培养男孩的创造性思维呢？

第一，改变自己的思维方式，不要把现在不可能的事情认定为永远都不可能发生。比如，当儿子兴致勃勃地跑过来跟妈妈说："妈妈，将来我长大了要到太阳上去探险。"在这个时候，家长千万不要对他说："傻瓜，太阳那么热，就像一个大火球，还没有靠近它就已经将你烤成灰了。"而应该这样鼓励和正确地引导孩子：“儿子的想法真棒，不过那需要你有丰富的知识和学问，从现在起，你就要好好学习科学知识，为你将来的这一梦想服务。如果在未来，科学家能够发明一种不怕太阳高温的飞船和宇航服的话，你就能够顺利地到太阳上去探险了。”

尽管孩子的有些想法只是可笑的幻想而已，但是也不要去嘲笑他。

因为每一个看似奇妙的想象在若干年后都有可能变成现实。如果家长长久地对孩子的这种看似荒谬的想法给予否定的话，就容易抑制他的创造性思维，在无形之中，会给孩子的思路加上条条框框，从而挫伤孩子想象的积极性。

第二，妈妈要鼓励孩子想象。雨果说过：“一个孩子的头上，无论有什么样的天花板或者穹隆，在他的眼睛里反映出来的就总是天堂。”

一个妈妈为了培养儿子的记忆力和语言的表达能力，在每次讲完故事之后都应该要求儿子把刚才所讲的故事重述一遍。

一次，听完妈妈《狼和小羊》的故事之后，男孩认为那只可爱的小羊不应该被凶狠的狼吃掉，于是在复述的过程中就自创性地揉进了一个故事情节：小羊拼命地奔跑，并朝着周边大声地喊着救命，小羊的呼叫正好被路过的猎狗听到了，于是见义勇为的猎狗奋力地跑过来与凶狠的狼展开了搏斗，并战胜了可恶的大灰狼。

男孩的妈妈听完后非常生气地说：“我讲的《狼和小羊》的故事是这样吗？下次你要好好地听好了，别讲错了！”

男孩本以为自己创新式的《狼和小羊》的故事会赢得妈妈的赞同和夸奖，没想到却得到了妈妈的批评，他委屈极了，之后男孩再也没有兴趣听妈妈讲故事了。

总之，男孩的异想天开和创造性的想法，体现了他们独特而丰富的想象力，妈妈应该予以正确的引导和鼓励，让每一个异想天开的男孩登上通往科学高原的阶梯。

在游戏中挖掘孩子的潜能

孩子的潜能是个巨大的宝库，妈妈要仔细观察和发现，懂得开发。但是，这并不意味着斥巨资给孩子报各种各样的辅导班，带孩子奔走于各种各样的比赛，收获奖杯和奖章。最重要的是，好妈妈和孩子一定要知道孩子自己擅长的是什么，以及他尽最大努力所能创造的价值。

做游戏会将孩子潜藏的各种能力激发出来，这对于开发孩子的智力、挖掘孩子的潜能有着很重要的作用。所以好妈妈要多鼓励孩子到他感兴趣的地方去玩他感兴趣的东西。

客厅里，小刚的妈妈手里拿着一些手表的零件。

“小刚！”妈妈气愤地喊道。

“来啦，妈妈！”6岁的小刚愉快地答应着，从游戏室跑到客厅。

“小刚，请你给我解释一下这块表是怎么回事！”妈妈依旧气愤地注视着他。

“噢，对不起，妈妈！我只想看看这表里面有些什么东西而已，我想我会把它修好的。”

妈妈把表的所有碎零件递给小刚，转身要走。

“妈妈，对不起，我真的在努力。我确实很喜欢琢磨东西，也试着想把它们装回去，可我实在是装不上了。”小刚显出很愧疚的样子。

妈妈坐下来把他拉到身边，语气缓和很多：“好吧！告诉我，儿子，你把东西拆开要干什么呢？你要学习修理吗？”

小刚想了一下，回答："不是的，坦白地说我只想搞清楚它是怎么一回事，只喜欢拆开看看，研究一下。"

妈妈点点头："那这么说你是喜欢研究机械了？"

"妈妈，好像是吧！我喜欢将所有的机器拆开看一遍！"小刚耸耸肩。

妈妈想了想，说："儿子，我们可以去社区学院参观一下，看看那里有没有教人们拆或装小器械的课。既然你这么喜欢机械，那就通过课堂上的学习来感受自己对机械方面究竟有多大的兴趣吧。"

"好呀。我一定会从这门课中学会怎样装好这块表的。"小刚高兴地说。

"好吧，我们等会儿去报名。"妈妈微笑着说。

世界著名的儿童心理学家让·皮亚杰经过长期研究得出一个惊人的结论：孩子的智力是在玩乐中发展起来的。他认为人的思想不是直接来源于外部世界的客观事物，而是来源于人的动作游戏。

肖翔的妈妈对儿子的教育都是采取游戏的方式进行的，针对孩子的各种潜能，她设计了五花八门的游戏，比如绘画游戏、音乐游戏、造型游戏、语言游戏、表演游戏、智力游戏、创造性游戏、体育游戏等，尽力使孩子在游戏中将潜能无一遗漏地发挥出来。

有一次，肖翔独自一人在院子里玩耍。他喜欢玩"开火车"的游戏，就是把一些木块连成一串，作为车厢，他在前面拉着，假装自己是火车头。

这天，肖翔突然想到要增加几节车厢，使这个"火车头"能带领更长的火车。但带钩子的小方木块都用完了，怎么办呢？肖翔想到了刚刚买回来的磁铁块，用绳子拴在最后面，刚刚合适。

肖翔拴好一块磁铁，又拿来另一块。可是，那块磁铁好像突然着了魔一般，怎么也不肯乖乖地跟在第一块的后面。他一把它放到后面，就有一股力量将他的手和磁铁一起弹开。他用尽了全身的力气，可是那两块磁铁怎么也不肯吸在一起。

肖翔呆呆地看着手中的两块磁铁，好一会儿，他忽然大叫起来："妈妈，妈妈，快来看呀，这两块磁铁里住着两个小精灵！它们不愿意在一起。它们闹别扭了，谁也不理谁。”

妈妈忍住笑说：“傻儿子，这可不是什么精灵，这是磁力的一个重要原理。磁铁分为正极和负极，同极相斥，异极相吸。你将这两块磁铁的正极放在一起，当然会因为相斥而弹开啦。”

一天，妈妈给肖翔带回了几块眼镜片，有近视镜片，也有老花镜片。肖翔对新奇的事物一向感兴趣，他把镜片架在自己的眼睛上玩，没过一会儿就大叫眼花，只好把镜片举到离眼睛较远的地方才能看清楚镜片后的东西，妈妈任他淘气，不去管他。

当肖翔一只手拿着近视镜片，一只手拿着老花镜片，一前一后地向远处看时，他看到了什么呢，远处礼拜堂的尖塔突然来到了他眼前。他高兴地大叫：“快来看啊，妈妈，礼拜堂的尖塔就在这里！”

从此，肖翔懂得了望远镜的原理并亲手制作了他的第一架望远镜。

就是这样，通过不断地玩耍、思考再到动手，他的潜在能力得到了最好的开发。

由此可见，孩子的各种潜能在很大程度上是在游戏中开发的。如果我们也能像肖翔的妈妈一样，让孩子在游戏中开发智力，那么也能培养出像肖翔一样聪明优秀的孩子。

果孩子能清楚地了解自己的兴趣，意识到自己的能力，那么，未来他追求理想和抱负时，即使遇到困难和挑战，也会保持强烈的自信心和进取心。

发掘孩子的潜能，好妈妈具体该如何去做呢？

第一，主动地去探寻孩子的潜能。只要细心地观察就会发现，每一个孩子都有自己的遗传潜能优势。

若想孩子的潜能得以发挥，妈妈们就要费一番心思去探寻孩子的潜能所在了。比如让孩子接触尽可能多的领域，如艺术、音乐、文学、写作、体育，等等。孩子在接触诸多事物的时候，一定会对某些东西产生兴趣，特长也会逐渐表现出来，他的潜能也就会显露出来。

第二，让孩子做游戏的主人。有些妈妈总是会限制孩子的游戏，干涉他们的玩法，甚至还随意改变孩子的游戏规则。如果这样，就改变了游戏本身自由、愉快的氛围以及思考、探索的特性。妈妈应该尽可能让孩子在良好的物质和心理环境中成为游戏的主人，充分表现自我，真正让孩子享受到游戏的乐趣。

第三，给孩子表现的机会。孩子的任何才能，都需要展示的平台。如果给孩子更多的舞台，他的才能会得到更好的发展。比如可以让孩子叙述当天经历的有趣的事，由妈妈帮他记录下来；家人过生日时，鼓励他表演一个节目；每周日的晚上大家朗读短文并发表心得，等等。

第四，不要逼孩子学习过多的技能。有些妈妈培养孩子时，总逼迫孩子学这学那，这对孩子的成长非常不利。教育学家指出：过早地逼迫孩子学习过多的技能，会让孩子产生抵触和厌烦心理，甚至有可能扼杀孩子的潜能，得不偿失。对孩子的教育应该从孩子的心理出发，不要逼迫孩子学习过多的技能。

珍惜孩子的第一次成功

孩子有了第一次成功，就会有第二次、第三次……

在孩子的一生中起到最好激励效果的，是他的第一次成功。在那种时候得到肯定与鼓励，将使他对前景充满信心，从而获得自信。

《中国少年报》有一条原则：动员孩子参与的活动或事情，一定要有一个圆满的结局。获奖面尽量要大，对获奖的孩子，一定要及时奖励。对孩子们写给“知心姐姐”的信，我们要求做到每信必复，使这些孩子感到：第一次给“知心姐姐”写信就收到了回信，从而品尝到一种成功。特别是孩子们向“知心姐姐”发出邀请时，“知心姐姐”要尽量满足孩子的要求。因为孩子邀请“知心姐姐”，常常是遇到了困难或是有心里话要倾诉，你满足了他，他就获得了成功。

有一次，北京二中一个叫袁晓菲的女孩子打电话请我去他们班里谈心。我答应了她，她非常高兴，说：“星期四下午三点半，我在学校门口等你，我穿一条牛仔裤，手里拿一张《中国少年报》。”“好，一言为定！”我仿佛一下子回到了童年。

那天，我准时到达。果然，看见两个穿着牛仔裤、手拿《中国少年报》的小女孩在等着我。那一次，我给他们班里的同学讲了有关“人际关系”的问题。

过了几天，一个叫姜飞的男孩子打来电话，请我也去给他们班的同学讲讲人际关系。我很诧异，一问才知道，姜飞是袁晓菲的弟弟。我知道，自己无论如何也要去，如果不去，在姐弟的竞争中，弟弟就失败了。我答应了他。他高兴极了，说：“星期四下午三点半，我在校门口等你。我穿一条牛仔裤，戴一顶鸭舌帽。”我忍不住笑出声。

不巧，那天正好赶上开会。我请假提早出来，赶到姜飞的学校时，已经四点了。孩子们见我终于来了，都激动得哭了。姜飞对我说：“在门口等你的那半个小时，我像热锅上的蚂蚁，真怕你不来。如果你不来，我就会在全班同学中失去威信，也在和姐姐的竞争中失败了。”以后，姜飞常给我来电话。

几个月后，我收到北京二中“家长学校”的邀请，给家长们谈谈孩子们的心声。

会后，一位母亲紧紧拉住我的手。她满脸是泪，激动地说：“我就是袁晓菲和姜飞的母亲。我的两个孩子让你费心了。我过去一直喜欢我的女儿，她学习好、能干，却有些看不上我的儿子，嫌他胆子小、窝囊、不用功。那天他回家来说，他也要打电话请‘知心姐姐’，我就不让他打。我想，‘知心姐姐’也不能光为我们家孩子忙乎，全国那么多孩子需要关心呢！没想到，你那么理解孩子的心。你知道吗，自从他把你请到学校，他在学校就出了名，毕业时，学校还在推荐信上写着：姜飞同学组织能力很强，能把‘知心姐姐’请到他们班上。更让我惊喜的是，那件事后，我的儿子像变了一个人，爱说爱笑，胆子也大了，干事也痛快了，学习成绩有了很大提高……我们全家不知该怎样感谢你呢！”

“这就是激励作用。我们做妈妈的如能帮助孩子获得人生的第一次成功，让孩子品尝到成功的喜悦，他将来一定是个成功者！”我向家长们倾诉了我的感受，“如果‘知心姐姐’的到来能给发出邀请的孩子带来成功，我宁愿牺牲所有的时间。”

现在的孩子缺少这种成功感。多年来的应试教育培养了大批的失败者。现在提倡将应试教育转化为素质教育，这就给孩子创造了更多的机会。所以，让孩子们获得第一次成功是我们每个人的责任。

孩子的成长，的确像运动员一样，需要别人为他加油。当孩子获得了成功以后，对于大人来说，要郑重其事地为他鼓掌，不要轻视他的第一次成功。

宋庆龄有一句名言：“一切为了孩子，为了一切孩子，为了孩子的一切。”我们国家需要全体孩子都具有很好的素质。但在教育过程中，人们常常忽略那些淘气的、不守纪律的、学习差的孩子，把他们视为坏孩子、差孩子，没有人爱管他们，没有人去疼他们。其实，这样的孩子才更需要激励。

过去的应试教育，其结果是将极少数的学生从全体学生中挑出来，培养出的很多是高分低能的“人才”。而进行素质教育，就是发现每一位学生身上的闪光之处，使其充分发挥光亮，让每一个孩子都成功！

激励，就是最好的办法！

妈妈要给孩子正确的教导

有人曾说过：“即使是普通孩子，只要教育得法也会成为不平凡的人。”因此，聪明的孩子也是源自于后天的培养，妈妈一定要从小就注重对孩子进行引导和教育。

社会上存在着两种完全不同的人才观。一种强调的是天赋，认为人的命运是由其天赋的大小决定的，而环境的作用是次要的。另一种强调的是环境作用，认为天赋的作用并不重要。持后种观点的人坚信：人刚生下来时都一样，仅仅由于环境，特别是幼小时期所处的环境不同，有的人可能成为天才或英才，有的人则变成了凡夫俗子甚至蠢材。

孩子的天赋是千差万别的，有的孩子多一点，有的孩子少一点。

假设天才的禀赋为100，白痴的禀赋为10，而一般孩子们禀赋大约是50。如果所有孩子都受到一样的教育，那么他们的命运就决定于其禀赋的多少。可是今天很多孩子受的是非常不完全的教育，所以他们的禀赋连一半也没发挥出来。比如说禀赋为80的，可能只发挥出了40；禀赋为60的，可能只发挥出了30。

因此，倘若能乘此之虚，实施可以发挥孩子禀赋八到九成的有效教育，即使生下来禀赋只有50的普通孩子，也会优于生下来禀赋为80的孩子。当然，如果对生下来就具备80禀赋的孩子施以同样的教育，那么前者肯定是赶不上后者的。我们不要悲观，因为生下来就具备高超禀赋的孩子是不多的，大多数孩子其禀赋约在50。杰出人物的出现固然与天赋有关，但是，更要强调的是，孩子如果只靠天赋那将是一事无成的。

孩子生下来即使具有很高的天赋，若得不到发挥，也是无济于事的。社会上曾出现了很多具备很高天赋的孩子，可惜其中很多人由于得不到充分发挥而成为极平凡的人。

有一位西方教育专家曾这样说：“幼儿就像烧陶瓷的黏土一样，教育得如何，决定他成就的大小！小孩只要从小接受教育，就可以成为音乐家、画家、诗人、学者，等等。”可是有的人也许会说：“成为音乐家就需要有敏锐的耳朵，如果没有敏锐的耳朵，多么早教他音乐也不行。而敏锐的耳朵是一生下来就有的，所以你的教育我不信。”有没有敏锐的耳朵这是对大人或小孩长大以后才说的话。如果两三岁开始训练，是完全可以培养出敏锐的耳朵来的。莫扎特的例子就是一个典型，他成为著名的音乐家，是由于他出生于充满了音乐气氛的家庭里，从小就培养了对音乐的爱好。

米开朗基罗生下来不久就被送到乡下，寄养在别人家里，他的保姆是位石匠的妻子。后来他说：不仅在这个家庭里吃了保姆的奶，而且从小就爱上了锤子和凿子。而他的家庭却是非常有名的豪门世家，非常反对他成为雕刻家。当心之火已经燃烧起来后，他父亲也无可奈何了。

如上所言，孩子像制造陶瓷的黏土一样，可塑性是很大的，环境和教育愿把他培养成什么样，就能把他培养成什么样。让我们听听威特的训导吧：“不要失望，不要相信万能，坚定不移地去做吧，你们的孩子也有成为伟人的可能性。”

让孩子插上想象的翅膀

培养孩子的想象力，对开掘其创造力，具有十分重要的作用。同时，从小培养孩子的想象力将会使孩子受益终生，因为丰富的想象力能帮助孩子从书本、音乐以及其他所有的艺术中获得更多的东西。

大科学家爱因斯坦曾说："想象力比知识更重要，因为知识是有限的，而想象力概括着世界的一切，推动着科学发展、进步，并且是知识的源泉。"然而，现在的妈妈往往把注意力集中在孩子体能、智能、社交和语言的发展上，忽略了启发想象力的重要性。当然，聪明的好妈妈是不会这样做的。

一次折纸游戏中，娇娇学会折小兔子后，把小兔子贴在了纸上。这时妈妈问娇娇："小兔子生活在哪里啊？"

娇娇就给小兔子画了一个漂亮的房子，还有绿草地、美丽的小花。

接着妈妈又问："你知道小兔子吃什么东西吗？"

"它最喜欢吃萝卜，我得给它画些萝卜！"娇娇高兴地继续画着。

"你觉得小兔子还需要什么呢？"

"还需要妈妈、爸爸、朋友、玩具……"

其实，每个成人都有孩童时期，每个孩童都曾有过七色的梦，每个梦境中都有无数的想象。但即使如此，孩子的想象力仍需要后天的培养。培养孩子的想象力有多种方式，我们可以看一下好妈妈是如何培养孩子的想象力的。

☺ **多给孩子讲故事**

妈妈经常给孩子讲故事，有助于启发他们进行无拘无束的联想和想象，发展再造想象和创造想象的能力。爱听故事几乎是所有孩子的天性，而语言又是培养孩子想象力和创造力的一个有效载体。因此，妈妈应多给孩子讲故事，借助对故事中的情节和动作的讲解，促使孩子在大脑里形成一个奇异的世界，使孩子成为创造这个世界的主人。他们可以从故事中学习语言，认识环境，学习做人做事的道理。显而易见，多听故事，可丰富孩子的幻想世界，增强孩子的想象能力。

☺ **让孩子自己编故事、讲故事**

等到孩子已经熟悉了许多故事之后，妈妈就应该试着和他一起来编你们自己的故事了。孩子喜欢编故事、讲故事，有时讲给小朋友听，有时讲给爸爸妈妈听，有时还会自言自语。这是锻炼表达能力的好方法，也是发展想象力的好机会。妈妈要积极鼓励孩子，不要冷言冷语，更不能随便阻止。

☺ **和孩子一起做游戏**

游戏是孩子想象的王国，是发展儿童想象力的最好活动。如果妈妈在和孩子做游戏时，模仿多种活动，凭借想象扮演多种角色，营造多种情境，那么就能激发孩子的想象力，使之自觉地将所扮演的角色进行完善。

☺ **面对问题，鼓励孩子大胆想象**

每当面对一个问题的时候，妈妈不要过早说出现成的答案，可以帮助孩子去假想，鼓励孩子提出一个又一个建议，然后选出最好的解决办法。妈妈可以给孩子做示范，一边想一边把自己的思考过程说出来，让孩子看到妈妈是怎样一步步做出最后的决定的，这样有助于他们从整体上把握问题。

想象力是孩子创造才能的重要组成部分，但在现实生活中，孩子大胆的想象常常得不到妈妈的理解。大人们一边惊叹自己的想象不如孩子的丰富、大胆，一边又有意无意地要孩子适应大人的条条框框，对孩子的一些不符合“规矩”的大胆想象加以纠正，殊不知这种愚蠢的做法往往过早地扼杀了孩子的想象力。

有创造力的孩子，最善于思考

一个充满了创造力的孩子从小就能出类拔萃、卓尔不群，因为他们的大脑一刻也没有停止过思考，他们有很多的“为什么”，并且能够自己动手去寻找解决的方法，这些都是充分调动创造力的结果。

创造力是指依据一定目的，展开积极的思维能力，产生新认识、新事物的能力。一般来说，有创造力的孩子都是善于思考的孩子，因为他能够把学到的知识灵活地运用到生活中，创造出新的东西。如果你是一个好妈妈，就要重视对孩子进行创造力的培养。

琳琳的妈妈是一个很有创意的主妇，琳琳从小在妈妈的影响下，“鬼点子”也特别多。每天的晚饭时光，是琳琳家固定的“创作”时间。妈妈在厨房里忙着做饭，三岁多的琳琳就会站在餐桌前琢磨：今天的餐桌应该如何装饰呢？在妈妈的提醒下，琳琳会把做饭用的“边角料”放在好看的容器中，作为餐桌装饰。洗好的菜叶，像菠菜、芹菜等，琳琳会把它们放在高一点儿的花瓶中。洗好的小萝卜是琳琳最喜欢的装修物——红红的水萝卜放在白瓷碗里，特别漂亮。

盛菜的盘子也是晴晴发挥想象力和创造力的地方。妈妈切好的黄瓜片，会被琳琳摆成小叶子和花的形状，放在盘子边上。为了这个，琳琳妈妈特地使用平盘，这样更方便琳琳搞“创作”。

菜肴的摆放、碗盘的装饰、餐桌的布置，等等，都是琳琳和妈妈的创作园地。在这种创作的过程中，琳琳的点子越来越多，小手也越来越灵活。

出门玩耍的时候，琳琳更会设计出各种各样有创意的游戏，身边的小朋友都喜欢和她玩：在海边，一个小小的饮料瓶就是琳琳最好的“道具”，忽而成了飞机，忽而成了潜艇，忽而又成了虫子的小家……

琳琳一边手里比划，一边嘴里念念有词，不停地给身边的小朋友讲着自己编的各种各样的故事。到公园里散步，哪怕是一片小叶子，在琳琳的眼中、手中、口中也都可以幻化无穷。

在琳琳家，专门有一面属于晴晴的“创意墙”。每当琳琳的妈妈在家里收拾花花草草的时候，琳琳都会用剪下的各种叶子粘贴出一些很漂亮的树叶贴画。琳琳还会把妈妈用剩的碎布做“布贴画”，用蔬菜或者豆子做“豆子画”……每次有这样的作品问世，琳琳妈妈都会很认真地将画“裱”好，郑重地挂在“创意墙”上。

虽然桌子上、地上都是废物和辅料，可是看到孩子能用废弃的东西做出各种各样的“作品”，妈妈总是很自豪。

孩子的想象力与创造力是无穷无尽的，这种创造潜能就表现在日常生活中，好妈妈能随时随地地发现他的创造力。另外，创造力高的孩子往往会有“奇思怪想”，与众不同，而妈妈切忌随意讥笑或嗤之以鼻。

好妈妈不能只注重发掘孩子的智力而忽视了创造力。很多时候，创新能力比获得知识更重要，因为知识是有限的，而创造力能推动着世界上一切事物的发展进步。当一个孩子具有创新精神时，他就能比同龄人飞得更高，看得更远。

每个孩子都可以具有超强的创造力。我国创造教育学先驱陶行知先生曾指出：“处处是创造之地，田田是创造之时，人人是创造之人。”

也就是说，凡是孩子原先不会的，而现在会了，就是一种创造；凡是别人没有想到的而孩子想到了，就是一种创造；但凡孩子在原先的基础上做得更好的，就是创造。

孩子的一举一动都蕴涵着创造潜力，尽管它只是雏形，却又是伟大的。那么，如何培养孩子的创造力呢？好妈妈的做法是：

第一，营造良好的家庭氛围。良好的家庭气氛有利于孩子发挥其创造力。需要注意的是：一个好思考、想法多、能触类旁通的孩子，往往不愿意受过多的约束。他们自信、好奇、喜欢幻想、有探险精神，但很容易被认为是不听话、好出风头，是“刺头儿”。妈妈的误解会使孩子变得郁郁寡欢，无所适从。孩子只有生活在一个轻松愉快的环境中时，才更容易产生创造力。

第二，不要过分斥责孩子的“破坏”行动。其实，孩子爱搞“破坏”属天性使然，是其创造力萌芽的一种体现。他们对各类陌生的事物充满好奇，并身体力行，欲用自己的双手探求这未知世界。合理利用孩子这种天性，加以多方引导、鼓励，孩子的创造力就会得到进一步提高。

反之，如果妈妈总是不分青红皂白地对孩子的“破坏”行为加以粗暴的“镇压”，久而久之，孩子的天性就被抹杀了。这样培养出来的孩子多半过于循规蹈矩，缺少头脑，依赖性强，少了爱动、好奇、勇敢甚至冒险的天性。

第三，开阔孩子的视野。妈妈可通过各种活动丰富孩子的生活，开阔孩子的视野：多带孩子到大自然中，观赏各种树木花卉，区分它们的异同；了解植物与环境的关系；看看动物的不同形态，分析它们的外形特征和生活习性；采集种子，捕捉昆虫，制作标本；仰望天上变幻多端的云彩；欣赏日出东方、夕阳西下的美景……

另外，好妈妈还应向孩子提供适合他们身心年龄特点的读物和视听材料，范围要尽可能广博，上至天文，下至地理，但应注意宜广不宜深，深入浅出，以游戏的形式、故事的口吻，进行趣味讲解。

让孩子在玩耍中增强逻辑思维能力

逻辑思维能力的强弱，往往是衡量一个人智力高低的标准。对于孩子来说，如果逻辑思维能力强，不但学习上会感到轻松，同时也会享受到比别人更多的乐趣。

对于孩子来说，逻辑思维能力的早期培养训练非常重要。可是在生活中，许多妈妈忽视了对孩子早期逻辑思维能力的培养，有些妈妈甚至都不知道如何去培养。其实在日常生活中，好妈妈可以抓住每一件事来培养孩子的逻辑思维。

一天，娇娇吃饼干的时候，没有吃完，餐盘里剩下了一块，她就对妈妈说：“妈妈，这块饼干帮我保存着，好吗？”

妈妈说：“好的。”

一段时间过后，妈妈在和朋友电话聊天的过程中，无意之间把餐盘里仅剩下的那块饼干吃了，而且随手洗干净餐盘把它放在了橱柜里。这个过程都是在妈妈不经意中完成的。

不久，娇娇跑来找饼干，没有找到，问妈妈：“妈妈，我的饼干呢？”妈妈回答：“哦，我吃了，对不起，没有征得你的同意。”

娇娇大哭："饼干是我的，还给我。"

妈妈："嗯，妈妈是因为肚子饿才吃掉饼干的。妈妈饿坏了就有可能生病去医院。我要是生病了怎么办？"

娇娇："我给你叫医生。"

妈妈："嗯，那你知道电话号码吗？"

娇娇："知道，120。"

妈妈："嗯，那你能告诉医生来我们家的路怎么走吗？你知道我们家的地址吗？你有钱吗？生病是需要钱的。你知道怎么挂号吗？你知道怎么买药吗？你知道……总之，带妈妈看病需要做很多很多事情呢，你知道怎么做吗？"

娇娇看着妈妈，半天才说："不知道。"

妈妈："你希望妈妈生病吗？"

娇娇："不希望。"

妈妈："那妈妈可以吃你的饼干吗？"

娇娇："可以。这样妈妈就不会生病了。妈妈，如果下次你饿了可以吃我的饼干。不，我会留一些给你的，我不想让你生病！"

妈妈："好的，下次妈妈肚子饿的时候，会问你要饼干。"

娇娇："嗯。我一定会给你留一些的。"

娇娇妈妈的做法既培养了孩子的爱心，也开发了孩子的思维能力。

在日常生活中抓住小事，对孩子进行逻辑思维能力的培养，不仅发展了孩子的逻辑思维，而且还培养了孩子的自控力，从而让孩子变得更懂事。

逻辑思维能力的强弱，往往是衡量一个人智力高低的标准。对于孩子来说，如果逻辑思维能力强，不但学习上会感到轻松，同时他们也会享受到比别人更多的乐趣。

培养孩子的独立思考能力

学会独立思考，对孩子的成长极为重要。爱因斯坦说过：“学习知识要善于思考，思考，再思考。”

宋代历史学家司马光因幼时急中生智破缸救人，而被人们视为慧光早现的“神童”。其实，司马光的成长与他妈妈对他得当的家教是分不开的。

家庭对司马光的一生影响极大。他的祖辈，尤其是他的父亲，对司马光的品行和为人处世方式，以至于远大抱负的形成，都起到了极大的作用。司马光的父亲司马池是一位胸怀大志的知识分子，他家财万贯，却不沉迷其中，而是专心读书、锐意进取，在成家立业之后，以做学问的认真态度和质朴品格待人处世、培养子女。

司马光的母亲聂氏，是一位知书达理、才德俱佳的女子。司马光在严父慈母的直接影响和教育下，度过了自己的少年时代。司马光6岁开始读书。起初，他对所学的东西不理解，背书也记不住。父亲知道了，就告诉他：“读书不能只是背，要多想，把意思弄懂。”于是，别人玩时，他不去，一个人找个清静的地方苦读，直到把书背得滚瓜烂熟为止。很快，他的学业进步了，对学习的兴趣也越来越浓厚，总是书不离手、句不离口。就这样勤奋学习，终于学有所成，并经过19年的呕心沥血，终于完成了篇幅浩瀚、记事广博的编年巨著《资治通鉴》。

思考是创造力的源泉，创新是民族的灵魂。学习知识要思考，发明创造要思考，完善人生也需要思考。

对孩子的智力开发越早越好，为了养成孩子思考问题的习惯，首先要让孩子认识到思考的重要意义。与妈妈强迫孩子在学校获得好成绩相比，孩子希望认字，希望能够阅读，这对于孩子来说更实际得多。孩子能够自己确定这样更具体的实际目标，才能产生想认定目标的热情。

由妈妈一方施加的目标，就很有可能使孩子忘掉思考的重要性。

凡是有思考能力的孩子，求知欲望强，学习能力就愈强，创造力就愈强，终生学习的能力就愈强。而思考源于好奇，孩子都有好奇心，爱提问是儿童的天性，面对孩子提出来的大问题、小问题、愚蠢的问题、聪明的问题，妈妈应该高兴和鼓励。

圆珠笔刚被发明出来的时候，人们总是不能解决一个问题，就是圆珠笔用到一定程度，笔尖部位就磨损严重使油墨漏出污染纸面。这个问题的解决却是因为一个小孩子的一句话，他天真地说：“不想让油墨漏出来就不要等到它漏出来啊。”制造商就是因为这句天真的话而豁然开朗：与其研究怎么防止磨损笔尖，不如干脆把笔芯做短一点、细一点，油墨少一点，这样在笔尖还没有完全磨损的时候油墨就已经用光，只需要换支笔芯就可以继续书写了。

孩子的思考往往有意想不到的价值，因为他们虽然没有经验，但也没有刻板固定的思维模式，他们的思维远比一个成年人活跃，善于思考的孩子也常常给人以智慧的惊喜。

提高孩子的记忆力

世界著名记忆大师哈利·罗莱因指出：“记忆方法是任何人都完全能掌握的。记忆力的强弱并非天生的，它是可以随着训练和掌握好的记忆技巧和方法而提高的。”

如果你想提高孩子的记忆力，可参考下列建议：

☺ **帮助孩子找到记忆的窍门**

据说世界闻名的记忆大师哈利·罗莱因先生能在招待会上把在座的500多人的姓名、脸型，一下子全都记住。他让大家用各种语言按顺序说出从1~20个多位数数字（20位以上），他当场就能全部记住，当人们任意提问第几个是什么数时，他能流利地脱口而出。

其实，罗莱因绝不是什么天才、奇才。他只不过掌握了记忆的要领，训练有素而已。记忆方法是任何人都完全能掌握的。记忆力的强弱并非天生的，它是可以随着训练和掌握好的记忆技巧和方法而提高的。

美国哥伦比亚大学的心理学教授伍德华司曾在一篇文章中指出：“只要学得正确的记忆方法，就能够提高记忆力。”他做过一个实验，把一些人分成记忆力相仿的两组，他让第一组的人只依赖简单的背诵方式去完成一个记忆任务，而让另一组先接受记忆方法的培训、训练，再完成与第一组同样的记忆任务，背诵的时间也一致，结果掌握正确记忆方法的一组，成果远比另一组好。

所以，在记忆中，妈妈要教育孩子既要花工夫苦干，又要找窍门、摸规律，做到事半功倍。

☺ **分析孩子最擅长的记忆方法**

记忆的方法，因人而异。有的人在第二天早晨把前一天学习的内容看一遍，就能牢牢地记下来，有的人边听边写就能很好地记住，还有的人边听音乐边学习，比在万籁俱寂的环境中记忆得更好，等等。分析孩子最擅长的记忆方法，帮助孩子运用和发挥它，注意观察、分析和总结孩子的记忆规律，可以有效帮孩子提高记忆力。

☺ **帮助孩子理解意义，强化形象**

俗话说：“强记不如善语。”如果让孩子真正理解一些知识后，就能很轻松地记下这些知识。理解有助于记忆，记忆无意义的或不理解的材料比记忆有意义的或理解了的材料困难得多。

理解是记忆的基础，是克服遗忘的有利手段。张载曾说过：“书多阅而好忘者，只是理未精耳，理精则须记了无去处也。”意思是指要彻底在“理解”上用力气，透彻的理解能使自己牢固的记住。

把要记忆的东西变换成具体的事物形象化，加以考虑，就能迅速地记忆在头脑之中。比如，有的外语单词很难记，可以让孩子根据词的发音变换成日常生活中常遇到的某些东西去记忆，这样就不难了。记住这种东西，就会记住那个单词。

☺ 让孩子把记忆的内容条理化、系统化

在一堆珍珠面前，我们无法用一只手抓住这些零散的珍珠。但一旦我们把这些珍珠用一根线串起来，这样，就是有无数的珍珠，也可以用一只手把它们提起来。在记忆知识时，孩子会面对很多表面零散的知识，为了便于记忆，妈妈可以帮助孩子把这些知识整理、概括、系统化形成网络，再进行记忆，这样就容易多了。所以，在记忆之前，应该让孩子先对记忆材料进行一定的加工。

在记忆前进行的知识加工，就是要把记忆的内容条理化、系统化。比如，要孩子记一篇课文，一定要把课文每段的大意搞清楚，通过对文章结构的理解来增强记忆。通过这番加工，孩子就能同时记住一大类内容，而且能记得很牢。

☺ 引导孩子巧妙地把记忆难点分开

人的注意力是有限的，很难一下子记住很多内容，因此，应该采取一些技巧，让孩子把大量的需要记忆的材料“化整为零”，减小记忆的难度。

☺ 让孩子进行无意识的轻松记忆

有时候，我们有意无意地听着一些歌词，反复多次以后，不知不觉也就会哼会唱了。这种记忆就是无意记忆。无意记忆不花时间，不费多少脑力，它记得比较轻松，却不会轻易忘记。无意记忆的潜力是很大的，人的大脑记忆库中的大量信息，不是有意记忆的结果，而是无意记忆的积累。

充分利用无意记忆是提高孩子记忆力的一个好方法。比如，如果想让孩子多记一些英语单词，可以把单词抄写在墙壁上，或录在磁带上，让孩子每天有意无意地看，有意无意地听，过一段时间，孩子就能自然而然地记住这些词汇了。

☺ 让孩子善用联想，不断反复

教会孩子善于运用联想去记忆，既牢固又好发挥。希腊和罗马时代的西塞罗和塞涅卡等雄辩家，之所以能够记住长篇的演说内容，就是由于善于运用联想。

中国古代教育学家孔子说过：“学而时习之。”德国哲学家狄慈根也说过：“重复是学习的母亲。”也就是说，有效地不断反复，是保持记忆的有效途径。根据一些心理学家的分析，遗忘有着自己的规律，一开始，它气势汹汹，最初的20分钟内，会忘掉20%，3个小时后，忘掉了一半；此后，遗忘的速度减慢了，一个月后，就忘掉了大约80%。

这就是说，学习就是记忆和遗忘的一场比赛。如果让孩子赶在遗忘之前再复习一下，效果就比晚复习好得多。比如说，在遗忘最快的前20分钟抓紧复习，记忆得到了强化，遗忘的东西就会少得多；如果在3小时内再复习一次，记忆又二次得到了强化，遗忘的内容就更少，如果在第二天再进行一次复习，孩子就会记得相当牢固；此后，在一周后再记忆一次，在一个月后再复习一次，就可以让孩子牢牢记住所学的知识，甚至可以做到终生不忘。

提升孩子的思维能力

思维能力是智力与能力的核心，家长在日常生活中有意识地训练孩子的思维能力，对其智力、能力的发展大有帮助。有些孩子会做计算题，但一遇应用题就发呆，他们大多不会举一反三、灵活运用所学的概念和法则。仔细观察这些孩子，他们或多或少都存在语言概括能力差，叙述事情像流水账，归纳段落大意和中心思想有困难等通病，还有的孩子会具体形象的运算，但不理解抽象的运算……这些问题都与孩子的思维能力有关。

培养孩子的思维能力，家长应从以下几个方面做起：

☺ **提高孩子的感知和观察能力**

妈妈可带孩子到大自然中去观察、去认识、去思考、去体会，以扩大孩子脑子里的印象范围，使之形成对事物正确的概括，发展思维能力。

☺ **启发孩子积极思考**

妈妈要善于给孩子提出一些小问题，让孩子积极运用已有的感知经验去独立思考，找出答案；也可以引导孩子的思路，并用类比的方法去启发孩子找出答案。

☺ **培养孩子的探索精神**

孩子好奇心比较强，喜欢打破沙锅问到底，见到新鲜的东西就要问一问、拆一拆、装一装，这些都是孩子喜欢探索和有旺盛求知欲的表现。老师和家长切不可随意禁止甚至恐吓他们，以免挫伤孩子思维的积极性，应当因势利导，鼓励孩子的探索精神，培养其从小爱学习、爱科学、勤动手、好钻研的好习惯，从而提高孩子的学习兴趣和思维能力。

☺ **提高语言表达能力**

妈妈要让孩子多看、多听、多接触具体事物，并要求孩子用语言把这些事物的特征表达出来。只有这样，才能促使孩子的思维从具体的形象思维向抽象逻辑思维转化。

☺ **增强孩子的自主能力**

孩子的独立性是从日常生活中开始培养起来的。从孩子刚学会手眼协调要自己用勺子吃饭开始，家长不要怕孩子弄撒、弄脏，要让孩子自己吃，否则，孩子往往产生依赖性、懒于动脑，影响思维能力的提高。

☺ **让孩子畅所欲言**

妈妈要鼓励孩子独立思考，发表自己的看法，哪怕是错误的也要让孩子说完，然后妈妈适时而又恰当地给予指导。在家长专制气氛下成长的孩子，往往显得思维呆板，不敢畅所欲言，提不出新的观点，而是看家长的眼色行事，容易受家长的暗示而改变主意，或者动摇于各种见解之间，或是盲从附和随大流，影响思维独立性的发展。

☺ 加强分类归纳训练

在孩子认识万事万物的特征和功能的基础上，妈妈经常给予孩子分类指导，孩子的归纳、抽象和概括能力就会得到很快的发展。

☺ 启发孩子，异想天开

传统观念认为，碗是盛饭的，暖水瓶是盛热水的。如果我们换一个角度思考，就会发现碗还可以当一种乐器使用，暖瓶还可以放冰糕而较长时间不化。这就是“发散思维”或“求异思维”。如果孩子在日常生活中形成了发散性的思维模式，孩子在学习时就不会盲目听信，解决问题时就会思路开阔，灵活自如。

☺ 经常和孩子猜谜语

猜谜不仅有趣、幽默，而且可以激发和满足孩子强烈的求知欲，是丰富想象、锻炼思维、开发智力的有效途径。

☺ 开展智力游戏

如摸瞎瞎游戏，有利形成孩子灵活性、推理性、逻辑性的思维品质。

第六章

引导学习，做孩子的指南针

了解孩子的个性，做到因材施教

每个孩子因为成长环境以及自身的原因，有着不同的学习风格，水平也参差不齐。那么，因材施教，对孩子进行个性化教育就成为必要。

这就需要妈妈首先树立正确的教育观，承认每一个孩子都有自己的个性和特点，也有自己的缺点，给孩子更多的尊重和信任。教育的一个重要原则就是重视差异性。妈妈应该及时发现孩子的特点，并加以引导，使孩子的成长更加健康。承认每一个孩子都有特点，才能正确地理解孩子。

妈妈首先应该了解孩子的个性，然后根据孩子的个性决定教育方法：具体的问题具体分析，因势利导地培养孩子良好的学习习惯，发挥孩子独特的学习优势；千万别将孩子的学习优势当成了缺陷而将它给磨掉。那样孩子就将失去他原有的灵性，孩子的求知欲、学习的主动性将消失殆尽。

那么，妈妈如何对孩子实行个性化教育呢?

第一，用心了解孩子。有些妈妈认为只有学习成绩好的孩子才有出息。但是孩子的学业成绩并不出色又一味逼迫孩子学习也很难有大的改观。因此，妈妈平时应该多多观察孩子，看看他对什么最感兴趣，在哪些方面有天赋，重视孩子学业之外的其他方面能力的培养，对孩子的未来更有益处。

第二，尊重孩子的身心发育规律。对于孩子的成长，妈妈不要拔苗助长。如孩子不适合做奥数题，就别强逼孩子去学，因为如果孩子跟不上，就容易打击孩子的自信心，使孩子对学习产生畏惧心理。要注意让孩子置身于水平相当的学习环境中，这样有利于激发孩子的竞争意识，既不至于因同伴太过优秀而产生压抑和失落感，也不至于因同伴太差而懈怠。

第三，承认差别。每个孩子的性格和特点都是不同的。许多妈妈喜欢把自己的孩子跟别的孩子比较，而且总拿自家孩子的短处跟别的孩子的长处相比。这样做实际上是忽视了孩子之间的差异。妈妈应当接受并承认孩子之间的差异，帮助孩子学会取长补短。

第四，不要把分数看成唯一。练习并不是越多越好，题海战术也许短期内会使孩子得到高分，却会加重孩子的负担。孩子作业的量应以掌握知识为目的，适当地复习以加深印象。因此，在孩子已掌握了知识的前提下，不要逼迫孩子去做那些简单重复的题目，那样会导致孩子的厌学情绪。

第五，不要拿孩子的短处和其他孩子的长处比。要善于发现孩子的闪光点，适时、适度地肯定孩子的长处。因为每个人都有各自的长处和短处，比如说有的孩子聪明活泼、兴趣广泛，但不够刻苦，而有的孩子稳重刻苦，做作业一丝不苟，却没有掌握好的学习方法……关键是妈妈要有一双善于发现的慧眼。

第六，允许孩子选择适合自己的学习方式。每个孩子喜欢的学习方式是不同的，有的学生喜欢通过讨论强化自己的知识，也有的学生喜欢独立学习，静静思考，还有的孩子喜欢通过构词法来帮助记忆英语单词，而有的同学则善于通过阅读增加词汇量。所以，妈妈应允许孩子选择适合自己的学习方式。

好妈妈要培养孩子的阅读兴趣

中午，蕊蕊和妈妈说了句话，让妈妈想了很久。原来，蕊蕊对她说：“妈妈，如果一个孩子在十岁前还没有养成爱读书的习惯，那么他这一生都不会爱书。”妈妈不知道蕊蕊的这句话是从哪儿看到的，但仔细想想，不得不承认蕊蕊的话是正确的。

蕊蕊从三四岁时，妈妈就开始给她读她喜爱的故事书，有童话、儿歌以及一些特别小的故事。六七岁时，蕊蕊就开始自己看一些带拼音的图书，但也经常要求妈妈给她读一些书，在那时，蕊蕊对书的感情并不深。

现在的蕊蕊基本上已经能选择自己喜爱的图书，并且让妈妈最为欣慰的是，她是个爱书的孩子。每次新书买回来时，妈妈能看到她眼中的兴奋，甚至于在大家看电视、聊天儿时，她会静静地坐在一边看书。只要时间允许，蕊蕊都会拿着自己心爱的书看着，并且会和妈妈讨论关于默读、朗读哪个的速度更快一些，哪个的记忆会更好一些。

孩子养成爱看书的习惯并非一朝一夕之事，在孩子三四岁时，妈妈要从日常生活中让孩子感觉到书的重要性，让孩子知道很多东西我们可以从书中获得，书会带给我们无限的乐趣，书也会教给我们很多的知识。其次，要养成和孩子共读的习惯，妈妈可以和孩子一起阅读孩子感兴趣的书，在阅读的过程中，让孩子感觉到你对孩子的认可和尊重，并和孩子一起讨论书中的情节，可以激发孩子更大的阅读兴趣。

亲子阅读是现在比较时尚的一个词，意思就是和孩子一起阅读。它不仅能让亲子之间的沟通没有距离，而且让人和人之间的交流也会没有距离。可能有的妈妈有这样的体会，当你到了一个地方，谈起了地方文化的时候，谈起一些各自的话题的时候，当你能够运用你在阅读中所获取的知识发表你的见解时，你和陌生人之间的距离一下子就亲近了很多。而和孩子一起阅读也会产生这样的效果。

兴趣，在读书过程中是一个很重要的环节。我们成年人都应该能体会到，对感兴趣的事情，我们不会计较得与失，累与苦；但不感兴趣的事情做起来就如同嚼蜡一般，难以下咽。

许多妈妈给孩子买的课外书，大多是一些复习参考资料，这让孩子产生一种“看书郁闷”的感觉。有些妈妈觉得这样是为了孩子好，却忽略了孩子的兴趣，所以孩子读起来也会索然无味，也就严重地打击了孩子的阅读兴趣。反之，当孩子有兴趣喜欢看某些书时，妈妈却认为这些书对孩子没有帮助，不让孩子看，久而久之，孩子就不喜欢看书了。

胡适幼年曾因为偶然得到一册《水浒传》而开启了他日后对中国小说的钻研；鲁迅因为一册《山海经》，从此不能忘情神话世界的迷人。很多伟人在艰苦的童年都曾因为得来不易的几册书，丰富了成长期，改变了一生，造就了未来的事业。许多为人妈妈者总在问，孩子学什么才有用？读这本书有用吗？说实在的，天底下哪有什么书是一定“有用”的呢？即使是所谓实用的书，假如不真拿来应用，也是没有用的；至于许多“没用”的书，其实有时也会大有用途。

《水浒传》和《山海经》有什么用呢？但却启蒙了两位大文学家。唐诗宋词有什么用呢？一个真正有文化的人，诗词的典雅精致是学习的必备内容。历史丛书有什么用呢？它会开拓一个孩子的眼界和心胸。所以，儿时养成的阅读习惯，汲取的许多知识，不是什么媒体所能取代的。

培养孩子的效率意识

有一句话说得好，“效率就是金钱”。做事要讲究效率，如果做事效率低了，就什么事情也办不好了。

有一个人，胆子很小，生活条件不好，却很贪财，总想得到不劳而获的财物。

有一天，他上山砍柴，累极了，便背着柴下山回家去了。在山脚下的一条小路上，看见了一头金色的狮子，他不敢碰，心想：这到底是活的，还是雕像呢。那狮子一动不动，也不出声音，一定是雕像，这是神恩赐给我的，看我这么穷，想让我卖一个好价钱。

他向四周巡视了一遍，确定没有人，就抓起“狮子”的前爪和后爪，可它太重了，拿不起来。他故作聪明地想：人多力量大，我回去把家人找来一起搬。之后，他就跑回家去了。

等他把家里的男女老少都找来时，那个金狮子已经不见了。

这则故事告诉我们，做事一定要果断，要有效率，不能拖拖拉拉。孩子的学习也是一样的道理，都要讲究一个学习效率的问题。

有的孩子的学习时间不比别人少，用功不比别人差，可为什么学习成绩老是原地踏步呢？这与孩子的学习效率有很大的关系。

不同的人在同一时间从事同样的事情却效果迥异，这缘于每个人做事的效率有差别。同理，孩子同在一个教室里学习，成绩会有高低之分，是因为有的孩子懂得什么是正确的学习态度，使用最适合自己的学习方法并最合理地安排学习时间，会学习比勤奋更重要。

学习成绩好的孩子，必定是学习效率高的人。

有付出就应该有回报，而且，付出与回报成正比，但对于学习这种智力活动来说，投入与产出不一定成正比：时间有时像货币，有人换到十匹马，有人却只得到一根草绳——同样的价格收获的价值悬殊，差异的关键就是单位时间的利用率。

造成学习效率低的可能因素有多种，妈妈在焦急寻找解决办法之前，先要明确孩子学习问题的症结。孩子的学习效率为什么不高，主要有以下几种原因：

第一，学习环境。有些孩子的学习问题是学习环境造成的。妈妈无法提供一个有利于学习的空间与时间，这都会造成孩子学习的低效率。

第二，学习习惯。良好的习惯会让孩子受益终生。一个孩子如果上课不听讲，一边学习一边玩，总是写字潦草，做题马虎。那么，这个孩子的学习成绩一定不会好。

第三，学习方法。如果学习方法得当，就能融会贯通，举一反三；如果死记硬背，抓不住重点和难点，不能形成知识结构，最后肯定学不好，一点效率都没有。

第四，学习动力。学习动力与学习效率成正比。对孩子来说，学习动力很大部分来自学习兴趣，对学的东西感兴趣，学习就积极主动；不喜欢则千方百计地逃避，即使被妈妈“看押”学习，也是敷衍了事，成绩当然不会好。

此外，多动症、身体不适等也可能造成孩子学习效率低。

学习效率是决定孩子学习成绩的关键因素，妈妈可以从以下几个方面培养孩子的效率意识：

第一，给孩子创造一个良好的学习环境。妈妈应创造一个安静的学习环境，以便让孩子集中精力尽快完成作业。有些孩子喜欢一边玩一边做作业，为了帮助他们改掉这个坏习惯，妈妈应该给孩子做出好榜样。在孩子努力学习的时候，不要当着孩子的面看电视。如果孩子在看书，妈妈也不妨拿起报纸和书本与孩子一起充充电，如此可以创造出一种热爱学习的家庭氛围。

第二，合理制定孩子的作息时间。妈妈应让孩子的学习时间、饮食起居有规律，作息时间符合孩子的生物钟，让孩子明确什么时候必须专心地学习，什么时候可以尽情地玩，并鼓励孩子适当地从事一些户外体育活动或家务劳动，劳逸结合，张弛有致。

第三，不要替孩子写作业。当孩子遇到不会做的题目，妈妈与其直接给出结果，不如用循序渐进的问题引导他自己找出答案。很多时候，孩子无法解答一道题的原因仅仅是因为没有充分理解题目的意思。通过这种方法，孩子学到的就不仅仅是一个答案，而是找出答案的解题方法和思维方式。

效率的高低，是一个人综合能力的体现。学习期间，其决定学业成绩；进入社会，其影响工作业绩，进而影响事业和前途。培养孩子科学的效率意识，拥有较高的学习效率，对孩子的一生都大有益处。

不要压制孩子的好奇心

每个人都有与生俱来的天赋和不同的性格，它让人有发展潜能的机会。

绝大部分孩子都有很强的好奇心。例如，牛顿因为苹果从树上掉到地上而引起好奇，后来发现了“万有引力定律”；瓦特对滚水把水壶盖子掀起产生好奇，进而探究其原理，才有蒸汽机的发明，这就是科学家好奇心与求知欲的典型事例。

孩子好奇心很强，对外界充满好奇心，什么都想亲自尝试，总是东摸摸西瞧瞧，什么东西都在吸引他，这是好现象，是孩子学习的好动机。好奇心可以让孩子更多地了解各种事物之间的关系，促使他学习与外界的交往。

妈妈应该抓住时机，满足孩子的好奇心，给孩子尽可能多地探索环境的机会，提供孩子感兴趣的环境，让他去摆弄他感兴趣的东西，只要没有危险性。

不要对孩子加以过分的限制，这个怕孩子弄脏，那个怕孩子弄坏了，这时期再爱清洁的妈妈也不能要求家里保持完全的整洁，如果把房间里所有的东西都收拾得很干净，这样反而对孩子不利，使孩子失去许多操作、学习的机会，还会压制孩子的好奇心，扼杀孩子兴趣的萌芽，抑制孩子学习的动机，这样就不利于他智力的发展。

晶晶从小就淘气，喜欢把家里的东西拆开来。妈妈对此非常生气，有一次她严厉批评晶晶之后，晶晶虽然不再拆东西了，但每天的情绪都很低落，和妈妈的关系也日渐疏远了。

妈妈不理解自己哪里做错了，很认真地去请教了一位心理学专家。专家告诉她：喜欢动手动脑的孩子，创造力强；孩子的好奇心很珍贵，那是创造的源泉；妈妈要善待孩子，成为孩子的好朋友。

妈妈认识到自己的错误了，从此以后，就不再像以前那样限制晶晶拆东西了。

有一天，晶晶跟妈妈商量："我想看看电脑主机箱，因为风扇的声音太大了。"但在妈妈看来，电脑有问题就应该打电话请专业的维修人员。见妈妈犹豫，晶晶就说："如果我修好这台电脑，家里可以省不少钱呢。"见晶晶言之有理，妈妈答应了。

妈妈和晶晶一起动手拆开了电脑主机箱。晶晶仔细检查了风扇，说："是因为灰尘太多造成的噪音太大。"于是，拿出电吹风对着风扇吹起来。等把主机箱装好，打开电脑一试，噪音果然小多了。妈妈和晶晶相视而笑，两个人充满了成功的喜悦。

从那以后，常有邻居拿来出毛病的收录机、VCD等电器让晶晶帮着维修，妈妈便会和他一起拆啊装啊的，做起晶晶的助手。和晶晶一起"搞破坏"，不但增进了母子交流，更满足了孩子的好奇心。

妈妈知道，这是他探索未来的强大动力。

好奇心和强烈的自主愿望使孩子什么都想去试，什么都想去做。

过度的包办代替，会使孩子失去许多学习探索的机会；而一味斥责、制止，又会发生顶撞现象。

妈妈要相信孩子的能力，满足他的好奇心。比如，他想到雨地里去玩，你就给他穿上雨衣、胶靴去玩吧；他要自己穿鞋，就让他去穿，等他鞋和脚对不上号时再去帮他；要洗衣服，给他一块肥皂，随他去洗自己的手帕、袜子；想扫地，让他扫，哪怕越扫越脏……

当然，妈妈的帮忙是必不可少的。妈妈要充分相信孩子，让他们在满足合理要求、亲自实践的同时，积累经验，体会成功的欢乐。

心理学家经过长期的研究发现，好奇心是推动孩子求知的重要力量。因此，作为妈妈，学会呵护孩子的好奇心非常必要。怎样呵护孩子的好奇心呢？可以从以下几点做起：

第一，启发孩子去思考。如今的孩子接触面广，在现代信息高速发展的社会，接受新鲜事物快，好奇心强，喜欢独立思索，敢于发问，这是一件好事。如果孩子对什么事情感兴趣，妈妈不能嫌麻烦而敷衍搪塞，打发了事，而应因势利导，启发孩子去积极思考，培养孩子的好奇心与探究精神，例如经常问：“你想想，这是为什么？”

第二，满足孩子的求知欲。作为妈妈，在与孩子接触时，不要认为孩子有点“傻乎乎”的，更不要说：“你还小，等你长大后就会明白了。”其实，孩子的提问，正是由于他们知识、经验的不足，而好奇心促使他们提出各种各样的问题。处理不当，孩子求知的火花就会因此而熄灭。我们要尊重孩子在知识、能力、判断方面的自尊心，学会在孩子的面前表现出自己的谦逊，让孩子有一个独立思考的空间。

第三，与孩子平等相处、平等交流。孩子一般都尊敬长辈，敬畏妈妈。作为长辈，我们应学会尊重孩子，相信孩子。与孩子讨论任何问题，都不要过早过快地下断言，以免挫伤孩子的好奇心。

正确的做法应当说：“这个问题，你应该很清楚，请你继续讲下去。”或者说：“这件事我还没想过，很想听听你的看法。”这会使孩子的自尊心、好奇心得到呵护，他们会尽力去思索、探讨，思考问题的空间就会越来越大。孩子的创新意识和创新思维也能得以培养和发展。

教会孩子掌握正确的学习方法

法国著名心理学家贝尔纳说过：“良好的方法可使我们发挥天赋和才能，而拙劣的方法可能阻碍才能的发挥。”孩子掌握了正确的学习方法，可以有效提高学习效率，提高学习兴趣，从而提高学习成绩。这应当成为家庭教育的重要一环。

学习是一种受众多因素影响的复杂的认识活动，孩子在学习过程中要形成适合自己特点的最佳学习方法并不是一件容易的事情，它不仅依赖于孩子自身的探索，也需要妈妈的参与。因为妈妈比任何人都了解孩子的兴趣与个性，更有可能参与到孩子的学习过程中来。

有一个男孩每天坚持集中4个小时的时间练琴。他的妈妈知道后，对他说："你不能这样练，马上停止。因为长大以后根本没有更多的时间来练琴，你应该养成习惯，一有空闲就练，即使几分钟也行。"他听从了妈妈的劝告，把练钢琴的时间分解到各个时间段。其他时间他用来写日记、培植标本、到草地上踢足球，而这一切，并没影响他的琴艺。

这个男孩后来成为著名的诗人、小说家和极其出色的钢琴家，他之所以在各个领域取得辉煌的成就，原因在于他能充分利用每天零散的时间从事自己的爱好，他即使只有5分钟的空闲也会利用起来，写几句诗，弹一首曲子。

男孩的成功正是由于他掌握了正确的学习方法。几分钟的时间并不长，但如果能利用它并能成为一种习惯，这些短短的时间就有可能成就一个人，因为取得再大的事业和成就所需要的数年和数十年的时间，都是由短短的几分钟累加起来的。当然这些应该是毫不拖延并加以充分利用的几分钟。

正确的学习方法对于孩子而言是受益终生的。那么，妈妈应该这样辅导孩子养成正确的学习方法：

☺ 给孩子创造一个良好的学习环境

如果希望孩子喜欢读书，那么，家中应该有书、杂志、报纸。

孩子在书香环境中成长，自然会喜欢接近书，喜欢看书。但是，这个环境还必须是简化一些，不能太嘈杂或是一下子提供太多的学习刺激，以免孩子无法专心地学习。

☺ 帮助孩子制订合理的学习计划

帮助孩子设定一个目标，并为他制订一个学习计划。目标要切实可行，既不能高不可攀，也不要毫无吸引力。学习计划要和孩子一起制订，得到孩子的认同才能更容易执行。督促孩子执行学习计划，每一天都不能放松。在计划的执行过程中，及时发现孩子的进步，给予表扬，使其体验成功的喜悦。在孩子遇到困难时，鼓励他去战胜困难，必要时给孩子适当的帮助。

☺ 妈妈要有正确的奖惩标准

当孩子考试失败时，有的妈妈对孩子大加指责埋怨，严加管教，会使孩子在失望的同时又产生对考试失败的恐惧，回避学习，不愿再做出努力，从而导致孩子进一步的失败。有的妈妈许诺孩子，如果考试得了多少分或得了第几名就给什么奖励，就给什么处罚。其实，这并不能促使孩子好好学习，因为他们不是在孩子学习好的时候给孩子以表扬，而这强化的不是学习而是孩子只想得高分数的想法。这种激励方法，可能会使孩子过于追求表面的分数，甚至会采取投机取巧、作弊、欺骗等手段。

☺ 让孩子养成良好的作息时间

妈妈对孩子作息时间的管理，有助于孩子形成良好的学习习惯。

有的妈妈在孩子深夜伏案用功的时候，常常感到十分欣慰，却忽视了长期晚睡晚起，会使孩子的学习效率下降。大脑生理学研究证实，高效的学习时间，小学生大约持续40分钟，初中生为45分钟，高中生为50分钟，长期“疲劳战”必然事倍功半，甚至损害大脑。

☺ 用正面的语言来教导孩子

如果妈妈希望孩子学习一种好的行为，那么最好使用正面的语言，明确地告诉他更合理的行为，例如，告诉他“我们应该……做”，而不是只批评他、责备他做得不对。然后再亲自示范正确的动作来教导他。如果孩子说会，那么就让他做给自己看，再指导他正确的方式。

☺ 让孩子具备多种思维方法

让孩子掌握多种思维方法，发展孩子的思维能力，是进行方法指导的一项重要内容。教给孩子思维方法除了让他学会将所学知识进行分类，比较、分析、综合、归纳等一些逻辑思维的基本方法外，还应重视求异思维、发散思维、辩证思维等思维方法的培养，使孩子的思维能够灵活运转。

☺ **教孩子学会自我检查和自我评价**

自我检查有助于孩子发现学习中遇到困难的成因。妈妈可以为孩子准备一本“纠错本”，帮助孩子认清薄弱环节，加强训练，提升学业水平。

让孩子养成阅读的习惯，较强的阅读能力是孩子提升学业能力的有益补充。阅读能力应从小开始训练，妈妈最初可精选书籍，并和孩子共同阅读，提高孩子的阅读兴趣，逐渐发展为孩子自己喜欢看书，最终养成阅读的好习惯。

不要给孩子过多规定和要求

让孩子成为什么样的人，这是每一位妈妈所面临的首要问题，也是家庭教育能否成功的根本问题。让孩子快乐地成为他自己，才是妈妈应该遵循的教育之道。

有的妈妈由于诸多原因在儿时没有实现自己的理想，现在便强加给了孩子，用自己的意愿来支配孩子，逼着孩子去做他没有兴趣的事情；有的妈妈总喜欢拿孩子与别人相比，总觉得自己的孩子不如别人，或者是别的孩子学什么，自己的孩子也一定要学什么，别的孩子有什么，自己的孩子也要有什么……如此种种。

有这样一个故事：

一株小番茄苗，有人告诉它说，只要它努力，它就能长得很高，而且可以结出像西瓜一样大而甜的果实来，并且还会极富营养。小番茄听了以后，就努力地吸收着地里的养分，努力地做着运动，使自己长高。到后来，它的果实依然是一个小小的番茄。可更糟糕的是，现在的小番茄苗不再认为自己是番茄苗了，它现在连一点儿自信心都没有了。

其实，小番茄苗只需要做好自己就好了，完全没有必要去效仿别人。妈妈在教育孩子的时候也是如此，不要把自己的意愿强加在孩子身上，而应该尊重孩子。

有一位母亲看到上初三的儿子因为谈恋爱而心神不定的时候，非常替孩子着急，于是在儿子出门后想方设法地撬开了儿子的抽屉，取出他的日记。

可是，当她翻开日记时，手却像被烫了一般。

原来儿子在日记本中夹了一张纸条："妈妈，我料定您会来看我的日记，我瞧不起您！我的烦恼是我自己的事情，您不必管我，我能挺过这一关！"

这位母亲后悔莫及，感慨自己低估了孩子的能力，不应该不尊重孩子。

妈妈虽然给了孩子生命，养育了孩子，但这并不意味着孩子是妈妈的附属品。孩子是一个独立的个体，他应该受到尊重，也只有受到尊重后，他才可能尊重自己，并可能学会尊重别人，进而成长为一个具有健康人格的人。

孩子不是属于妈妈的某种"东西"。当妈妈意识到孩子也是独立的个体，很多时候就会放弃扮演"过来人"的角色，让孩子自己选择。

怎样让孩子成为他自己，做出他自己的选择？可以参考以下几条建议：

☺ 了解孩子的心理发展水平

孩子有他独立的精神世界和心理特点，这也会影响到他能成为什么样的人。在家庭教育中，妈妈提出的要求、采取的措施、教育的内容等都是外因，这些外因要对孩子起作用，就必须通过孩子的内因，即孩子自己的基础、智力水平、动机、兴趣等。在家庭教育中，在对孩子施加影响、采取教育措施之前，妈妈必须对他的心理发展水平有具体详细的了解，然后才能确定培养目标，采取适当的教育方法及措施，引起孩子的内因发生变化。

☺ 充分考虑孩子的禀赋

孩子能够成为什么样的人，不是妈妈能够说了算的，也不是任何其他人能够说了算的，在很大的程度上，这是由他自身的禀赋决定的。禀赋就是天性，就是身心特点，就是潜在力量。不考虑孩子的禀赋，不按照孩子的身心规律办事，那只能是适得其反。

☺ **考虑孩子的年龄特征**

一个孩子，不论是聪明点儿、笨点儿的，其身心发展大致都要经过一个从无到有，从低级到高级不断进步的几个阶段，一般不会跳跃，处于同一年龄段的孩子，都具有这些共同的身心特点。在家庭教育中，妈妈教什么，怎样教，都要遵循孩子的上述身心发展规律，充分考虑到其年龄特征，不能拔苗助长。孩子身心发展的另一条规律是：同一年龄阶段的孩子之间也存在个别差异。妈妈在教育自己的孩子时，还要考虑自己孩子的特征，因材施教。

☺ **考虑自身家庭条件**

人与人之间是有区别的，家庭与家庭之间也是有区别的。一些妈妈爱和别的家庭比较，总觉得人家能做到的事情，自己的家庭也应该做到；人家拥有的东西，自己的家庭也应该拥有。这样比下去，就很难有属于自己的空间，很难让孩子成为他自己。

☺ **给孩子做出不同选择的机会**

在日常生活中，培养孩子掌握选择、判断和取舍的能力尤为重要。如果妈妈能多给孩子选择的机会，孩子会感受到他们被尊重、被信任，从而带给他们自信和成就感，使他们感觉到自己能把握生活。

决定学习成绩的主要因素——注意力

因为学习活动是一种需要自己意志努力记住的活动。因此，注意力对学习成绩的提高有着特别重要的作用。中学生应学会自我控制，训练自己专注思考、精力集中，学习成绩就会和明显提高。从实践中看，注意力对中学学习有以下作用：

☺ 注意力决定学习效率和学习效果

学习优秀的同学，往往是注意力高度集中的同学。注意力在中学学习中，往往决定我们的学习效率和学习效果。

所谓注意，意味着人们主观意识中一种觉醒的状态。一般情况下，中学学习的环境是无法同外界隔绝的，虽然与大众生活环境相比所受影响的因素少了很多，但仍不可避免地会出现许多干扰同学们集中精力学习、吸引注意力的大量信息和事物。同时，周围的现实世界中充满了各种各样的信息刺激，处在青春成长时期的中学生很难不受其刺激，这样就容易在学习中造成精力分散、神志游离，无法保持注意力的高度集中。这种状态下的学习效率会很低，学习成绩也会受其影响。

而注意力集中的同学，却能在任何环境中保持意识的觉醒状态，这种状态会刺激他们对所学知识兴趣程度的增加，忽略其间一些无意义或与学习无关的信息刺激，把精力集中在学习上。这样的学生，学习效率就会很高，学习成绩必然很好。

☺ 注意力主导知识的掌握与成绩的提高

通常，处在清醒状态中的人，对需要关注的信息会主动地感知，注意的心理特征就是有方向性地选择信息，合乎注意方向的信息与事物会容易引起注意力集中，这对中学学习中牢固地掌握知识，运用所学提升成绩是有极大益处的。

一般来讲，只有兴趣度超过我们正在知觉的信息时，才有可能使自己放弃原先关注的信息转而关注新出现的信息。很多同学老感觉到自己上课时走神，学习中思想“跑题”、“开小差”，虽然这对学习知识提高成绩有影响，但其实这也很正常的，我们不可能长久地只对一种信息注意集中，现实生活各种因素的影响，青春心理、生理的变化与躁动，都会让大家时时感觉到心不在焉、想入非非。只有平时自觉重视自我控制的训练，有意识培养自己的注意力，才会集中心思减少学习的干扰，这对巩固自己所学知识大有帮助。而且照此坚持下去，同学们会发现自己的学习成绩不知不觉的在提高。

不管怎样，对学习的注意集中，会增强中学生学习的兴趣，会巩固所学的知识，会显著提高学习效率和增强学习效果。因此，平时自觉培养自己的注意力，会对中学生学习与未来的发展，都能起到很大的促进作用。

培养孩子的注意力

我国古代楚国有位著名的棋手收下了两个徒弟，其中一个专心听讲，技艺长进很快；而另一个却一心认为“鸿鹄将至，思缓弓缴射之”，三心二意，结果无所长进。它生动地告诉人们注意力在人的智力活动中的重要作用。

所谓“注意力”，也就是人们通常所说的“专心”。日常生活中人们所表现的“全神贯注”、“聚精会神”，就是注意力的表现形态。心理学家是这样给“注意力”下定义的：注意力是指人的感知、记忆、思维、想象等心理活动指向和集中某一事物的能力。

注意力是智力的重要部分，这是无可非议的。同时，注意力还是观察力、记忆力、想象力、思维力等其他智力因素的必要条件和先导，如果没有注意力，人就听不到、看不见、无法回忆，难以思考。有了良好的注意力，就好比是打开了心灵的天窗。要塑造聪明的孩子，必须开启孩子的心灵之窗。

考察各种类型的神童，其稳定而集中的注意力，可以说是一个普遍的特征。据说居里夫人幼年时注意力就令人吃惊，在她阅读书籍之际，就是别的孩子跟她开玩笑，故意发出各种使人不堪忍受的声音，也丝毫不能把她的心思从书本上引开。

曾被《少年报》、《中国青年报》、《解放日报》以及香港报纸报道而引起国内外人士注目的小女孩冯遐，阅读时一贯聚精会神，常常能保持这种状态达几个小时，其中仅有10分钟休息时间，她却始终保持了高度而稳定的注意力。

稳定而集中的注意能力毫无疑问是神童的智力特征之一。当然，反应敏捷、口齿伶俐、想象丰富、观察细致、记忆过人等也是十分重要的。但可以肯定，没有良好的注意力的孩子是不可能成为神童的。

要培养良好的注意能力，必须了解儿童注意的特征。

儿童的注意发生在新生儿期。有资料表明，明亮的物体、发响的玩具、巨大的响声均能引起尚未满月的婴儿的无条件定向反射，这种原始的定向反射活动，可以说是孩子最初的注意。此后，孩子的注意越来越明显，注意的对象开始是亲近的人的脸庞和声音，然后扩大到奶瓶、牛奶、小勺、小碗等这些和满足机体需要直接有关的事物。但1岁以内的孩子，注意都是极不稳定且都是无意注意，即事先并没有预定目标，也不需要意志努力，自然而然地产生的注意。有资料表明，周岁以内的孩子对所看到的事物能注意的时间不超过2分钟。

也许你曾有过这样的经验：当你对着1岁多的孩子问“猫呢？”孩子就会朝着小猫经常活动的地方去寻找；当你问“妈妈呢？”他就会转向妈妈所在的地方。这是因为1岁的孩子，开始学会按成人的语言要求注意周围的人或物，这标志着孩子有意注意已经开始萌芽，也就是开始学习按照一定的目的去注意事物了。

3岁以后，注意范围扩大，注意能力逐渐提高，但如果你留心观察，你一定会发现类似的现象：也许孩子正聚精会神地听你讲故事，突然一只小猫从旁边跑过，这时小孩的注意力往往会立即转移到小猫身上，眼睛跟着小猫转。此时，你大可不必为此生气，因为5～7岁的孩子已开始能比较自觉地注意某些事物，但是还很不稳定不能较长时间地把注意力保持在某一事物上，稍受干扰，注意力就会分散，无意注意仍占据主导地位。婴幼儿的注意以无意注意为主，有意注意处于逐渐形成阶段，注意的稳定性差，范围较小。

而在我国众多的神童中，他们有的2岁玩积木时就能连续几小时不分心；有的虽年仅3岁，却能在周围有食品和玩具的引诱下“无动于衷”，在长达30分钟时间内一气读完一张毫无内在联系的汉字表；还有的5岁半入学学习，听课专心致志，即使旁边有吸引人的电视节目，也难以使他分心。

神童除了注意稳定时间长，集中程度高以外，还有的注意转移能力十分强。能够根据需要主动地把注意从一个对象转移到另一个对象上。有位3岁的小男孩，一听到爸爸说“开始学习了！”无论玩得多开心，也能马上坐下来专心看书绘画。这对于天性贪玩的儿童来是，其注意力是惊人的！

看到这里，你也许会“望神兴叹”！其实，神童身上表现出来的“入痴入迷”，既不是天生的也不是上帝赐予的。如果进一步了解一下神童的家庭，就会发现神童“神乎其神”的成功道路上，也洒满了其妈妈潜心培养、训练的汗水和心血。

在培养孩子注意力时，你要从以下五个方面着手：

☺ 创设吸引孩子注意的环境

心理实验告诉人们，强烈的、新奇的与变化的物体最能吸引孩子的注意，如能自动跳绳的娃娃、会打鼓的大熊猫、自动下蛋的花母鸡、转动的音乐鸟笼、色彩鲜艳的形态逼真的吹气阿童木……类似的玩具你可以多为孩子准备一些。这对训练孩子，尤其是0～3岁孩子的注意集中能力是大有益处的。

据神童小津津的爸爸介绍，在小津津刚出生几个月后，爸爸就在小津津的床上方交换着挂上一些五颜六色的彩色气球。妈妈也常常用一些图案鲜艳的小手帕叠成不同的形状挂在小津津的床上方。这些方式都收到了良好的效果。

☺ 培养孩子广博而持久的兴趣

幼儿的注意力在一定程度上受到直接的兴趣和情绪状态所制约。或许你的孩子在计算2+1=？时，那副心不在焉的神态让你伤透了脑筋。

然而，他在玩“小猫钓鱼”的游戏时，却是那样专心致志、入痴入迷。

通过日常生活活动，不断丰富孩子的知识和经验，丰富生活内容，可以使观察的兴趣更加广泛，这对孩子注意的发展是极为有利的。

☺ 帮助孩子明确和理解活动的目的

一个平时在绘画活动中总是心不在焉的孩子，如果换一种情形，他的表现就不同了：家长说，今天是某某的生日，你给他画幅画，作为生日礼物送给他好吗？结果，你一定发现孩子不仅画得特别认真、专心，而且也画得很好。这是因为他有了明确的活动目的，非常希望把画画好，故能自觉地、专心地完成这一作业。

在日常生活中，家长可以经常向孩子提出明确具体的活动目的，比如“家了多了什么东西”、“妈妈的衣服哪里变了”，等等，有目的地引导幼儿注意周围的变化。长期训练，孩子将学会有意注意并逐步养成有意注意的习惯。

☺ **在游戏中训练孩子的注意力**

有人通过实验证明，孩子在游戏中扮演哨兵时，就比在单调的实验室条件下维持注意的时间长。因为游戏是幼儿最喜欢的活动形式；同时，幼儿的每一个游戏都有着一个必须完成的具体明确的任务，这就需要孩子保持一定的有意注意。

传统游戏中，“什么东西不见了”是一种简单易行、效果良好的培养孩子注意力的游戏。你可以当着孩子的面，在桌子上摆出几样物品（要求孩子注意看、认真记，并说出物品的名称），然后，让孩子转过身去，在孩子不察觉的情况下拿走其中的某样或几样物品。当孩子转过身来时问他：“什么东西不见了？”如果孩子回答对了，应及时给予表扬和鼓励；如果孩子答错了，应提醒他注意用心观察和牢记。这种训练方法较为灵活，使用的物品不论是吃的、穿的、用的、玩的均可。另外，类似的一些方法，如“找错”、“配对”等均不失为简单、灵活、实用的训练方法，你可以根据具体情况选择运用。

☺ **为注意力寻找一个支点——培养自制力**

有意注意往往需要一定的意志努力。神童良好的注意能力确切地说应该是稳定而集中的注意力和意志力的结合，两者缺一不可。

可以这样说，没有良好的意志品质也就难以养成超常的注意力，不会自制也就不会有意注意。

家长应该有计划地在孩子日常生活中，不断向孩子提出各种要求，鼓励他们把每一件事做完，不半途而废，以培养他们善于控制自己行为的能力。

怎样纠正孩子注意力不集中的毛病

据调查，“孩子注意力不集中”，是使许多妈妈头痛的问题，要矫正这个毛病，可从孩子的健康情况、个性及家庭环境人手。

研究显示，孩子分心的程度与年龄成反比：3岁的儿童，平均注意力集中的时间长度为7分钟；4岁为12分钟，5岁为14分钟。孩子年龄越大越会逐渐懂得将注意力放在重要的事情上，而日渐增加专注的时间。因此，判断孩子是否专心，应依据其年龄的专心时间长度，而非依据家长的主观感觉。

孩子不专心，通常表现为两种情况：其一是注意力飘浮不定，专注的目标会经常转移；其二是心不在焉，常沉浸于白日梦而忘记眼前的事情。后者其实不是注意力不集中，只是将注意目标放错地方。

只要家长用心纠正，使他们将心事转移到主要事情上去，往往会有惊人的表现和成就。注意力不集中的原因甚多，在生理方面，孩子若身体不适，精力或知觉发展不良，天生好动，以及神经系统或大脑微功能发生问题时，都会出现注意力不集中的现象，这些情况都必须由医生检查和治疗。

此外，心理上的安全感和自信心不足，过分依赖、缺乏耐心或情绪困扰，也是注意力不集中的原因。这些情况大多数是教育方式和成长的环境所造成的。除了解决生理上的问题外，家长应该认识到，专心其实是一种可以训练、学习和培养的行为习惯。因此在埋怨孩子不专心的同时，也要反省自己有无不对之处。

例如，孩子玩游戏时全身投入，正是在培养聚精会神的习惯，此时家长切不可任意打扰、干涉和打断。平时家长可以将游戏时间与日常生活配合恰当，并指定一个固定的玩游戏的角落，将环境安排得有条不紊，以减少孩子分心的外界事物；也不能要求孩子做不感兴趣或超过能力所及的事，以免他们借着不断变换活动来逃避大人的责备。

此外，家中的气氛必须稳定，避免经常搬家及家中太多的人出入。切忌同时买太多的玩具及图书给孩子，使他们左顾右盼，不知所措，而无从培养仔细、有耐心、反复和专注一件物件的习惯。

家长应该以身作则，表现出专心、坚持和耐心的榜样。一旦发现孩子有专心的表现，更应加以鼓励和称赞。

对于年龄小的幼儿，可从说一则故事开始，不断地增加数量来加以训练；至于年龄较大的孩子，则鼓励他们做有兴趣和可胜任的工作，并且做完一件以后再开始做另外一件，投入的时间逐渐增加。除了要他们自己提醒自己不分心以外，家长也要表现和善的态度。只要采取这些方法，孩子注意力不集中的毛病是可以改掉的。

孩子学习注意力不集中，的确让家长伤脑筋。要是孩子天生愚笨，根本就不是读书的料，家长们也许心里还比较坦然。可孩子明明挺聪明的，许多高难度的习题都能做出来，可就是不能集中心思在学习上。因此，大多数家长甚至感到很绝望，颇有些“恨铁不成钢”的意味。

我们经常听见一些家长这样抱怨孩子写作业时心不在焉的情形——

“我那孩子平时性子挺急的，可一到写作业的时候就拖沓得不行。他坐在那儿一动不动的，好半天才写一个字。明明半小时或一小时能写完的作业，他经常要熬到深夜。他自己受累不说，我和他爸还得陪着他受罪……”

“我家孩子一写作业就犯糊涂，要是让她抄写50遍生字，再怎么纠正她都会出40遍错误。哪有这么粗心的女孩子？唉……”

“要说起来我儿子学校留的家庭作业真不多，可他几乎没有一个晚上不写三四个小时。他不是不会做，反正就是快不起来，好像一点也不着急。你要是不在他身边盯着，他肯定写到天亮都完不成……”

"她写几个字就开始抠橡皮擦、咬笔头、抓耳挠腮的，看着就让人生气！"

"老师经常说他在课堂上注意力不集中，净开小差……"

那么怎样才能纠正孩子学习时注意力分散的坏习惯呢？请参考如下建议：

☺ 家长陪孩子读书不可提倡

事实上，正如一位权威人士所说："有的孩子学习拖拉是因为没有养成良好的学习习惯，更多的则是由于妈妈过分关注他们做作业，甚至包办代笔。"大多数儿童教育专家都不赞成家长陪孩子读书，因为家长总会情不自禁地敦促孩子不要这样做，而要那样做。这些时断时续的语言刺激，更易于分散孩子的注意力。同时，也会让孩子对家长产生强烈的依赖性。

☺ 及时发现孩子注意力不集中的症候

比如，有的孩子注意力不集中是因为患有"多动症"，这需要去看心理医生。注意力不集中有如下症候：经常无缘无故就烦躁不安，好像对什么都不太感兴趣；对任何一种东西都无法保持较长时间的专注；在课堂上，眼神游移，自己都不知道自己在想些什么。

☺ 给孩子一个明确的完成作业的期限

比如可以这样对孩子说：你可以不用心，但你必须在八点钟之前完成作业，否则，周末就不能做什么等。培养孩子的时间紧迫感，慢慢地让孩子形成学习规律。有了明确的任务，孩子学习时就有了动力，才能保持紧张状态。当然，要求孩子学习时，时间不能太长，也不能要求孩子长时间做同一件事。这些都是导致孩子注意力不集中的因素。

☺ 给孩子适当的奖励

比如，当孩子按时完成了作业，家长不仅要从言语上加以表扬，而且可以辅助一些别的奖励。同时，还可以为孩子设定一个假想的竞争对手，提醒他"谁每天晚上只需花一个小时就能完成作业，还有时间看动画片什么的"。

☺ 为孩子营造一种良好的学习环境

许多孩子注意力不集中，主要与家庭环境有关。有的家长白天上班很累，晚上就喜欢看电视，而且声音很大；还有的家长喜欢把邻居、同事约在家里打麻将，这些必然会影响孩子的注意力。当孩子学习时，家长一定要保持安静，不要让孩子注意到家长在做什么。如果家长一直保持着良好的读书、学习的习惯，孩子就能耳濡目染。此外，要注意排除干扰孩子学习的因素。许多孩子习惯边听音乐边写作业，这是一种不好的习惯，是分散注意力的诱因。

☺ **适时解除孩子内心的忧虑**

当孩子心理压力比较重的时候，孩子的注意力就无法集中。许多孩子害怕考试，尤其是害怕一些被家长们告诫为“将决定一生命运”的考试。为此，孩子们经常心猿意马，甚至胡思乱想。背负着沉重的心理负担，孩子们自然就无法专心学习。因此，但凡优秀的家长，都是孩子称职的心理安慰师。

☺ **主要培养孩子的责任感**

家长应该让孩子明白，学习是孩子自己的事，用心学习，是对自己的将来负责。通过刻苦学习，掌握了各种技能，是将来在社会上立足的资本。一个对自己都不负责的孩子，将来是不可能关心、爱护他人，更不用说能做出一番大事业来。

☺ **发掘孩子的学习兴趣**

如果一个学生对某门功课毫无兴趣，那就很难要求他集中注意力。假如孩子对所学习的内容兴致勃勃，根本不用谁督促就能全神贯注。兴趣是最好的老师，是获取成功的重要条件。

在玩乐中激发孩子的求知欲

兴趣是孩子学习知识的最大动力，一个孩子如果对某一门功课感兴趣，毫无疑问，他一定会学得主动、学得轻松、学得愉快。而要使孩子对某一门课产生兴趣，妈妈则应充分调动孩子积极性，培养孩子的求知欲，使孩子从“要我学”的状态转变为“我要学”。有时，在辅导孩子的学习时，合理地设计一个小小的游戏，在“玩”中就能激发起孩子强烈的求知欲望。

例如：孩子在学习数学中“轴对称图形”这一内容时，因这一内容概念较抽象，同时由于受孩子自身空间观念水平的限制。孩子学起来时在理解上可能有一定困难，因此妈妈可以设这样一个游戏；3分钟内用剪纸形式完成一幅作品，作品表现的内容必须是我们身边常见的物品，比如一片树叶、一只蝴蝶，等等。然后妈妈可以拿出自己的作品：第一幅是一蜻蜓，不过这只蜻蜓比较奇怪，翅膀一边大、一边瘦小；第二幅是一条裤子，但一条裤腿长、一条裤腿短；第三幅则是一片树叶，但一边特别肥大、一边特别瘦小。这三幅作品一展示在孩子面前肯定会使孩子开怀大笑。笑的原因是不言而喻的。这时妈妈可以乘胜追击，连续提出问题，进一步引发孩子的数学思考：显示生活中这三样物品应该是什么样的？你的作品中的物品是否有这个特点？用剪纸来表现这些物品时我们可以采用怎样巧妙的方法，剪得又快又好？孩子的求知欲得到了极大的调动。家庭气氛非常活跃，孩子的学习效果自然不错。更为重要的是，孩子学得主动、学得轻松、学得愉快。同时还明白了一个道理，生活中处处有数学，“玩”中也能学数学。

其实，学习任何一门功课，孩子是否有求知欲望，这种欲望是否强烈，是学习这门功课的原动力，也是能否学好的基础。切忌在孩子毫无思想准备的情况下，妈妈武断地下达学习任务，这会使孩子在没有接触这项学习任务之前，就有一种本能的抵制与反抗情绪。这样做的后果，必然是事与愿违，很难取得良好的效果。

日本教育家铃木主张，若妈妈希望孩子将来能拉一手漂亮的小提琴，应当在孩子很小时，就有意识地让他反复听著名的交响乐、各种唱片，经常带他去看别人拉小提琴。使孩子渐渐地对音乐产生兴趣，有了自己也想试试小提琴的愿望。这时才给他小提琴，并提供必要的指导与帮助，加上孩子如饥似渴的练习，必能取得很快的进步。

先培养孩子某方面的兴趣，再让他接触这方面的学习，的确是很好的经验。所以在每年的暑假期间，妈妈都应该了解一下，下学期孩子将要开哪些新课，如要开地理课，有空时就先带他一起看看地图，让他找北京在哪里、上海在哪里，旨在让他事先有所接触，引起好奇，培养兴趣。又比如，下学期要开物理、化学课了，你可以事先找机会在轻松自然的环境下，有意识地给孩子提一些有关问题，如天为什么会下雨？天热了温度计上的水银为什么会上升等问题，与他一起讨论，以引起孩子的兴趣。这时，孩子往往又会针对日常遇到的现象，提出许多“为什么”。这时就可以告诉他，妈妈也不见得都知道答案。这样，在尚未开课前，孩子心目中就有了向往与渴求，开学后，对这门课会就兴致勃勃地听讲、提问、找答案。这样又会进一步提高孩子学习的积极性。一旦对学习真正产生了兴趣，他不仅会主动去学，而且会越学越想学，越学越容易学，这就进入了良性循环之中，你也就不用天天为孩子不会做作业发愁了。

反之，如果家长引导无方，一旦造成孩子对某门功课的畏惧心理，或产生了厌烦情绪，大脑会产生一种排斥倾向，便很难学好了。在美国，为了提高数学水平，经过专门研究后提出了一项计划。该计划决定，在幼儿园和小学一年级中，开设“熊猫咖啡厅”，让孩子轮流担任顾客和职员，向班里同学卖入场券。这样让他们在游戏般的实践中，接触不同的运算，计算价格以及正确地找零钱等。还让学生按食谱学习烹调，这也需要计量，甚至要算比例，同时对形状、大小、颜色、轻重等产生感性认识。用这样的方式使孩子们在学会了计算方法的同时，对数学引起了浓厚的兴趣。实验结果，孩子们对学习数学的兴趣显著提高，数学成绩普遍有所提高。

在玩乐中开拓孩子的知识面

时代召唤年轻的妈妈要全面强化孩子的素质教育，这是社会的召唤，也是社会发展和进步的召唤。对比，家长应从观念更新入手，在“玩”中开拓孩子的知识面，让孩子积累经验，增长知识。

我们应该在早期教育中抓住关键期，为孩子提供一个丰富多彩的环境，给予孩子符合大脑发育特点的各种刺激及教育的机会，让孩子的各种能力（包括视觉、听觉、触觉、味觉、嗅觉等的感觉），以及语言都在相应的阶段得到及时的发展。

我们还要让孩子去听音乐会、去欣赏画展、去看歌舞、去看体育技能比赛、去看动植物，到大自然中去观察千姿百态的各种现象，通过他们的感知觉器官将听到的、见到的、感知觉到的大量信息抢先注入到大脑里，使得大脑成为储存信息的大仓库，汇聚知识河流的大海洋。

学龄前的孩子有一个欢乐的童年，让孩子在“玩”的过程中，去积极观察世界、去体验生活，促进想象力的发展、促进思维力的发展，启发和诱导孩子的创新思维。爸爸妈妈们，必须采取积极的措施，实施生动活泼的引导方法，因势利导，循序渐进，激发孩子学习的兴趣，在人为的良好的情绪下，在“玩”中教、在“玩”中学，让孩子在“玩”中不知不觉地学到知识。

那些倡导“神童化”的教育，认为3～4岁的孩子可以认识几千个字，能捧着《水浒传》、《三国演义》读通。这样的孩子毕竟是极少数。他们读书的时候，既不明白书中的内容，也不全明白每个字的意义。他们被大人剥夺了欢乐的童年，大部分的时间被强制去死记硬背，培养成为机械的读书工具。这样的孩子可能短时间在某个方面似乎超常。但是由于他们没有学习的兴趣，缺乏进一步努力的欲望，随着时间的推移，由于缺乏生活能力和基本的生活经验，他们会逐渐落后于同龄人。这种强烈的反差，又使之产生心理障碍，导致庸庸碌碌，没有作为，影响了他的一生。这样的例子比比皆是。

玩是孩子的天性，无论是幼年时代，还是小学时代，在孩子的生活里，都离不开“玩”字。一个好家长就是善于使孩子把“玩”融于学习、观察和记忆之中。然而，在现实生活中，孩子的玩在家长苛刻的要求中悄然隐退，随之而来的是众多的一课一练、导学、导考，等等，一种分数第一、名次靠前的观念逐渐占了上风。于是，孩子玩的权利被剥夺了，接触社会的机会减少了，书本上呆板的知识增多了，整体的素质下降了。所以，面对日新月异的发展，我们应当从观念更新入手，在“玩”中开拓孩子的知识面也未尝不可。

☺ **“玩”能增长知识**

在孩子上一二年级时，数学的基本练习是口算，这往往使孩子感到厌倦，但家长还是逼着孩子苦练。这时效果不会太令人满意。如果换一种方式，如与孩子“玩”数棋，你一步，我一步，走一步，算一步，融算于玩，孩子就会走得津津有味。在玩中，孩子的口算能力会不断得到提高。

☺ **“玩”能激活灵感**

放假是玩的好时机。这时，有条件的家长应带孩子去一些历史名城、名山大川畅游一番。如到北京游览长城、故宫、圆明园等，既可以使孩子了解中华民族的辉煌历史，又可以让孩子懂得自强才不受人欺侮的道理。如果再给孩子布置一两篇作文，这些都能激发他创作的灵感。

☺ **“玩”还能为孩子积累丰富的社会经验**

学生时代由于受环境限制，与社会接触不多，难以拥有较多的社会经验，而“玩”有助于积累社会经验。到街上“玩”，能领略社会的文明新风；到店里“玩”，能欣赏琳琅满目的商品；到风景区“玩”，能体验到大自然的美妙……

玩的花样可真多，玩的学问也很多，在对孩子走向新时代的培养和教育中，

“玩”可谓是喜闻乐见，孩子容易接受，千万别把孩子捆在书桌旁，扼杀了孩子的天性。

心情快乐能让孩子学得更好

如何好好学习，提高自己的学习成绩，是每位学生、家长都十分关心的问题。有人认为，聪明的人肯定学习好；也有的人认为，刻苦的人学习就会好。这些话虽然有道理，但又并不全是这样。实际上，学习不好与学习目标、动机、情绪、适应生活能力、记忆方法、注意力不集中等有关，与自主学习不强、考试焦虑、学习困难、习惯性思维以及厌学等不良学习习惯也有关。

有相当一部分学生在学习上存在不同程度的困难，而这些困难大多表现在心理上，主要是以下几个方面：

☺ **思维质量不高**

有些学生在学习过程中懒于动脑，很少或者根本没有预习复习的习惯，上课时老师讲什么便学什么，被动接受老师提供的现成答案，不能积极、主动地思考，更缺乏创新意识和精神，学习停留在机械记忆的低水平状态。学习行为更差的，甚至对老师的讲课内容毫不关心，只以完成当日的作业为目的，或者干脆抄袭别人的作业，错了也不纠正，每次考试后也不做及时总结。

☺ **注意力差**

注意力是贯穿整个心理过程的一种心理品质。调查发现，许多学习困难的学生表现出注意力不能持久的特性。上课时，他们的注意力容易涣散，处于一种失神状态，时常是书也不翻，笔也不动，或者趴在座位上睡觉；或者在桌面上及书上胡乱涂鸦；或者做与本堂课无关的作业，一心多用。在家里复习、做作业时也是如此。

☺ 学习缺乏情绪

这是学习中的情感因素。有一部分学生的性情相当冷漠、麻木，生活中如此，学习过程中也如此。在学习活动中，适当的激情、良好的心境、饱满的热情是学习的重要心理品质；而情绪则是推动学习的强大动力，是一个人取得学业成就大小的先决条件。人是自己情感的主人，在学习过程中，学生应保持和激发积极的情绪状态，满腔热情地投入到学习中去。然而总有些学生表现得不求上进、学习懒散，没有一点学习劲头和良好的学习状态，学习自然就不会好。

☺ 自我评价失当

有一部分同学自我评价过高，认为自己聪明，盲目自负，甚至不把老师看在眼里，把老师的激励性的评价当做自负的一个条件，这在一部分男生中表现比较突出；另一部分同学则自我评价过低，认为自己笨，什么都不如别人，或者是由初中升人高中后不适应；一次考试的不理想；一次课堂提问没有回答上来；或者回答错了，都会产生严重的自卑心理。这种情况在一部分女学生中表现比较突出，她们最容易过分焦虑，尤其学期大考前，会出现这样那样的身体不适，这些都是过分焦虑的表现。无论自我评价过高或是过低，都是自我认知的一种错误，会对学习产生消极影响。

☺ 学科兴趣降低，缺乏抑制力

兴趣是人们积极认识某种事物或关心某种活动的心理倾向。一个对某一学科产生强烈而稳定兴趣的学生，就会把这门学科作为自己的主攻目标，就会产生强大的学习动力，从而大大提高学习效率。但是相当一部分学生没有感受到学习的快乐，对学科学习的兴趣不大。现在的初、高中生信息来源很广泛，外界的诱惑非常大，因此学科学习远远不能满足他们的心理需要，兴趣便转移到课外，如足球、电子游戏、卡通书、动画片等。又由于他们缺乏抑制力，致使学科学习的兴趣降低，学习动力不足，导致学科成绩下降。

那么，造成以上种种心理状况的原因是什么呢?

首先，学生学习困难很大程度上的原因在于家长。从以上的调查分析来看，真正影响学生学习的智力因素是不多的，而像动机、兴趣、情操、意志、性格等非智力因素对学生的学习起着决定性的影响，而家长只是关心成绩，忽视的恰恰就是孩子非智力因素的培养。

一项关于中小学生家庭美德水平现状的调查显示：逾六成中小学生每天与妈妈倾谈不足十分钟，即使在有限的时间内妈妈和中小学生交谈的内容也有一半以上是与学业有关的。近几年从中央到地方都提出为学生“减负”，而家长却在不断给孩子“加负”。买大量的复习资料，让孩子做大量的习题；给孩子请家教，使孩子的寒暑假及节假日比平时还忙，这无疑加重了孩子的课业负担。

同时，个别家长的不良个性，也会直接造成孩子的学习困难。例如妈妈因离异而情绪暴躁，与别人关系不和谐；好唠叨、焦虑、易怒、刻板、偏执、多疑、情绪不稳、粗暴等都影响了孩子的学习。

有的家长整天沉迷于打麻将，对子女的学习不管不问；有的家长则对孩子过分溺爱，什么都大包大揽，结果导致孩子的自理能力越来越差，缺乏克服困难迎难而上的决心和毅力，所有这些都会对孩子的学习造成不良的后果。

其次，学生学习困难的原因在于学习的动力不足。学习终究是学生的个体行为，学习的动力在于其内驱力起作用，学习的内驱语言能力来自于学生对于学科学习发自内心的需要。现在的学生多为独生子女，自我意识非常强，“一切以自我为中心”成为现代独生子女的通病，因此缺乏学习的社会责任感，缺乏积极的学习动机。主要表现在：学习目标不明确，既无远期目标，又无近期目标；学习无计划，没有合理的时间安排：没有主动学习的习惯、争先的意识和勤奋的劲头。因此学习上得过且过，学习效率低下，相当一部分同学没有“以学为乐”的感受。

再次，意志薄弱也是学习困难的原因之一。由于独生子女所处环境比较优越，从小缺乏艰苦的锻炼，因此表现出严重的意志薄弱。一是怕苦；二是怕累；三是心理脆弱，抗挫能力差，遇到挫折便一蹶不振；四是学习有惰性，只依靠老师或别人帮助解决困难，而不去想办法自己解决问题和困难。一些学生离不开家教，即属于这种情况。

社会上的招聘对于高学历的要求，使家长和老师必然把他们的目标定位在考大学上。在教育体制没有得到彻底改变的情况下，让老师和家长，包括学校没办法不实行应试教育，而这样强化的结果等于是反强化，愈加造成这些学生心理上的各种各样的问题，造成他们的学习困难。这也许就是当前教育的两难境地。

第七章

品格教育，让孩子形成受用一生的好品格

取掉性格中的那块“完美”短板

有时，失也是得，得即是失。当我们有所失落的时候，生活才更加完整。从这个故事我们也可以体会到，许多苦恼的根源在于我们过于追求完美的性格，子女教育的失败也源于此。

现在的独生子女越来越多，独生子女教育意味着100%的成功或失败。

这就使得许多家长心态改变很大，不能再以平常心养育子女。他们不能接受孩子失败，特别是孩子的母亲，由于受到攀比心理的影响，希望自己的什么都是最好的，都是完美的。她接受不了孩子的任何失败和闪失。

其实，孩子在成长过程中遇到失败并不是一件坏事情，要多想想失败所带来的好处。以生产汽车、摩托车而闻名于世的本田公司的创办人本田宗一郎上小学时，在班里是“后进生”。无论让他做什么，总是失败，学习成绩也不理想。然而，对这段经历，本田先生本人是这样认为的：“正是因为当时的失败，才培养了我能进行独立思考，具有灵活性和创造性的大脑。”他说：“从别人那里学到的东西与自己经过深思苦想得来的东西相比较，其价值和应用的广泛性是大不一样的。”

另外，具有“完美”性格的母亲在潜意识中深深地浸透着一种无法驱除的“望子成龙”情结，她对孩子有一种“超值期待”。从生下孩子的那天起，妈妈就希望孩子是个天才，当孩子想做某件事情时，过高期待良好结果的她便会在事前经常对孩子说“弄错了可不行”、“别弄错了”。事实上，这样做不但没有起到鼓励的作用，反而给孩子增加了心理压力，让他们也对自己产生过高的期望，就这样，无形当中母亲和孩子就一起陷入了完美的误区。日久天长，孩子也会染上完美主义的特质，会严重影响孩子的健康成长。

妈妈在教育孩子的过程中，一旦将其不健全的“完美”的性格特质传达给孩子，就意味着向孩子开启了一扇痛苦之门。带有完美主义特质的孩子，心里一定住着一位严厉的批评家，这个批评家时刻在提醒他们：“失败是你自己的责任！”这让孩子的心灵备受折磨，甚至产生焦虑，不少完美型、理智型的孩子最难受的不是考试前和考试中，而是考试后。他们考前小腿抽筋的原因是，担心自己万一考不好怎么办？而让他们最为痛苦的是考试后的复查。又犯错了！这次我不能原谅自己！

因为这种类型的孩子记忆力普遍高于其他类型的孩子，自己做过的每道题是什么答案可以记个大概。于是估分的时候一旦发现很简单的题被自己做错了就捶胸顿足地说：“怎么又少了一分！”“我真笨，这么简单的题也做错！”这种懊悔不迭的情绪一直要保持到考试成绩出来后很久才会散去。

受其家庭的影响养成完美特质的孩子，也极其容易把别人的错误拿过来折磨和惩罚自己。小颖正在备战钢琴九级的考试，妈妈的朋友是这方面的专家，于是妈妈就把女儿送去请人家指导。结果下午小颖闷闷不乐地回来了，问其原因，说：“老师不喜欢我。”

原来，那天接受指导的孩子很多，老师便让基础较好的小颖自己练习，偶尔给点意见。结果小颖看老师光顾着指导其他孩子，便认为是自己的水平不过关，把别人的错误引申为是自己不够好、不完美，从而陷入不必要的自我反省和自我否定中去。

“完美”的性格特质无端给孩子的成长增添了很多灰暗的色彩，给他们的成长经历增添了不必要的苦恼。所以为了孩子的健康成长，做妈妈的要时常回头看看自己的言行，检验一下自己是否把自己完美的追求，潜移默化地传给了孩子。妈妈一旦发现孩子有追求完美的倾向，要及时地给予疏导，避免孩子陷入完美的误区而不能自拔。

相信一个善于改善自己“完美”特质的妈妈，不会要求孩子每次都考100

分：相信一个不追求尽善尽美的母亲，不会要求自己的孩子每次都能在竞赛中获得第一名；相信以一颗平常心来看待孩子成长的妈妈，不会要求孩子成为样样都行的“怪才”。只有妈妈及时取掉性格中“完美”的短板，孩子才会在正常的教养下，快乐地成长。

正直的品格是孩子成就梦想的基石

正直具有强大的生命力。正直的美名与始终不渝地坚持真理、忠实于信仰是紧密相连的，它是建立人生大厦的坚实基础。

妈妈对孩子的品德教育影响是很深远的，会终极孩子的一生。妈妈在提升自己正直修养的同时，还要注意对孩子的正直品德的培养。

孩子的人生航程没有正直相伴，当船到江心的时候，很可能就会迷失方向，迷失自己。

厄斯金爵士坚持真理、一丝不苟，是值得每一个孩子铭刻在心的榜样。他说：“我青少年时代就坚持一条准则，做我的良心让我做的事情，上帝会有公论。我会一直坚持这条原则，直到走进坟墓。我严格地遵循它，从不抱怨那是一种牺牲。相反，我却从此找到了发财致富的道路。我还会把这条道路指引给我的孩子们。”

孩子成长的过程，是人格形式的关键时期，也是正直品性养成的时间。妈妈的教育在此过程中意义重大。

泰国前总理川·立派86岁的老母亲川梅，是一个摆食品摊的小贩。她在曼谷的一家市场内摆摊卖虾仁豆腐、豆饼、面饼。

她儿子川·立派当总理的第一天，就有人问她：“您儿子当总理了，您还用得着摆摊吗？您不觉得丢儿子的脸吗？”

她说：“儿子当总理，那是儿子的工作，那是儿子有出息，我摆摊，那是我的工作，两者并没有什么矛盾。我不觉得有什么丢人的，我很喜欢摆摊，在这儿，能见到很多老朋友。我最高兴的事，就是看到儿子下班回家后狼吞虎咽地吃我亲手做的豆腐。”

泰国媒体称赞说：“一个来自平民阶层的平凡母亲，教育出一名以其诚实、正直而受人尊敬的总理。”川梅在面对记者时谦逊地表示：“我其实没有做什么，我只不过在他小时候就教导他做人必须诚实、正直、勤劳和谦虚。我只是让他明白，一个人无论做什么，一定要知道自己生命的意义。”

正直品格的养成不是一朝一夕的事情，作为妈妈需要为孩子树立一个良好的榜样，以身作则，起到带头作用，在生活中坚持正直的言行。那些不诚实、没有绝对正直品德的妈妈是很危险的。她们平时也许是愿意站在正直的一方的，但是一旦关系到自己的利益，比如在金钱面前、在名誉面前、在升职面前……她就离开正直，就不说正直的话，不做正直的事了。

在正直面前选择了退缩，看似一件小事，可在孩子的眼中妈妈的人格就大大降低了，实在是得不偿失！因此在培养孩子的时候，妈妈要严格要求自己，做一个正直的妈妈，以便熏陶孩子也成为一个正直的人。

此外，妈妈在培养孩子养成正直的品性时，需要让孩子在日常生活中对事物做出鉴别，并决定自己的行为选择。我们的孩子在成长后也将面临无数和我们一样的问题，所以，若想真正使孩子理性地看待问题就绝不能仅仅停留在一些一相情愿的人生准则上，而应对社会现实保持敏锐的观察力，通过对事物的准确判断，做出正直的行为选择。

从小培养孩子的独立自主性

德国的教育思想中有一种“唤醒”理论，该理论的代表人物斯普朗格说：“教育的核心是人格心灵的唤醒。”他认为，教育的目的不是传授或接纳某种具体的知识、技能，而是要从人生命深处唤起他沉睡的自我意识，这也是人作为个体的创造力、生命感、价值感的觉醒。在教育的过程中，不仅要从外部解放成长者，而且要解放成长者的内部力量，这才是成功的教育。

这一理论在德国得到绝大多数人的认可，甚至对全世界教育学的发展都影响深远。在一次覆盖全球许多国家的关于“你最希望造就下一代什么样的品质”的调查中，素以尊师重教而闻名世界的德国人，把“注重学识”这一点排在最后。他们认为，在当今信息爆炸的时代，外在的知识量不断猛增，知识是传授不完的，最应该注重的是孩子自身的主体性，唤醒他们处于自然状态的灵魂，陶冶他们的精神，最终使学生的个性潜能全面发挥出来，这才是孩子应具备的重要品质。这样培养出来的人才不仅可以更充分地吸收学识，而且可以创造新的学识。

这一理论给我们的启示是：作为家长，要培养孩子的创造精神，要达到教育孩子的本质目的，首先应努力把孩子培养成一个具有自主性的人。一个没有主观的人，只能人云亦云，根本谈不上去创造什么。

培养自主性的前提是建立孩子的自我感，让他们在情感上先自立起来。心理学者们认为，缺乏自主性的人，通常是那些在情感上、情绪上高度依赖别人的人。因为他们没有自我感，自己不能为自己创造心理上的满足。所以，他们要获得情感上的满足，就必须按照妈妈或者其他权威者的价值观来思考和行动。他们的自我感实际上就是他人的价值取向的反映。我们的妈妈在教育孩子的时候，经常犯这样的错误：内心深处很希望子女能独立，但又由于怕失去孩子，而总希望他们生活在自己所设想所安排的环境里面。因而，在遇到一些选择性的问题时，虽然同意孩子进行自己的选择，但总是用各种办法诱导孩子进入自己希望的圆圈内。这种做法，自然伤害了孩子的情感，使他们不能自主，并渐渐丢失了自己选择的勇气，最终变得过分依赖成年人。我们经常可以听到有的孩子说："我选择了这个专业，主要是为了妈妈能高兴……"这种心理就是情感不独立的表现。

一个情感独立的人，自然会选择独立自主的行为。家长们也可以在日常生活中把自主的权利还给孩子。自主权利起码包括两个方面：

第一，把独立思考的权利还给孩子。要知道，思考的独立性会启动行为的自主。例如，当您和孩子讨论问题的时候，可以经常问孩子："你是怎么想的？""你觉得这件事情怎么解决比较好？""你的答案是什么？"同时，鼓励孩子说"我认为"、"我的想法是……"老师们在课堂上最好不给学生标准答案，而是让学生发表自己的见解。只有这样，孩子们才能在独立的思考中有所创造。如果把一切都标准化了，还谈何创造？

第二，把行动的权利还给孩子。有一位妈妈，当儿子参加了"从小学起"的智力竞赛后，她利用星期天带儿子到动物园去。母亲告诉儿子："我们今天的任务就是带你到动物园来，至于你要到什么地方，看什么动物，找什么人，解决什么问题，这是你的事。"男孩忽闪着眼睛，显然他碰到了从出生到现在的一个大难题。但是，孩子很快接受了这个现实，独自行动去了。为了弄清"长颈鹿是怎么睡觉的"，他满公园跑，问扫地的老奶奶，又找饲养员叔叔……最后终于获得了满意的答案。还有一位母亲，当孩子想参与合唱团的时候，她即坚决反对。这位女孩写道："回到家，妈妈还没有回来，我便策划着怎样才能说服妈妈让我参加合唱团。要知道，妈妈是一向不赞成我参加课外活动的。妈妈终于回来了，我赶紧凑上去，对妈妈说：'妈，我想参加合唱团，行吗？’‘什么？’妈妈故意大声说，‘合唱团？在班里才落个中等，还想上合唱团！’‘可是，我真的很想参加。’‘不成！’妈妈的口气更加坚决。我很生气，便大声说：‘为什么我不可以自己做主？这是我自己的事，我就要参加！’谁知妈妈也火了，她说：‘耶？从来都是妈妈管孩子，你怎么能顶撞我？’我也不示弱：‘我都12岁了，为什么不能自己做主？’妈妈说：‘你的学习成绩好吗？你要是像你的班长一样成绩好也行，问题是你并不是那么棒呀？收敛点吧！’我说：‘我会对自己的事情负责的，我努力学习就是了，不信你看我的行动……’‘不行就是不行！’妈妈一甩头走了。”

家长朋友是否在其中发现了自己的影子？

做孩子价值观的向导

每个男孩都有英雄情结，而能做英雄也是最让男孩感到高兴的事。

虽然男孩心中的英雄形象一直是存在的，但是男孩的英雄梦在现实中是很难实现的，这个完美的英雄梦只能通过动画片等媒介让男孩得以满足，所以男孩都喜欢看动画片中的英雄，而男孩个个都是名副其实的“动画大王”。

相信家有男孩的妈妈对男孩的英雄情结都有深刻的体会，他们总爱像电视中的英雄一样维护弱小，遇到什么“不平”事他们都爱掺一脚，当看到有高年级的同学欺负小朋友时，他们总想跳出来伸张正义。妈妈总对男孩的这种表现感到不安，认为他们这样做是不理智的，以后会无法在社会上立足。其实妈妈完全可以放下这种顾虑，因为男孩的英雄情结只是一种本能的反应，这个阶段的男孩都会幻想自己是个伸张正义的小英雄，当他们看到自认为不公平的事情时，总会想出手“搭救”。而且男孩十分崇拜他们所看到的英雄。

有一位父亲在给儿子挑衣服，可男孩却毫无兴致地跟在父亲后面走着，突然他停下脚步对父亲说："我就要这件。"父亲一看，那件衣服的质量并不很好，而且颜色也不适合男孩，于是他劝男孩说："再看看别的吧。"可是男孩却摆出一副非它不要的架势，父亲也只好给男孩买下了。回到家父亲才明白，男孩并不是看衣服有多好，而是因为衣服上面印着变形金刚的图案。男孩非常喜欢这件衣服，当他穿上这件衣服时，仿佛他就是代表正义的变形金刚，每次衣服刚晾干他就会迫不及待地穿在身上。

一些家有男孩的妈妈发现男孩对英雄人物十分着迷，他们有时会模仿英雄的动作和声音，还会缠着妈妈给他们买一些关于英雄的东西，这让妈妈们感到费解。其实每个男孩都希望自己变成一个大英雄，但是现实也让他们明白自己还处于弱小的状态，他们希望被承认，所以英雄情结成为他们永恒的梦想。对于男孩对动画片的痴迷，许多妈妈会担心男孩为此放弃学习和成长，其实妈妈大可不必这样想，这些积极的影片形象可以教会男孩什么是正义，什么是勇敢。

妈妈可以通过引导教育让男孩明白所谓的正义并不仅是动手打架，英雄也不是靠打架才被称为英雄的，一个懂得运用智慧帮助弱小的人才是真正的英雄，如果只懂得一味蛮干，则和坏人没什么区别；妈妈也要告诉家里的小男子汉，尽自己的力量去帮助别人是英雄的行为，帮助别人的时候先想想自己有没有帮忙的实力，不要帮倒忙；同时妈妈还要告诉男孩一些保护自己的方法。

而且妈妈可以通过男孩喜欢英雄的特点改正男孩身上的缺点。一旦男孩认定了某位英雄，他们便会以这个人为榜样，妈妈可以抓住男孩的这个特点，帮助男孩改正一些不良习惯。男孩身上可能有许多缺点，妈妈如果借助他们喜欢的英雄的口气去和男孩沟通，男孩往往很乐于接受教育，并按照妈妈的指示去做。下面的小男孩就是一个很好的例子。

飞飞是个很听话的男孩，但是他有一个喜欢赖床的坏习惯，每天早晨上学的时候，妈妈叫他起床他总是要赖上一会儿才不情愿地起来。后来妈妈发现飞飞很喜欢变形金刚，于是想到了一个改正飞飞习惯的好办法。一天早晨起床的时候，妈妈对飞飞大声喊道：“小变形金刚，快来救我，外星人来了……”飞飞马上从床上跳起来，跟妈妈一起打一件玩具。以后每次叫飞飞起床的时候，妈妈都会使用类似的方法，而且屡试不爽。

从小教孩子有一颗爱心

人与人相处应该是爱的相互存在，人们生活的主要活动就是与他人的相互交往。有爱心，就是要求人们善于理解他人的处境、他人的情感和需要，并随时准备去支持别人，从行动上去关心、帮助别人。

相传有一个男孩非常有爱心。他走到哪儿，好运就会带给那里的人们，大家都很喜欢他。

有一天，男孩上山砍柴，回来时看见一条河，便毫不犹疑地把柴横放在河中心，这样人们过河就容易多了。男孩打算去集市买些东西，走着走着，遇见蚂蚁，他赶紧让路；看见了从树上掉下来的小麻雀，便拾起来放回鸟巢里；到了集市，看见了就要被杀的鲤鱼，便狠下心来用钱买下了这条鲤鱼，并放生了。

后来，有一天，男孩不小心把米撒在地上，蚂蚁就过来把米一粒粒地抬进米缸里；去集市时，风把他的帽子吹到了树上，麻雀飞过来把帽子弄了下来；在一次观海时，他有一样最珍贵的东西掉入了河里，鲤鱼到河里寻找了一下，把那个最珍贵的东西送上了海滩。

有爱心的人常常会得到大家的喜爱和尊重，当自己需要帮助的时候一样会得到大家的帮助。培养孩子的爱心，对培养孩子高尚的情操、健全的人格有不可估量的影响。

现在的独生子女在家没有任何亲兄弟姐妹，不会与人相处，妈妈要有意识地培养孩子的爱心。社会需要许多人的合作，生活中需要人与人的相互支持，人与人有了相互的帮助，这个社会才变得美好。

但是，有的孩子，特别是那些娇生惯养的独生子女，在想事情、做事情的时候，总是“以我为中心”，习惯于别人对自己的照顾，而不懂得和不会帮助别人，我们要创造机会让孩子学会帮助别人，培养孩子助人为乐的好习惯。

有爱心的孩子，将会受到大家的喜爱。如果你希望培养孩子的爱心，不妨从以下几点来试试：

☺ 做有爱心的妈妈

妈妈是孩子的镜子，孩子是妈妈的影子。妈妈的一言一行都在潜移默化地影响着孩子，妈妈平时要注意自己的言行举止，对家人要体贴，孝敬长辈、关心孩子、关爱他人、乐于助人，要经常爱抚孩子，对孩子微笑，把自己当做孩子的伙伴，陪孩子游戏、聊天、学习，给孩子一个温暖的家庭，让孩子充分感受被爱的幸福，从而使孩子产生做一个有爱心的人的愿望。

☺ 教孩子善于发现别人的需要

当别人需要帮助时，有的孩子能很快发现并伸出援手，而有些孩子却视而不见。家中有这样的孩子，妈妈要经常直接用语言表达自己的需要，并希望得到孩子的具体帮助。购物回家的路上，妈妈可以发出“求援”：“我一个人拎不走这么多东西，你帮帮妈妈（爸爸）吧！”听到这样的“请求”后，孩子肯定会拿出行动。妈妈还可以利用生活的事例，教会孩子懂得如何从别人的表情和行为来看出对方的需要，让孩子去关心对方并及时给予帮助。

☺ 充分利用移情作用

移情是人将对某一事物或某一人的情感迁移到另一事物或另一人身上的心理现象。孩子总是这样认为，花鸟鱼虫等动植物也是和人一样，都有思想和感情。因此，他们常把动植物当做人一样看待，跟它交谈、对它爱抚。我们可以利用孩子的这种思想行为，鼓励指导他们种植花草，饲养小动物，培养他们对花草、动物的珍爱之情。

他们对动植物有了这种珍爱之情，往往也会对人产生同情、怜爱，从而关心他人。所以，指导孩子种植与饲养，培养他们喜爱花鸟鱼虫的感情，也是增进孩子关心别人的方法之一。

☺ **给予孩子及时的奖励**

在日常生活中要注意观察孩子的表现，一旦发现孩子的友善行为，就要及时地赞扬或拥抱、亲吻孩子，也可以采取奖励小礼物等方式鼓励孩子，让孩子知道自己的做法是正确的。这样，孩子会比较容易再次出现类似行为，逐渐使这种友善的行为形成一种习惯。

如果妈妈由于工作忙或其他原因，对孩子表现出来的爱心视而不见或训斥一番，把孩子的爱心扼杀在萌芽之中，孩子表现出同样行为的频率就会低得多。

培养孩子坚决果断的个性

孩子做事拿不定主意、犹豫不决、优柔寡断是意志薄弱的表现。

究其原因有以下两种：

第一，家长过于保护，孩子依赖性强。家长出自爱护孩子，唯恐委屈了孩子，一味包办代替或过多干涉孩子的事情。这样，孩子就没有独立做事的经验，一旦遇事让他拿主意时，就不知所措，只能寻求别人的帮助。

第二，家长要求过分严格，孩子自信不足。妈妈望子成龙心切，对待孩子往往期望过高，总是不满意孩子的表现，赞许少，批评多。有的妈妈还让孩子做力不能及的事，又不帮助他，结果孩子常常感到失败的痛苦，无自信，害怕做错事，更拿不定主意。

家长可从以下几方面去锻炼孩子：

第一，放手让孩子去做力所能及的事。孩子的特点是好奇好动的，一般都愿意参加一些活动。家长要尽早让孩子练习一些基本生活技能，如穿衣、穿鞋、擦桌子，独立完成一些简单的事情。凡是孩子能够做到的，家长尽量不插手，给孩子足够的时间去思考、尝试，发现自己的能力。孩子感觉自己有能力去做好某件事，就会果断地去做。

第二，创造机会。鼓励孩子下决心。一个人在作出一个决定之前，需要考虑利弊得失后，再作出最佳选择。家长应在一定范围内给孩子充分自主的机会，让孩子有自我决策和选择的权利，凭自己的思考、能力去决定做什么事，如何做。

第三，正确评价孩子做的事。对孩子要求不要过高，要多鼓励、少批评。对竭尽全力也没做好的事，家长要给予理解，告诉孩子：“没关系，以后再慢慢努力。妈妈小时候也常常这样。”家长正确的评价，可减轻孩子的心理压力，下次做事，他会再一次鼓起勇气去拿定主意。

第四，给予孩子必要的帮助。对于较难做的事，家长应同孩子一起去做，并给予适当帮助，教孩子逐步学会一些克服困难的方法和技巧。孩子有了成功的经验，就会增强自信，做事果断。

第五，尽量让孩子明白如何做事。含糊不清、笼统会使孩子感到无从下手，拿不定主意。另外，家长还可通过一些培养机敏、果断的体育、智力游戏来有意识地培养孩子的果断性。

注重培养孩子的独立性

每个家长都愿意自己的孩子果敢、刚毅，有很强的独立性，而不是胆怯，没有自信心，事事依赖别人。但是，孩子的独立性不是天生的。从小注意培养孩子的独立性，是爸爸妈妈必须着意解决的问题。那么，怎样才能培养孩子的独立性呢？

家长要把培养孩子独立性的目标装在心里，根据孩子的年龄特点经常为孩子提供独立活动的机会和条件，帮助他们逐步学会自己做事、自己动脑筋想问题。

☺ 放手让孩子做力所能及的事情

孩子的独立性是怎么培养的，是在实践当中培养起来的。凡是儿童自己能做的应该让他自己做，不要代替他，这是一个教育原则。孩子长到两三岁就有了强烈的“我自己干”的要求，他有这种独立愿望，家长就应因势利导从培养孩子日常生活的初步自理能力开始，独立性就在这个过程当中培养，培养这种基本能力、基本习惯是非常重要的。比如在家长的帮助下孩子学会自己吃饭，我们主张孩子一岁多让他自己吃饭，从孩子自己吃饭，自己穿脱衣服，穿脱鞋袜，自己如厕，自己收拾玩具，自己擦鼻涕，很多孩子鼻涕流出来自己不擦，都让妈妈擦，给他餐巾纸让他自己擦。吃东西前后或便后让他自己洗手，当然开始先让家长帮助，帮助还是让他自己干，从旁帮助，幼儿期实际上自理能力是独立性培养最主要内容。到了五六岁你要求可以高一点，在这过程当中逐渐培养孩子的独立意识、独立生活能力和自己去做的劳动习惯。

☺ 培养孩子初步思考的能力

培养孩子初步思考的能力，就是勤动脑，不仅要孩子自己独立动手去做事，还要孩子独立的动脑去想问题。常常看到有些家长不厌其烦的回答孩子的问题、给孩子讲书，利用一切时间来丰富孩子的知识。全都是家长讲，单方面输入。实际上培养孩子获取知识的能力，比给他脑子里装多少知识都重要。陈鹤琴先生有一条原则，他说，凡是儿童自己能够想的就应该让他自己去想。

☺ 创造机会培养孩子自己拿主意做决定的能力

有的家长经常说孩子太有主意不好，应该听大人的，实际上孩子有主意是件好事，他有自己的看法，自己的认识，应该给孩子创造机会培养他自己拿主意。我们的教育常常是注意培养孩子顺从听话，不大注意去倾听孩子的需要，从生活小事一直到孩子的发展方面都由家长一手包办了，因此我们的孩子缺乏自己做决定的机会和权利，就很难培养孩子自我抉择能力。

☺ **培养孩子克服困难的精神**

家长在培养孩子独立性的时候，比如让孩子穿衣服，自己穿袜子，确实会遇到困难的，包括自己收拾玩具，对幼儿来讲都要付出很大的努力，克服一定的困难，那么有些孩子一遇到这些困难，就不干了，家长有时候心软了，就包办代替。所以当孩子独立做事遇到困难的时候，家长一定要鼓励他们克服困难，坚持完成任务，特别是对那些依赖性比较强的孩子。

尽早让孩子具备独立能力

现在的家长真是越来越难做了，除了要承受工作生活的压力外，孩子的事情也是一座大山，压在我们心上。让我们随时都不敢放松。很多家长都说：如果我们的孩子没教育成功，那我们的生活就是全盘失败，所以，我要这样那样的教育孩子。我想可能大部分的中国家长，都希望能为孩子铺就一条完美的人生道路，但是，我们会很失望地发现，孩子总是不按照我们规划的道路来走，有一个问题一直在困扰我们，究竟是家长对孩子的一生负责，还是孩子对自己负责。

让家长放手给孩子自主权，对大多数家长来说，都是不可想象的。的确，现在的社会纷繁复杂，孩子没有足够的生活经验、生活阅历，他们怎么能理智地应对这个纷乱的世界呢，万一走错了路，学坏了怎么办呢。所有的家长都想让孩子有最好的人生，我们想为他们安排好一切，但是，我们一直都忘记了，独立是我们送给孩子的最好的礼物。

美国著名心理学家罗杰斯说："一个人的心理，就是由其所有的体验所组成的。"体验如此重要，却又困难重重。

大家都知道小鸭子的故事吧，把刚出生的小鸭子从母鸭旁边拿开，小鸭子就失去了认识母亲的能力。人也一样，家长包办代替，为孩子们做了一切，孩子们就失去了独立的能力，他们不能自己做主安排自己的生活，不管多大年纪，他们还是离开家长就寸步难行。

我们曾经几次提及姗姗一家人的故事。姗姗的姥姥非常强势，她教育孩子就要像小树一样，笔直向上，不允许长出一点的枝丫，她不能容忍孩子的反抗，一切都要在她的控制范围内。姗姗的妈妈一切唯姗姗姥姥是瞻，姥姥说行她就去做，姥姥说不行，她就坚决抵制。她就这一点非常自豪，认为自己这是孝顺，她跟所有的人都说：对老人不就是要顺着来嘛，孝顺孝顺就是要笑着顺。姗姗妈妈到了谈恋爱的年龄，她同自己的同事互相爱慕，但是姗姗的姥姥对这人没有丝毫的好感，她坚决反对两人在一起，她说这人没家教，女儿跟他以后会没有保障。姗姗的妈妈非常痛苦，她不愿意放弃，但是，她也没打算反抗，她唯一的举动就是拖着，不结婚，也不分手，也不同母亲沟通。姗姗的姥姥对此非常生气，说，你如果一定要跟他，我就没你这个女儿了。姗姗的妈妈不敢想象这一天。就这样，姗姗妈妈成了大龄青年，在一个封闭的小县城，大龄是多么让人着急呀。家里乱套了，所有的人都在劝姗姗妈妈：你自己要拿主意，如果你觉得他可以托付终身，你就不要顾及别人，生活是你自己的。姗姗妈妈留给大家的唯一的答案就是不停地流泪，她不说一句话，就是在流泪，大家都不知道她到底是怎么想的。三十岁那年，等了这么多年的男友提出了分手，姗姗妈妈终于解脱了，有人替她解决了难题。

下一个男友是姗姗姥姥拍板决定的，没多久两人就结婚了。婚后的日子过得很快，姗姗妈妈怀孕了。姥姥说，还是回娘家生产吧，医生熟悉，技术水平也信得过。于是姗姗妈妈在生产前，从工作的省城回到了县城。孩子太大了，难产。姗姗的姥姥坚持不剖腹产，她认为这样对女儿的伤害太大，对孩子也不好。十四个小时以后，胎儿缺氧时间过长，姗姗妈妈失去了第一个孩子。姗姗姥姥对女儿真是鞠躬尽瘁，她把年近古稀的老伴一个人扔在家里，自己去照顾女儿。她决定女儿衣服的颜色，甚至决定家里人穿什么衣服，能不能增减。日子就是柴米油盐，琐琐碎碎。尽管姗姗的军官爸爸不常在家，矛盾还是渐渐浮现了。姗姗的姥姥对这个不听自己话的女婿非常不满意，自己的女儿怎么找了这么个男人，失望之余，她说，不行就跟他离婚，有什么呀。听了姗姗姥姥的话，婚离了，姗姗妈妈的日子越过越乱，有时，她回想自己的婚姻，好象夫妻之间也没什么大不了的矛盾，但是，丈夫同母亲的矛盾是她没有能力解决的。如果现在你问她，对未来有什么打算，她还是不知道，她要听母亲的。

姗姗妈妈不是没有自己的意愿，但是她愿意牺牲自己，也许是因为她没有足够的能力来判断自己的意愿是否正确，她没有能力来承担可能带来的错误，她不够自信。她已经失去了自己独立的能力，尽管她现在已经四十岁了。姗姗的姥姥看着女儿这个样子她很心痛，她认为女儿命不好，遇人不淑。她还在尽心尽力地帮助女儿，希望能给女儿指点一条光辉大道，让女儿的生活能步入正轨，从此不再受苦。

其实，姗姗妈妈的命运在她很小的时候就已经决定了，她从来没有自己做过主，她不认为自己有这个权利，渐渐地，她也失去了这个能力。尽管她的母亲非常爱她，但是，她们都忘了，生活是她自己的，她所有的伤、所有的痛，能有第二个人替她承担吗？她的母亲永远不能对她的痛苦感同身受。看着姗姗哭着留爸爸，她非常痛苦，但是，不管是姗姗妈妈还是姗姗姥姥，都没有意识到，问题不在别人，是家庭教育出了意外。问题出在你什么都替她考虑了，什么都替她决定了，但是，人的成长是给予她自己成长的机会，而不是你帮她成长。生命的意义在于选择，而不断地自我选择过程就是成长的过程。在家长包办代替的同时，孩子失去了思考的机会，失去了体验的机会，最终，孩子失去了成长的机会。

让孩子学会直面人生的挫折

每个人一生中都会遇到来自各方面的挫折。强者勇敢直面人生的挫折，把挫折当成垫脚石，使自己站的更高，看得更远；而弱者遇到挫折就退缩不前，一蹶不振。

赵乐乐今年六岁，上小学一年级，手有点毛病。一天，赵乐乐的妈妈去接孩子，发现赵乐乐正在学校大门边哭泣，她心疼地走上前，问孩子发生了什么事。赵乐乐一看见妈妈，就扑在妈妈的怀里，哭得更伤心了。他告诉妈妈同桌的女同学嘲笑他手有毛病，让他觉得抬不起头，他不想再上学了。

赵乐乐天生长六个指头，两个小指头通过动手术切掉了一个，但与正常人的指头看起来还是不一样，家里的人一直避免对赵乐乐提有关他手指头的事情。

赵乐乐的妈妈没有想到，孩子刚上学，他的小同桌就嘲笑他的手，让孩子内心难以接受。她意识到，以前避免在孩子面前讲这个事情，使孩子不敢面对现实，这是不利于孩子健康成长的。

每个孩子最终都会离开家庭，走向社会，不可避免地会遇到来自各方面的挫折，包括社会挫折、人际关系挫折，等等。这些挫折又涵盖了很多小的方面，如生理上的缺陷、心理上的挫折等。像上例中的赵乐乐，因为手有缺陷导致心理挫折，妈妈应该引导他正确勇敢地面对，由此培养孩子坚强的意志。

挫折是客观存在的，它会伴随人的一生。而挫折对人的影响，是因人而异的。强者面对挫折时选择坚强，选择奋斗，选择从挫折中吸取经验，从失败中得到教训，获得了挫折对自己有利的一面，从而使自己将来走得更好；而弱者面对挫折，只想逃避、绕行，甚至颓废，结果吸收了挫折带来的所有弊端，只能导致做人的失败。

妈妈只有教孩子从小直面人生的挫折，让孩子勇敢地在挫折中磨炼，学会坚强，使孩子学会自我调适，排除挫折带给自己的不利因素，教孩子学会从挫折中吸取经验，更好地去提升自己，这样挫折才会成为孩子成功的阶梯。

妈妈不能像上例中赵乐乐的妈妈一样，怕孩子难堪就不教孩子勇敢地面对自己的缺陷，使孩子活在一种虚拟的环境中。妈妈不可能呵护孩子一辈子，孩子最终要面对现实。只有让孩子坦然面对现实，接受事实，才能具备健康的心态，积累更多的心理财富，让以后的人生路走得更远、更踏实。

一帆风顺的生活不存在，没有挫折的人生不精彩。接受挑战，勇敢面对各种挫折，是每个妈妈应该让孩子具备的正确心态。每个妈妈可以从以下几个方面教育孩子：

第一，放手让孩子去经历挫折。妈妈应有意识地让孩子从小就去经历一些挫折，让孩子有机会独自面对磨难，体验战胜困难的过程，这样才能提高孩子的耐挫力，增强孩子的应对能力，让孩子变得坚强能干。

第二，帮孩子树立正确的挫折观。妈妈要帮孩子树立正确的挫折观，让孩子知道挫折是人生的亲密伙伴，没有人能够躲避，只有经历挫折，才能变得更加强壮。告诉孩子在挫折面前要保持豁达开阔的心胸，失败后应该吸取教训，从头再来；而不是悲观失望，一蹶不振，让失败淹没了自己。

第三，提高孩子对挫折的预见力。一个人对挫折有无预见能力，直接影响到其抗挫折的能力。不能预见的挫折往往会给人以更大的打击，人的焦虑情绪受到的影响时间也会更长。因此，要培养孩子预见挫折的能力，使孩子知道，任何事情最好都要做两手准备，这可以减轻失败后给孩子带来的压力。

第四，帮助孩子在挫折源头上解决问题。人一生受到的挫折中，有很大一部分是自己制造的，通过自己的努力是可以消除的。妈妈要帮孩子找到这类挫折产生的原因，与孩子一起消除挫折源。如果是不可避免的挫折，就要让孩子学会坚强，勇敢地面对和承担。

培养孩子乐观的性格

要想让孩子生活幸福，妈妈就需要从小教会孩子乐观面对人生。

乐观的孩子总是能对未来充满希望。遇到困难，乐观能使人沉稳冷静，保持乐观的态度对孩子来说是十分重要的，好的人生态度能帮助孩子渡过难关。

一位父亲准备对自己的两个儿子进行“性格改造”，因为其中一个太过乐观，而另一个则过分悲观。

一天，他买了许多色泽鲜艳的新玩具给悲观的孩子，又把乐观的孩子送进了一间堆满马粪的车房里。第二天清晨，父亲看到悲观的孩子正泣不成声，便问：“为什么不玩那些新玩具呢？”

“玩了就会坏的。”悲观的孩子仍在哭泣。

父亲叹了口气，走进车房，发现乐观的孩子正兴高采烈地在马粪里掏什么。

过了一会儿，乐观的孩子得意洋洋地对父亲说：“告诉你，爸爸。我想马粪堆里一定还藏着一匹小马呢。”

又过了一阵子，父亲送给两个孩子每人半瓶饮料，悲观的孩子没有喝，因为他看到只剩下半瓶了，而乐观的孩子拿起半瓶饮料特别高兴地说：“太好了，还有半瓶呢！”

这就是乐观与悲观带给两个孩子的不同的人生境遇。他们因为拥有不同的人生态度，而对不同或相同的事物有了截然不同的看法与判断。

乐观是一种性格，更是一种品格。乐观的性格有助于孩子增强克服困难的信心，有助于孩子的健康成长。妈妈应帮助孩子自己决定选择什么、去做什么，比如，让孩子选择玩什么玩具、买什么衣服等，教孩子做出明智的选择。

☺ 教孩子学习社交方法

社交能力是在孩子与他人、尤其是与同伴交往的过程中获得的一种能力，所以想要让孩子获得社交能力，妈妈要教给孩子具体的社交方法，尤其是让孩子学会以他人能接受的方法获得想要的东西。

比如，当孩子想要加入其他人的游戏中时，可以教导孩子友好地向别人发问："我可以参加你们的游戏吗？""我想和你们一起玩，可不可以？"当孩子与别人争抢玩具时，妈妈要耐心引导，陪孩子一同想出更好的办法，学会说服别人与自己分享玩具。

☺ 妈妈不要随便朝孩子发火

有的妈妈在外面受了"窝囊气"，回来便对孩子发"无名火"。这种情况特别容易影响孩子的自信和乐观，因为孩子会把妈妈的恼火归咎为自己的错误，但他又不知道自己错在哪儿，于是只好全盘否定自己。长久下去容易让孩子自责、退缩，并渐渐形成消极心理，淹没孩子乐观的笑容。因此，妈妈在遭遇困难时能否乐观面对，对培养孩子的乐观品质至关重要。

☺ 让孩子经历挫折和失败

要想培养孩子乐观的品格，必须要让孩子经受一些必需的磨难，不然的话，即使看上去乐观，也是脆弱的、表面的。很多妈妈不明白这一点，总是尽力为孩子铺设顺利的道路，生怕孩子受一点点委屈，而且把这当做是为人妈妈义不容辞的责任。结果在顺境中长大的孩子往往是无法承受挫折带来的压力和痛苦的。正如一个习惯了走通畅路的孩子，如果面前出现一个小土堆，他就会四处张望，无从下足，甚而转身退回。知难而退就是因为不自信、不乐观，认定自己会过不去所造成的。让孩子多经受一些挫折或困难，伤心、内疚、迷茫甚至焦虑，都只是暂时的情感体验，如果妈妈能够给予孩子必要的关心和引导，并给予适当的帮助，使得孩子能够战胜困难，那么，孩子就会获得成功的快感，会更加自信和乐观。

☺ 教孩子拥有广泛的兴趣

一个孩子如果仅有一种爱好，就很难保持长久的快乐感觉。试想：只爱看电视的孩子一旦晚上没有合适的节目时，心里必然会郁郁寡欢。相反，如果孩子看不成电视时爱读书、看报或做游戏，同样可以乐在其中。兴趣也不是自然形成的，而是需要妈妈悉心培养的。比如一项体育运动，从开始什么都不懂，到爱上它，需要一个很长的过程。在这个过程中需要妈妈不断地鼓励和肯定，让孩子不断感受到成功的喜悦。

培养孩子的勇敢品质

妈妈们都希望自己的孩子具备勇敢的品质，但有些孩子胆子却很小。比如有些孩子每当妈妈不在身边时就往往会感到害怕，有的孩子怕黑，有的孩子怕“鬼怪”，等等。长期下来，这会影响到孩子的个性发展，缺乏独立性，甚至会导致某些心理障碍及性格病态的发生。

有些妈妈往往会在这种情况下训斥孩子，说孩子是“胆小鬼”，甚至给以处罚，这些都会对孩子的自尊心造成极大伤害。这不仅改变不了孩子的胆小状况，反而可能使孩子的惧怕心理加重。一位儿童心理学家说过：“儿童产生惧怕心理的原因与成年人一样，关键的问题是成年人懂得如何去应付恐惧，而孩子们却还不知道。”因此，妈妈应细心观察，找出孩子产生恐惧的原因，并帮助他们消除恐惧，从而培养孩子的自信心和勇敢的品质。这应从以下几个方面着手进行：

第一，不要强迫孩子否认令他们感到害怕的事物及掩盖他们的恐惧感。心理学家认为只有当孩子感到你承认他们害怕的东西是客观存在的时候，他才会相信你对解除他的害怕所做的解释。做妈妈的要正确对待孩子所害怕的事物。一种非常有效的方法是教给孩子关于某些事物的知识。如有的孩子害怕猫、狗等小动物，妈妈就可以给孩子讲一些有关这些动物的小故事，并告诉他们这些动物一般不会伤害人，但要学会与它相处的方法。这样，就可以帮孩子增强安全感。

第二，要注重妈妈的榜样力量。孩子特别爱模仿自己妈妈的言行，因而，妈妈的榜样作用对孩子影响极大，妈妈应该以自己无所畏惧的形象来影响孩子。另外，妈妈还应该坦率地承认自己也曾害怕过某些东西，但现在已经不再害怕它们了。这样，孩子就会明白，他并不是世界唯一害怕这些事物的人。从你的身上他可以知道，这些事物并不那么可怕，是可以被征服的，恐惧的心理便会得到克服。

第三，要按照孩子的方式消除他们的惧怕心理。孩子们从小就从小人书和童话故事里知道了鬼怪的故事，因而惧怕鬼怪，这时给他们讲唯物论是无用的。有效的办法是对孩子说他是勇敢的孩子，当他在屋里时鬼怪是不敢跑进来的，或者说鬼怪怕好孩子等。这样，孩子便很容易接受你的话，并消除惧怕心理。

第四，要了解孩子真正害怕的事。孩子们往往言行不一地掩盖他们真正所害怕的事情。如一些孩子每当妈妈要外出时总是哭闹不止，不让妈妈出去，而实际上他是怕一个人呆在屋子里。因此，要细心观察孩子的日常言行，了解他真正害怕的事情，然后对症下药加以解决。

第五，要注意从小就培养孩子的独立性，树立他们的自信心。要鼓励孩子自己去面对困难，克服其依赖性，使他们感到自己的能力、有办法应付遇到的问题和困难。不要对孩子过分呵护，要相信他们自己能够做到很多我们认为他们难以做到的事情。

总之，要培养出勇敢的孩子，妈妈们就要从自身做起，并经常与孩子进行沟通，了解他们的真实想法，有意识地锻炼他们的独立性。坚持下去，你就会发现自己的孩子正渐渐成为一个勇于面对困难的勇敢的孩子！

激发孩子的同情心

一位叫海山的少年一心想要推销掉袍子，好有机会成为伟大的商人，赚到足够的钱，和自己心爱的人在一起。

一天，当他推销袍子经过一个小镇的一个洞口时，看到里面有一个女人在寒冷中瑟瑟发抖，旁边还睡了个婴儿，看样子她们饥寒交迫。

要不要把正在推销的袍子送给她们御寒呢？海山的内心经历着痛苦的挣扎。看着快要冻死的母子，再看看手中的袍子，同情心最终战胜了一切，海山终于决定把这件对自己意义重大的袍子，送给这对陌生的母子。

海山就是怀抱着这样一颗善良心、同情心从事着他的推销工作，最终得到推销艺术的羊皮卷，成为世界上最伟大的推销员的。

冰心先生说："爱在左，同情在右，走在生命的两旁，随时撒种，随时开花，将这一径长途，点缀得香花弥漫，使穿枝拂叶的行人，踏着荆棘，不觉得痛苦，有泪可落，却不是悲凉。"在所有的情感中，同情是一个人拥有良好品德的一项重要内容。一个人只有拥有了同情心，他才会站在他人的立场上考虑问题，不期望有任何回报地从情感上或是行动上支持、帮助条件比自己差的人。

然而，在这个过于忙碌的社会，不论是大人或孩子似乎都变得冷漠，对周围发生的事越来越麻木。不仅如此，有的人以虐待动物为趣。在日常生活中，有的孩子看见别人摔倒了、受伤或很痛苦，却茫然不知所措，甚至十分麻木，好像没有看见；还有的孩子竟然哈哈大笑，根本不知道应该去帮助对方。这都是缺乏同情心的表现。

同情他人是爱心的一种体现。缺乏同情心的孩子只关心自己，只顾自己的快乐，而无视别人的痛苦，甚至会把自己的欢乐建立在别人的痛苦之上。而富有同情心的孩子往往心地善良、性情温和，受人喜爱和拥护。拥有了同情心的孩子，他不会鄙视比自己生活水平低或是某一方面比自己差的人，不会因为自己的优越而觉得自己高高在上，不会在条件不如自己的人面前趾高气扬，不会欺凌弱者、横行霸道，不会在自己力所能及的情况下对别人的困难视而不见。拥有了同情心，他才有可能会有善举，会做好事，他可以和同学、伙伴、朋友和睦相处，所以更能得到其他伙伴、同学、朋友的喜爱，更能从事对社会有益的事情，这样的孩子在将来的工作中成功的机会更多。同情对孩子如此重要，可还是有些孩子不具备这一情感，以至于伤害到了同学。

有一个叫高玉原的孩子，爱讥笑别人。一次，他们班里转来一位叫邓家祥的同学。大家觉得他非常奇怪，因为他总是戴着帽子，从来都不摘。他的头上肯定有问题！这天，高玉原趁邓家祥走进教室不注意的时候，突然袭击，一下子把他头上的帽子摘掉了。“哈哈，原来他没有头发。”高玉原哈哈大笑起来，邓家祥却低下头，流下了眼泪。

一位老师讲了这样一个故事：幼儿园吃午饭前盥洗时，冉冉不小心把衣服袖子弄湿了一大截。老师在挂衣架上选了一件小朋友脱下来的衣服想给冉冉换上，但当老师拿着衣服问道“这是谁的衣服，先借给小伙伴穿穿好吗”，意想不到的事发生了，飞飞跑到老师面前一把夺下衣服抱在怀里，严肃地说：“不行，这是我今天才穿的新衣服。”

不知家长有没有注意到孩子特别小的时候会有这种现象：别的小孩子摔了一跤，哭了起来，自己的孩子也会撇撇嘴，露出痛苦的表情，甚至会哭起来。其实，孩子很小的时候就有同情心的萌芽，只要家长悉心引导支持，孩子会永葆同情心。

一个4岁的孩子由母亲从幼儿园接出。幼儿园周围花木丛生，有很多颜色美丽的蝴蝶在飞舞。孩子奔上去扑蝴蝶，好不容易捉住了一只。我问这个稚气的孩子，为什么要捉蝴蝶，孩子说捉回家去玩，他的母亲则说，把蝴蝶夹在书里当标本很好看。

家长的做法让我们不能苟同。我们不能随意伤害一个生命，更何况这个生命对我们是有益的，它不像是蚊子、苍蝇。扑蝴蝶似乎是一件小事，但应进行引导，孩子的性格可塑性很大，要从培养孩子同情心的高度来进行教育。我们要在日常生活中教育孩子同情、关心他人。

首先从家中小事做起，如妈妈或老人生病，要启发孩子主动表示关心，如问寒问暖、跟老人说话解解闷，或者递个水果、拿拿药片等。分配给孩子一些他们力所能及的家务，如布置餐桌等。妈妈可以制作一个进度表，让孩子知道自己每天需要完成的家务。当孩子问为什么自己要做家务时，家长可以回答说，“我们都是家庭成员，帮助家里做事，其实是在帮助自己”。

生活中常会遇到他人需要帮助的情况，如拉平车的叔叔正在吃力地爬坡，老师生了病，上街的小朋友找不着妈妈等。此时，家长除主动帮助，为孩子树立榜样外，应引导孩子积极参与活动——帮拉车的叔叔推车，为老师取药、送水，和妈妈一起帮迷路的小朋友寻找妈妈等。在孩子参与具体活动的过程中，家长应注意及时对孩子的行为进行肯定与鼓励。这样，不仅可以使孩子的良好行为得以强化，而且可以使孩子体验到关心与助人的乐趣。

把诚信潜移默化地传达给孩子

妈妈们不但要严格约束自己的行为，遵守自己的诺言，让诚信化为自身的一种修养去影响孩子，更重要的是要加强孩子的诚信修养教育。

社会中的成功者大凡都是信守承诺的人。诚信如此重要，是我们家庭教育中不可或缺的一课。在日本，诚信教育几乎贯穿人的一生。在家庭中，妈妈经常教育孩子“不许撒谎”；到学校里耳濡目染的是“诚实”二字；在公司里“诚信”是普遍的经营理念。

日本很多学校的校训都有“诚实”二字，如东京文京女子中学的校训是“诚实、勤勉、仁爱”；泰星中学的校训是“诚实、品位和刚毅”。泰星中学的校长说，诚实就是对所有人都要以诚相待，人最重要的表现就是诚实。因为诚实，所以要一诺千金，以坚强的意志实现诺言。横滨翠陵中学的教育方针是“自立、诚实、实行”，以培养自主性强、诚实、能身体力行的人为己任。像这样的校训在日本不胜枚举。

日本的学校，诚信教育也并不是一句空话，而是贯穿于学生学校生活的始终。日本学校有一种伦理课，诚实、善良、向上、奉献、谦让、名誉、正义是其主要内容。日本中小学生每人都有一本道德手册，名为“心的笔记”，用通俗易懂的语言，记载着各种道德规范，诚实是重要内容之一。

信用是为人的根本，不讲信用，难以在社会上立足。今天，作为孩子的妈妈应让涉世不深的孩子懂得，人活在世上，必然要和周围的人打交道，而同学与同学之间、人与人之间的关系与友情，需依赖信用维系。自古及今，人们往往痛恶尔虞我诈、轻诺寡信的行为：崇尚“言必信，行必果”、“一言既出，驷马难追”、说话算话的君子作风；为人处世恪守信用，才能交到知心朋友。有了知心朋友，在学习上才能取长补短，在事业上才能互相帮助、互相鼓励。

那么妈妈应该怎样才能让孩子养成诚信的品德呢？

第一，妈妈要身体力行，用自己的行为给孩子树立榜样。在日常生活中，妈妈一定要说话算数，不管有多大的困难，答应孩子的事绝对不能找任何借口。母亲是孩子的镜子，孩子更是母亲的影子，母亲的一举一动直接直接影响到孩子的未来。要孩子言而有信，自己必须身体力行。

第二，妈妈对孩子要正确引导。让孩子明白对别人要讲诚信、付责任，答应别人的事情一定要做到。如果因为某些原因没有做到，应该诚恳地说明原因，表示歉意。让孩子懂得在答应别人之前，要慎重考虑自己有没有能力去做到。不能做到的，不要轻易答应；比较有把握做到的，也应该留有余地，不要大包大揽。

让孩子感受分享的快乐

一位哲人曾说："分享是这个世界上最伟大、最美妙的感觉，也是一个人必备的美德。它能让你收获快乐，收获友谊，收获事业的成功。"

好妈妈应该教会孩子和别人分享自己的食物、玩具，分享自己的喜悦、烦恼，因为与人分享的乐趣胜过独自拥有。孩子只有了解分享的意义，克服"以自我为中心"，才能在与人的交往中少一些矛盾，多一份和谐，获得与人分享的快乐。

5岁的女儿晶晶一向胃口好，今天的晚餐也不例外。吃到最后，她仍想吃完最后一块鸡肉，妈妈说："爸爸还没吃饭，这些留给爸爸吃吧！"

"这里还有嘛。"女儿嗲声嗲气地说道。

"爸爸打球累，要多吃些。"

"我也累。"小家伙也有她的理由。

"你为什么累呀？"

"我跑步呀！我跑了一圈两圈，好多圈呢！"

经过了一番理论，晶晶不情愿地说："那好吧，我吃鸡皮，不吃肉。"

晶晶像许多独生子女一样，自我意识强烈，有时会霸着东西不给别人吃。但妈妈通常都不会因为"她还小，不懂道理"而放弃教育，而是坚持跟她讲道理，让"分享"的观念在她心中根深蒂固。虽然晶晶有时还会说"我的，我的，不给你”，但多数情况下她会说“妈妈，给你吃”或者“妈妈你还要吗？我们一人一半”。

让一个孩子把自己心爱的东西与他人分享，有时比登天还难。现代家庭中的孩子，大多集“万千宠爱于一身”，因此很多人养成了不肯与人分享的坏习惯，只要是自己喜欢的东西，无论是玩具还是零食，便都据为己有。他们的自我意识极强，凡事首先考虑自己，满足自己，稍不如意，便会以哭闹来反抗。孩子之所以如此看重自己的东西，不肯与他人分享一点点，究其根源，与妈妈平时对他们的溺爱有关。

妈妈把自己的爱无条件、无保留地给予孩子是天经地义的。但是，如果一味溺爱、放纵孩子，孩子便容易养成“唯我独尊”的恶习，他们事事争、抢、霸，却不懂得分享、付出，这样发展下去，就会养成吝啬、自私的恶习。

一位哲人曾说：“分享是这个世界上最伟大、最美妙的感觉，也是一个人必备的美德。它能让你收获快乐，收获友谊，收获事业的成功。”孩子在成长的过程中需要学会与人分享自己的快乐和痛苦，不懂得分享的孩子，他的人生必将失色许多。因此，妈妈有必要教育孩子学会分享，明白分享的意义。这样孩子在成长的过程中，会因懂得分享而去关爱他人，帮助他人，同时也能从分享中获得帮助与关怀。如果妈妈在孩子小的时候就教会孩子对他人说一些关怀体贴的话，同情并乐意帮助有困难的孩子，主动与人分享自己的零食与玩具等，孩子就能从一次一次的付出中，体会到做了有益于他人的事而带来的快乐，从而乐意与人分享。佳佳的妈妈就是这样教育自己的女儿的。

一天，妈妈带女儿佳佳到朋友家做客，朋友的女儿小洁与佳佳同岁。两个小家伙一见面，小洁就喜欢上了佳佳头上戴的那个粉红的蝴蝶结，并执意要佳佳摘下来，让自己戴一会儿。

“佳佳，你把蝴蝶结给小洁戴一会儿，好吗？”妈妈对女儿说。

“不行！我自己要戴。给小洁戴上我就不漂亮了。”佳佳的态度很坚决。

面对女儿的态度，妈妈没有立即批评或放弃不管，而是耐心地说：“如果你看见小洁戴着一个漂亮的蝴蝶结，而你没有，你想不想戴呢？”

“想。”佳佳的回答很干脆。

“这就对了，现在你把自己的蝴蝶结给小洁戴，下次小洁也会把她喜欢的东西和你分享的。”

佳佳低头想了一会儿，终于把自己头上的蝴蝶结摘了下来，递给了小洁。

小洁戴上蝴蝶结以后非常开心，她拿出了爸爸从国外带给她的巧克力，和佳佳一起吃。两个孩子有说有笑，玩得高兴极了。

许多孩子都有这样的心理特征：不愿意与别人分享自己的东西，却非常希望能够分享别人的东西。妈妈应抓住孩子的这种心理特征，通过角色转换，让孩子站在对方的立场去思考问题，使孩子体会到分享的意义，从而乐意与人分享。

好妈妈有必要重视培养孩子与人分享的习惯，这样既利于孩子的健康成长，而且在分享的过程中，孩子还能体会到付出的快乐，尝到“无私”的滋味，何乐而不为呢？关于这个问题，好妈妈还是要讲究一定的方式方法。

第一，在家里营造与人分享的机会。在孩子小的时候，妈妈就要有意识地创造分享的机会。比如，在孩子处于婴幼儿阶段，当他手里拿着自己喜欢的小鸭子玩时，妈妈可以拿一个小娃娃或是一个小飞机递给孩子，然后从孩子手里拿走小鸭子，这样反复训练，孩子就学会用自己手中的东西去与人交换，而不是长时间地“霸占”某一玩具。

第二，要善于从小事着手。教孩子学会分享，不要认为只是向孩子讲道理就可以。妈妈应该抓住生活中的小事情来教育孩子，这样就更具说服力，更容易使孩子理解。比如，给孩子买了他爱吃的东西，妈妈可以要求孩子分给自己一点点，或是送一点给邻居小朋友；在公共汽车上，让孩子给别的小朋友让座位或者合坐一个座位，等等。在一段时间内坚持这样做，孩子在养成分享的习惯的同时，也能体会到给予的快乐。

第三，不要给孩子搞特殊化。有的妈妈过分溺爱孩子，有了好吃的全摆在孩子的面前，即使孩子主动让给自己吃，也拒绝；有了好玩的，让孩子独自玩，并在家里来了小朋友时，主动帮助孩子把好玩的东西藏起来，以免被别的孩子玩坏……这样时间一长，就会强化孩子的独享意识。因此，不给予孩子“特权”，不让孩子独享，孩子就不会滋生“独霸”、“独贪”的心理。

第四，让孩子懂得施比受更有福。当孩子得到一件东西时，往往表现得很高兴。但如果让他把这件东西送给更需要的人时，往往是一百个不愿意。因此，妈妈应该教育孩子，有的时候送出比得到更令人开心，特别是当自己送出的东西是别人最需要的，当别人得到东西感到高兴时，自己的心情也会跟着好起来。

学会合作，善于团结

好妈妈应该培养孩子在合作中学会互相理解、互相体谅；在合作中学会听取别人意见，学会尊重别人；在合作中学会取长补短，以增强自信心。

俗话说“兄弟齐心，其利断金”，只有相互团结合作才有可能把事情办得又快又好。社会上的每一个人都是相互联系的，孤立存在的人是没有的，特别是现代社会，更讲求合作精神，妈妈从小就要培养孩子的合作精神。一个懂得合作的孩子会很快适应工作岗位的集体操作，并发挥积极作用；而不懂合作的孩子在生活中会遇到许多无所适从的麻烦。

因此，好妈妈要培养孩子的合作精神，让孩子多参加一些需要合作的活动，鼓励孩子与人团结合作。

田田的性格有些像爸爸，不是很活泼，平时不太愿意跟别人交流，就算是玩，大部分时间也是一个人。面对这种情况，妈妈跟她的班主任沟通了一下，老师答应妈妈好好给她上一课，好让田田明白与人合作的重要性。

上课后，老师特意把田田请上讲台，让她伸出自己的手，分别谈一下每根手指的长处。田田说道："大拇指可以用来赞扬别人，食指可以用来指示事物，小指可以用来勾东西，中指可以……"不等她把话说完，台下的同学纷纷帮她说了许多每根手指的优势。

这时，老师笑眯眯地拿出一只玻璃杯，只见玻璃杯里面有几个玻璃球。老师对大家说："现在，请你们把玻璃球从玻璃杯里取出来，每个同学都有一次机会。你们可以用你们认为最有本事的那根手指，记住，只能用一根手指。"

孩子们的热情被老师鼓舞起来了，教室里的气氛非常热烈。每个同学都认真地走上去，用他们的手指去取玻璃球，但是，不管他们怎么努力，玻璃球就是取不出来。孩子们个个都很着急。

这时，老师对孩子们说："好了，你们可以邀请另外一根手指与原来那根手指合作，一起来取玻璃球。"这次，孩子们都把玻璃球取了出来。

活动做完了，老师对孩子们说："现在你们应该明白了，一个人无论有多大的才能，他总有无法独立完成的事情，人与人的团结合作是多么的重要。"

从这以后，田田体会到与人合作的重要性，因此也愿意和他人合作了。

生活中，很多孩子在做事时不懂得与人团结合作。在上体育课时，有的孩子不愿把球传给站在有利位置的队友，而是不顾对方球员的围攻、堵截，凭自己的力量单打独斗，强行投篮，结果球被对方截走，白白浪费了一次极佳的得分机会；在田径赛场上，有的孩子不懂得为队友加油助威，而是在队友失误的情况下喝倒彩，结果在自己遭遇失败时，也没有人上前拥抱安慰；还有的孩子遇到同桌希望和他一起讨论问题时，却借故走开，结果当他向同学借笔记时，也遭到了拒绝……

如果一个孩子不懂得与人合作，而是"唯我独尊"、"独来独往"，那么，他的生活一定是单调的，因为没有同龄人和他交朋友，没有同龄人和他一起玩游戏，一起讨论学习，一起参加体育活动。久而久之，这样的孩子会变得越来越孤僻、古怪，从而形成性格上的缺陷，甚至患上心理疾病。

可见，学会与人团结合作是多么的重要。

妈妈们都知道"一个和尚挑水吃，两个和尚抬水吃，三个和尚没水吃"的故事。如果不培养孩子的合作精神，“三个和尚”的遭遇就有可能在今天的孩子们身上重现。那么，好妈妈该怎样培养孩子的合作精神呢？

☺ 鼓励孩子多交朋友

专家认为，让孩子多交一个朋友，就等于帮助他们多打开一扇窗口，使其视野开阔，心胸宽广。而不擅交际的孩子大多性格抑郁，因为时时可能遭受孤独的煎熬，享受不到友情的温暖。因此，妈妈要鼓励孩子多交朋友，特别是同龄朋友。比如，欢迎孩子的小伙伴到家里来做客，并热情接待这些小客人；又如，对孩子的朋友感兴趣，引导孩子谈论与朋友交往中的事情；谈论朋友的长处，告诉孩子千万不能天天盯着别人的短处，长此以往，就无法和朋友们友好相处，等等。

☺ 教给孩子一些与人交往的技能

孩子们年龄相仿，认知水平相近，交往起来特别投入，他们有种天然的亲和力，喜欢在一起玩游戏，但在游戏中常常出现不能合作、不懂谦让，甚至哭闹、打架的现象，这都是由于孩子年龄小，缺乏社会交往经验造成的。因此，妈妈教给孩子们一些友好交往的技能是非常必要的。例如，常通过各种寓教于乐的形式有意识地教孩子一些正确的沟通技巧，如怎样向别人提出请求，怎样请求别人帮助，怎样向别人表示感谢、表示歉意，等等。

☺ 培养孩子的集体意识

每个人都是在集体中成长的，集体需要各种各样个性鲜明的孩子，这样，集体这个大花园才会百花齐放、绚烂多彩。但更重要的，集体中的每一个成员都应该具备集体意识。在集体中个人的力量很薄弱，个人的智慧像大海中的一滴水那样微小，许多工作都要靠集体的力量才能完成。

如果孩子的自我意识较强，常常以“自我”为圆心，以“个人主义”为半径，就会画来画去都离不开“自己”的小圈子，心中没有他人，没有集体，缺乏顾全大局的意识。好妈妈应当从小培养孩子的集体意识，可以利用暑假送孩子参加各种各样的夏令营，平时多鼓励孩子和朋友一起行动，不要总把孩子拴在自己身边。

☺ 让孩子懂得团结的重要性

“1+1>2”，“团结才有力量”，这些话不是大道理，而是智慧的结晶。要让孩子明白这些道理，不是一件容易的事情。如果家长单凭说教，效果不一定好，但如果把这些道理揉进游戏中，孩子在体会游戏快乐的同时，也能感悟到团结的重要性，这样就能一举两得。

第八章

健康教育，好身心是孩子走向成功的保证

培养"阳光型"的孩子

孩子脸上整天洋溢着幸福的笑容，享受着自由快乐的童年，尤其是乐观开朗的性格，让作为妈妈的我们感到由衷的高兴。我们深切地知道开朗乐观既是一种健康的心理状态，也是一种良好的性格品质，是孩子日后人生编织起成功的锦绣的铺垫。

☺ 营造和谐快乐的家庭氛围

家庭的气氛、家庭成员之间的关系，在很大程度上会影响孩子性格的形成。研究表明，孩子在牙牙学语之前就能感觉到周围的情绪和氛围，尽管当时他还不能用语言来表达。可以想见，一个充满了敌意甚至暴力的家庭，绝对培养不出开朗乐观的孩子。

首先，帮助孩子找到持久快乐的最佳方法之一就是妈妈自己生活得快乐。"你能为孩子做的最好事就是自己成为一个快乐的、知足的人。"福第斯解释说："生长在快乐家庭的孩子，有10%~20%长大后比一般的人要更快乐。"其中部分原因可能与遗传有关，但妈妈所创造的快乐环境也是孩子快乐的源泉。比如，妈妈在接触不同年龄、性别、性格、职业和社会地位的人时，做到热情真诚待人，不势利卑下，不在背后随意议论别人，给孩子树立一个好榜样。此时，不妨带着孩子，让他耳闻目染地学会和不同类型的人融洽相处，体会快乐。又如，传统节日来临之际，家长可以此为契机，开展丰富多彩的家庭活动。如春节期间开展受欢迎的小客人，受称赞的小主人实践活动；在妇女节、重阳节期间开展妈妈好、祝福老人等情感活动；在中秋节期间开展我爱我家的系列活动……通过活动的开展，家长以情感为桥梁，以亲情为纽带，适时对孩子进行教育，一定会收到意想不到的效果。

其次，给孩子选择的自由。童年是一生中最快乐的时期。作为家长，当然不能对孩子不加管教、听之任之，但是控制过严又可能压制儿童天真烂漫的童心，对孩子的心理健康产生消极作用。不妨让孩子在不同的年龄阶段拥有不同的选择权。只有从小能享受选择权的孩子，才能感到真正意义上的快乐和自在。但现实中有许多孩子却没有这种感觉，因为他们对一切事情都没有做主的份儿，比如晚餐吃什么，买什么书籍均由大人决定。他们并不会像成人那样认为很愉快。特别是玩伴的选择，家长切勿把世俗的意识强加给孩子。虽然，古人云：近朱者赤，近墨者黑。但也应记住：尺有所短，寸有所长。因此交友的问题关键是妈妈在仔细观察的同时，在平等的位置、合适的氛围、委婉的语气下，做一些合理的、适时的指导，循序渐进地进行；切不可把教育放居高临下，甚至威胁、恐吓的态度下进行，试问如此作为，换成成年人会有怎样的心理反应呢？所以请妈妈相信自己的孩子，他会一些辨别是非的能力，何况老是交往同一类人，孩子的情商会受到很大的影响。当然能够交一些性格互补的玩伴则更为理想。又如在素质教育的背景下，放学时间的安排就很有学问。孩子作业完成后，望子女成龙凤的我们肯定希望孩子多学点知识、技能。但如何让孩子心悦诚服的接受，确实需要我们用心去培育。我是在日常观察中，发现孩子的比较大的不足后，采用“请君入瓮”的方式。具体操作是：在与孩子游戏时，在他身心极度愉悦时，我委婉地指出其游戏时所表现出的学习欠缺，然后用同班同学的优势刺激他，激发他的好胜心。接着在这些不足的项目中、在他喜欢的项目中由他自己挑选，在这样的情景之下，父子共同做出一个适量的、全面发展的、劳逸结合的晚饭后时间安排。我想这也会有利于孩子学习习惯的培养，可谓一举多得。

☺ 塑造孩子适度的自信

拥有自信与乐观开朗性格的形成息息相关。对一个因智力或能力有限而充满自卑的孩子，家长务必发现其长处发扬光大，并审时度势地多作表扬和鼓励。来自家长和亲友的正面肯定无疑有助于孩子克服自卑、树立自信。但假如孩子在校园生活中感受到强烈的优越感，甚至出现自负倾向时，那么作为妈妈就应该培养他的挫折感，让孩子具备适度的自信。因为即便是天性乐观的人也不可能事事称心如意，也不可能“永远快乐”。妈妈应着力培养他们应付困境、逆境的能力。要是孩子一时还无法摆脱困境，还可以教育孩子学会忍耐，或在逆境降临之时寻求另外的精神寄托，如参加运动、游戏、聊天，等等。当然应考虑以下方面：

第一，必须注意适度和适量。针对孩子的行为倾向为孩子设置情境，创设一定的难度，能引起孩子的挫折感，但又不能太难，应是孩子通过努力可以克服的。同时，孩子一次面临的难题也不能太多。适度和适量的挫折能使孩子自己调节心态，正确地选择外部行为，克服困难，追求下一个目标；过度的挫折会损伤孩子的自信心和积极性，使孩子产生严重的挫折感、恐惧感，最后丧失兴趣和信心。

第二，培养孩子对受挫的恢复力。乐观的孩子不是没有痛苦，而是很快能从痛苦中解脱，重新振奋。妈妈和家长应认真培养孩子在“黑暗中看到光明”的自信心和技巧。譬如：上学期的期末考试孩子的成绩不是很理想，发现主要是由贪玩和粗心造成的。令我们恼怒的是他本人竟然毫无感觉，可打骂又只能令他反感或是低迷。怎么办？我们就在举家其乐融融之际，首先让他发表针对这一次的考试感想，然后让他自己认真的再次审视试卷，得出病因；接着我们明确地指出他在某些方面的不足，在挫折感的意识下，孩子肯定比前段时间的行为态度要好，在我们的监督下、在老师的支持下让他感受到只要他用心，他还是可以做得很好的。当然孩子是渐渐长大的、是一个渐进的过程，妈妈应具有合理的期望值，不可能一蹴而就。

☺ 改造无限给予物质的生活

我国现今好多的妈妈都认为：我的一切将来都是孩子的，在孩子的物质要求上，竭尽所能，无限给予。但在我们展现“高尚情操”的时候，国外一些富裕国家的人们已深刻认识到物质条件的优厚并不与孩子的幸福感觉成正比。在适当的物质生活保证下，要教会孩子除了物质外，如何展现一种开朗乐观快活的精神面貌。西方教育专家认为，堆积物质的溺爱方式对孩子的生长极为不利。目前在西方流行一句话叫“幸福的人过着一种平衡的生活”。物质生活的奢华会使得孩子产生一种贪得无厌心理，而对物质的追求往往又难以获得自我满足，这就是为何贪婪者大多并不快乐的根本原因。相反，那些过着简单生活的孩子，往往只要得到一件玩具，就会玩得十分高兴。

孩子的快乐就是我们妈妈的快乐，孩子的开朗乐观就是我们妈妈的欣慰，孩子较强幸福感的培育就是我们人之妈妈留给孩子的精神财富。在躁动的社会背景所导致的社会教育的缺失下，让我们的家庭教育与学校教育精心配合，着力塑造“阳光型”孩子，打上开朗乐观的性格烙印吧！

引导孩子走出心理脆弱的怪圈

据调查，目前我国有46%的孩子在家庭和学校表现出脆弱倾向，到底是什么让孩子们变得如此脆弱？家长的不当做法形成了孩子胆怯的个性。现在的孩子大多是独生子女，爸爸妈妈生怕委屈了孩子，在很多事情上都小心翼翼。孩子能做的事不让做，孩子能参加的活动不让参加，长此以往，孩子好奇、好玩、敢于冒险的天性慢慢被泯灭，养成了胆小的习惯和懦弱的个性。

首先，优越的家庭环境造就了孩子自私的性格。如今的家庭生活环境越来越优越，孩子养成了养尊处优、凡事以自我为中心、轻而易举、顺手拈来的侥幸思想。一旦在某件事情上得不到满足，就会感到很失落，做出异常的举动。

其次，家长的纵容娇惯磨灭了孩子的坚强意志。孩子摔倒了，妈妈赶紧把孩子抱起来使劲怨天怨地；孩子在学校摔破了皮，有的家长会不惜一切代价去

"讨个说法"……家长的娇惯使孩子根本不知道什么是苦、累，什么是挫折，斗志在慢慢消磨。稍遇到一点挫折，就不知所措，甚至意志消沉。

再次，过重的学习负担毁坏了孩子天真的童心。家长在生活上迁就、溺爱孩子的同时，在智力尤其是学习方面却格外较真，一相情愿为孩子选择大量的家教和名目繁多的兴趣班。一旦孩子达不到应有的效果，家长动辄训斥甚至打骂，面对家长的压力，孩子就有可能做出偏激行为。

最后，单亲家庭让孩子感受不到健康的爱。在离异单亲家庭环境下成长的孩子，其情感世界会变得残缺不全。也正是这样的家庭，家长出于对孩子的怜爱，常常溺爱孩子，因此也造成了孩子脆弱的心理。

如何让孩子走出心理脆弱的怪圈？我们建议：

第一，改变家教观念，提升家长素质。家长是孩子的第一任老师，其言行对孩子有着潜移默化的影响。家长给孩子的不应只是优越的生活条件，更要教会孩子如何做人、如何自立自强、如何乐观向上等良好品质。同时，培养孩子拥有的特长，必须从孩子的实际兴趣出发，给孩子一个自由的空间。

第二，有意设置障碍，培养抗挫能力。任何人的成长都要经历无数的挫折，如果孩子总是一帆风顺，那么一旦遇到困难，就会情绪紧张，束手无策。家长平时应有意识为孩子创设挫折情境，让他获得应对挫折的适应能力。但要注意，障碍设置难度要适中，否则屡次失败，容易引起孩子的自卑。

第三，及时疏导，正确应对挫折。当孩子真的遇到挫折时，家长不能置之不理，采取"无视"态度，而应帮助孩子认真分析挫折产生的原因，采取正确的方法战胜挫折。

培养孩子良好的心理承受力

每个人一生都会碰到很多困难，遭遇无数挫折。具有良好心理承受力的人以乐观的态度除掉这些障碍，最终取得成功；心理承受压力差的人悲观地逃避磨难，注定将来一事无成。

陈凯今年6岁，刚上小学一年级。有一天，陈凯因为一点小矛盾与别的同学打架了，老师批评了他。陈凯一气之下就从学校跑回家，告诉妈妈老师批评了自己，自己不想去上学了。无论妈妈怎么劝说，陈凯就是不愿意再踏进学校一步。陈凯的妈妈此时才意识到，一直宠着孩子是个错。

原来，陈凯之所以受不了老师的批评，是因为在家里他一直是个宝贝，妈妈没有责备过他，爷爷奶奶都顺着他，外公外婆总护着他。在家里从未遭受过责难的陈凯，对老师的批评难以接受，他感到十分委屈，因此拒绝再去上学。

心理承受能力，是指一个人从挫折中恢复愉快心情的心理素质。心理承受能力对一个人的生活和工作是非常重要的。一个人只要参与社会生活，就会遇到各种压力、困难和挫折。心理承受力强的人面对这些人生障碍，以乐观的态度去战胜，跨过坎坷，走向成功；心理承受力差的人则像上例中的陈凯一样，老师只是批评了几句心里就承受不了，开始学着逃避，这永远解决不了任何问题。

良好的心理承受力，并不是与生俱来的，它要经过后天的培养、磨炼、吸取教训等之后才能拥有。妈妈要想培养孩子良好的心理承受力，就要从孩子小时候开始，让孩子独立去做一些事情，去经历困难，去遭遇打击，孩子的心理承受力才会慢慢地从这些挫折中得到培养、锻炼，遇到困难不悲观、不焦虑，也不懦弱、不逃避，而是学会减压，以乐观的态度面对，积极地想办法战胜。

有这样一句歌词：不经历风雨，怎能见彩虹。如果妈妈不让孩子出去经受磨难，总把孩子放在精心营造的舒适环境里，孩子最终将会一事无成。所以妈妈要学会放手，让孩子尽早脱离妈妈的羽翼，去体验真实的社会生活，锻炼孩子的心理承受能力，最终帮助孩子走向成功。

当然，每个人最初遇到坎坷时都需要别人的帮助，所以，当孩子开始遇到挫折的时候，像上例中陈凯的情况，妈妈就要给孩子及时的帮助，要认真和孩子交谈，解开孩子心中的疙瘩，鼓励孩子坚强、自信地面对问题。妈妈还要启发和开导孩子多从有利于自己的那一面去想，不断增加孩子的信心，提高孩子耐挫折的能力，让孩子在面对困难时具备足够的心理承受能力。

考试不及格，竞赛不入围，升不了重点中学，和同学、老师关系不好等，这些都会给孩子带来心理压力，需要孩子具有良好的心理承受力才能从容面对。那么，妈妈怎样培养孩子良好的心理承受力呢?

第一，让孩子从学习自理中提高心理承受力。妈妈过多地包办代替，使孩子总是处在被指示的地位，没有自己作选择和决定的机会，当他们真正独自面对学习、生活、交往中的一些困难或压力时，往往不知所措，缺乏独立意识，缺乏战胜困难的信心和勇气。因此，妈妈应尽量让孩子自己决定和处理个人的事，这样才能锻炼孩子，为培养孩子良好的心理承受力打下基础。

第二，使孩子学会从困难中看到希望。任何事情都有利有弊，但有人只盯着对自己有弊的那一面，任压力把自己压趴下，任困难把自己踩在脚下，却没想到有压力才有动力，只有经历困难才能够茁壮成长。只有那些面对磨难看到有利于自己一面的人，才会乐观地面对，积极想办法解决，并最终走向成功。

第三，让孩子学会平衡心态。没有人十全十美，没有人不经历挫折。在孩子某一方面受到打击的时候，妈妈应及时排解孩子的心理压力，帮孩子分析问题，鼓励孩子勇敢面对困难，使孩子有一个平衡的心态，才避免孩子产生自卑心理，从而提高孩子的自信心和心理承受能力。

第四，有目的地对孩子进行“心理操练”。心理和生理一样，必须通过一定的锻炼来促进其健康发展。为培养孩子的心理承受力，妈妈可以有目的、有计划地开展一些“心理操练”：在孩子取得成绩的时候出点难题；在孩子失败、失意的时候给予鼓励，教育孩子“得之不喜，失之不忧”，始终以平和的心态参与竞争，这样才能够让孩子经得起未来人生道路上的风风雨雨。

如何面对孩子强烈的嫉妒心

在一个雨天里，所有过往的人的裤腿和鞋上都沾上了水。但大多数人都不会太在意，径直就往自己的目的地走去。

然而，一个个子不高、身材瘦弱的女孩儿却不一样，她每走一步都是小心翼翼的，生怕泥水溅到鞋上。走进医院大厅，她再次认真地看了看裤腿的边沿，又掏出纸巾，将鞋上的水珠擦干净，确信没有一点儿瑕疵之后，才按电梯上五楼，走进了心理卫生室。

这个女孩儿叫陈晓琪，是一位中学生，她是来心理卫生科复诊的。数月前，陈晓琪发现自己的心理出了一些问题。

“我总想做得最好，可我总是做不到。”陈晓琪面对耐心倾听的医生如实道出了自己的痛苦。她在市内一所重点中学里读书，成绩很好，老师和妈妈、单位院子里的人们，都称她能干。一年前，她所在的班级转来一名女生，那个女生的成绩与她不相上下。老师为了鼓励她俩齐头并进，总喜欢拿她俩互比，比学习、比品德、比自理能力。比来比去，陈晓琪的内心感到了一股压力。她总想学习那位女生的长处，做得更好，赶上或超过对方，可又往往很难。两人似乎总不相上下，越是这样，陈晓琪越难过。不知从何时起，她开始揣测对方的一切，除了学习之外，连穿衣服、用护肤品、走路的姿势……每做一件事，她都会想：对方是怎么样做的？会不会比我做得更好？同学们更喜欢谁？最近，她想做一个自理能力很强的女孩儿，但她认为自己要做得最好，母亲就必须离家外出，让她独自来完成所有的工作……“她已经找不到自我了……”心理医生叹息道。陈晓琪的“病因”在于她的母亲过去包揽了她的一切，对她缺乏正确引导，以致她将一般的竞争幻化成了全面搏击，事情被过分夸大。她想做得更好，可又迷失了自我，在东施效颦中追求完美无缺，却越陷越深。她的心理要完全康复，将需要一个漫长的过程。

还有一个故事说，“六一”儿童节那天，晓晓的妈妈给女儿和弟弟的儿子各准备了一个小礼包。晓晓看了看手上的黄色礼包，又看了看小弟弟手中的紫色礼包，突然大哭起来，扑上去就抢小弟弟的礼包，还把手上的礼包摔到了地上。妈妈把两包礼物当着晓晓的面拆开，原来这一黄一紫的两包礼物，里面是一模一样的两盒瑞士糖。

晓晓破涕为笑，妈妈却愁上心头：才五岁多的孩子呀，哪来这么强烈的妒意？

细细想来，晓晓的嫉妒情绪存在已不是一两天了。三岁时，小堂姐有了一架钢琴，而晓晓只有一架电子琴，晓晓为此生了许多天的闷气。和妈妈一起到伯伯家做客，她竟发泄般地乱弹一气，还说要发明一种小机器虫，让它钻到钢琴的肚子里去，把小姐姐的钢琴咬坏。当时所有的大人都没有当回事，妈妈也忽略了晓晓心理上的扭曲情绪。

转眼到了五岁，晓晓的妒意表现得更强烈了。比如，晓晓明明有一套童话丛书，她的同学罗明没买到向她借，她马上说，自己也没买到。晓晓的妈妈听得脸都红了，回家后问她为何要说谎。晓晓毫无愧色地说：“他们什么都比我强。罗明的爸爸比我爸爸的钱多，她家比咱家大，教唱歌、体操和数学的老师都更喜欢她。我不想让她赶上我！”

面对女儿如此之强的嫉妒心理，晓晓的妈妈不知所措：这样被妒意笼罩的孩子该怎么办？

一般来说，30个月龄内的婴幼儿暂时还不会表现出妒意。但随着年龄越大，越可能与周围的伙伴攀比，对自己几经努力也无法达到的目标不甘心。这个时候，对“幸运儿”的心理排斥和强烈的妒意就冒出来了。嫉妒一方面是待人不够宽容的具体表现，另一方面也是幼儿自我意识开始觉醒的表现，是成长的副产品。通常，嫉妒情绪强烈的小孩儿，好胜心也强，愿意为某一方面超出同龄人而付出双倍的努力。妈妈要做的，只是解决因此而产生的虚荣、攀比、说谎、任性等负面因素，而不是把嫉妒背后的进取动力也一笔抹煞。

假如发现孩子有妒意，妈妈斥之为“可耻的想法”予以打压，只会加深孩子内心的矛盾与扭曲。而鼓励他们说出来，则是舒解孩子内心压力的最佳途径。如果孩子的嫉妒对象是小伙伴，妈妈应当鼓励他当着对方的面说出自己的羡慕和不甘心，比如说：“我很羡慕你有钢琴。我觉得我在电子琴上练习，永远也赶不上你了。”说出自己的真实想法后，孩子很可能会得到呼应和帮助，比如，对方可能会说：“你到我家来吧，我可以教你弹，我们还可以四手联奏。”对方也可能会说：“弹琴一点儿意思也没有，我才羡慕你可以在楼下跳皮筋呢。”无论是哪一种答案，都能极大地缓解孩子的妒意和压力，不会令孩子自责“我有问题”，从而心理健康地长大。所以，妈妈应该告诉孩子，环境虽有不同，情况也有区别，要在自己的家庭环境中学会利用现有条件，没有十全十美的条件。

晓晓的妈妈听取了专家的意见，让晓晓与罗明共度了一次周末。结果晓晓了解到：罗明一个月只有一两天可以见到繁忙的爸爸；罗明没有在家养小动物的权利；经商的妈妈一走就是半个月，偌大的家中只剩罗明与外婆为伴……晓晓终于意识到自己的生活中也有令罗明艳羡不已的一面，只是每个小孩儿的幸运和快乐不一样罢了。

晓晓终于打破了嫉妒之壳，站了出来，笑容灿烂地与罗明和小朋友们牵起了手。

为孩子的心理健康补一点“维生素”

现在的年轻妈妈，不仅关心孩子的生长发育和身体健康，对孩子的心理健康同样十分重视。那如何在日常生活中维护孩子的心理健康呢？我们对年轻妈妈有以下几条建议：

☺ **情感投资——让孩子天天快乐**

轻松愉快的情绪能使孩子顺利地进行各种活动，妈妈应使孩子经常处于一种兴高采烈的状态。幼儿情绪的发展具有易受感染性的特点，为使孩子拥有良好的情绪体验，妈妈要做到：为孩子树立模仿的榜样，时时处处以自己乐观向上的情绪去感染孩子。

妈妈要与孩子建立和谐、默契的关系，以便对孩子产生潜移默化的影响，“孩子的脸是亲子之间关系的晴雨表”，说的就是这个道理。

第一，要对孩子进行情感投资。美国精神病专家坎贝尔提出，要使孩子心理健康，妈妈要作相应的“精神投资”。深情地注视孩子，和孩子进行温馨的身体接触，一心一意地关心孩子。

第二，要对孩子宽严并济。妈妈既不能为了赢得孩子的开心和笑容，就对孩子的缺点、错误熟视无睹、听之任之，不合理的要求也予以满足；也不能苛求孩子，把孩子与同伴进行横向比较，甚至拿孩子的短处去比同伴的长处，要注意纵向比较，一旦发现孩子的闪光处和点滴进步，要及时加以表扬。

☺ **以礼相待——让孩子感到妈妈可爱可敬**

家庭内部民主平等的人际关系是孩子心理健康的“维生素”。调查表明，民主协商型妈妈与独断专制型妈妈相比，前者培养出来的孩子更通情达理，受同伴欢迎，能与人友好相处，乐于助人。为了构建良好的亲子关系，妈妈要做的是：

妈妈要尊重孩子，认识到孩子也是一个独立的人，有自己的情感和需要。放下做家长的架子，蹲下身来与孩子讲话，以减少“威严感”，使孩子觉得妈妈和自己是平等的。

妈妈要礼待孩子，对孩子讲文明礼貌，不打骂孩子。无论孩子做了什么好事或有什么成绩，妈妈都要表示祝贺，绝不吝啬赞赏。

妈妈意识到自己对孩子可能讲错了话、做错了事之后，要勇于向孩子承认错误并及时道歉，这不但不会降低自己在孩子心目中的威信，反而会使孩子感到妈妈更加可亲可敬。

☺ 循循善诱——让孩子认识自我

孩子是否能正确地认识、评估自己的能力，是其心理健康的一项重要指标。为了帮助孩子形成良好的自我意识，发展孩子的自尊心，提高孩子的自我意识水平，妈妈应使孩子认识到世界上只有一个“我”。“我”是独特的，有动听的名字、短短的黑发、小小的嘴巴、大大的眼睛；“我”很能干，能用自己的双手吃饭、穿衣、剪纸、绘画、弹琴，能用自己的双脚行走、奔跑、跳跃、攀登，能用自己的鼻子闻出多种不同的味道，能用自己的耳朵听出各种奇妙的声音。“我”有许多优点，当然也有一些缺点，不过，经过努力，“我”能改正自己的缺点，做个好孩子。为此，妈妈可采用各种形式来进行：鼓励孩子在镜子前照一照，看看自己的五官长得怎么样、身材如何；启发孩子通过不同的手段，绘出自己的形象，比如躺在地上，请妈妈帮忙描出身体的轮廓，然后自己进行剪帖，也可自己画自己的画像；引导孩子对自己的照片、作品进行分类、整理，按日期前后进行排列，或按照内容进行编排，建立一个较为完整的成长档案；把各种折纸作品收集起来装订成册，使孩子能经常翻阅、观赏，为自己的进步感到骄傲和自豪。

☺ 塑造孩子良好的个性品质

幼年期是孩子性格形成的关键时期，孩子性格特征的优劣，直接影响到各个方面的发展水平和未来的工作、生活。在培养孩子独立性的时候，妈妈要寓教于日常生活之中，使孩子做到自己的事情自己做；在培养孩子克制力的时候，妈妈要和孩子一起制定规章制度，鼓励孩子做家庭的“稽查队长”，带头遵守家规家法。

为使孩子能适应集体生活，从而得到较好的生存和发展，妈妈还必须培养孩子与人合作的意识，训练孩子的合作行为，增强孩子的合作能力。要使孩子意识到与人合作的价值，可通过游戏来进行。例如，妈妈和孩子玩“扶盲人过马路”的游戏，先让孩子扮成“盲人”，由妈妈扶其过马路；再由妈妈扮作“盲人”，让孩子扶着过马路。

孩子成长的道路不可能是一帆风顺的，妈妈应注意培养孩子战胜失败、消除恐怖的技能，磨炼孩子的意志，提高孩子的抗挫能力。例如孩子怕黑，不敢独自一人睡觉，妈妈可在3岁孩子的卧室放一盏调光台灯；而对4岁的孩子，妈妈则可关灯，让孩子边听录音磁带里的故事边进入梦乡。

研究表明，最初的成功对幼儿以后的学习有着极大的影响，因此，妈妈要创造条件让孩子体验成功的喜悦，这有利于培养孩子的毅力。

让孩子热爱运动

生命宝贵，但是短暂，适度运动可以增强体质、减少疾病、保持活力、延年益寿。对于孩子来说，运动可以促进发育，使其健康成长。因此，妈妈要培养孩子从小热爱运动的好习惯。

原筱菲自小体弱多病，走路快一点就会累得气喘，更别说去做一些别的运动了。原筱菲的妈妈看着孩子这样的身体状况，心疼孩子，只要原筱菲在家里，不是让她坐着，就是躺着，需要跑腿或者要运动的事情，自己就代劳，包括到学校拿考试通知单，都是原筱菲的妈妈去拿。

原筱菲就这样一直在妈妈的呵护下成长。现在原筱菲已经是初二的学生，但体质比以前更差，只要有些病菌流行，她就会最先得病，而且最后一个痊愈。原筱菲的妈妈看着孩子现在的样子，心里很担忧，怕孩子以后身体越来越差，就带孩子去看了医生。医生说原筱菲平时缺少锻炼，才会抵抗力差，免疫力不强。医生的话让原筱菲的妈妈很后悔平时没让孩子多运动。

“生命在于运动。”歌德的这句名言风靡世界，道出了运动对于生命的意义。运动对任何人来说都是必要的，只有运动才会健康，从而为工作和学习提供牢固的保障，为事业的成功提供有力的支持。所以，妈妈要培养孩子从小热爱运动、养成规律运动的好习惯，而不要使孩子像原筱菲那样体弱多病。

运动对于孩子来说，有非常重要的作用。运动能够促进孩子骨骼的生长、肌肉的发育、心肺功能的强健，增加身体的协调性和平衡感；运动能增加孩子的抵抗力，减少疾病的侵袭；运动还能愉悦心情、克服焦虑，帮助孩子培养刻苦的精神、坚持不懈的毅力。此外，运动还会增强孩子的团队合作精神、自尊，还可使孩子养成健康的生活方式。

在运动中妈妈要给孩子基本的安全保障，然后放手让孩子去活动，不要过多地束缚孩子。因为事实证明，喜欢运动的孩子生活得更安全。有一份报告指出，在德国，每年有180万儿童出现事故，其中大多数是那些不经常运动的儿童，因为他们缺少经验、力量和技巧。专家建议，对于刚会爬的儿童，就要给以足够的运动空间，让他们活动；对于大一些的孩子，要让他们随妈妈一起参加长距离的步行运动，经常在妈妈的带领下去郊游。

在游戏场上，妈妈不要总担心孩子出事而不让孩子独立活动，相反，妈妈应该在旁边“袖手旁观”。那些担心孩子安全而不让孩子多做运动的妈妈，就像上例原筱菲的妈妈一样，最终会得到适得其反的结果。

因此，妈妈在孩子很小的时候，就要引导孩子做适当、规律的运动，根据孩子的体质合理安排运动项目和运动量，让孩子拥有强壮的身体和坚强的意志。

生命不息，运动不止。运动展现生命的力量与强壮之美，激发生命的活力与激情。教孩子热爱运动吧，它将使孩子远离疾病，拥有健康。

第一，妈妈成为热爱运动的榜样。孩子模仿能力强，看见妈妈做什么，都会学着去做。因此，为了使孩子爱上运动，妈妈首先要给孩子起一个带头作用；如果孩子积极性不高，可以运用比赛等形式来吸引孩子的注意力，增加孩子的兴趣，这样孩子就会投入到运动当中去，在不知不觉中喜欢上运动。

第二，告诉孩子运动的重要性。合理的运动可以促进学习，保证学习的精力，增加学习的效果。妈妈要首先认识到这一点，也要让孩子特别是处于学习阶段的孩子明白这一点，即使学习再紧张，也要保持良好的运动习惯，取得学习成绩与身体健康的双丰收。

第三，让孩子体验运动的快乐。有些孩子对于运动有排斥心理，不知道运动对自己有什么益处。即使知道，因为没有亲身经历，也就没有愉快的体验。妈妈要引导和鼓励孩子勇于尝试，在快乐中解除对运动的排斥，培养孩子坚持运动的好习惯。

第四，教孩子适度、科学地运动。孩子做什么都受到自己兴趣的引导，而不去想它有什么弊端和危害。妈妈要负起监督和爱护的责任，让孩子认识到干什么事都是过犹不及，只有适度才好，帮助孩子调整时间，适度运动。

第九章

培养好习惯，好习惯成就健康、自信的孩子

好习惯是孩子最大的财富

诺贝尔奖获得者在巴黎聚会。有人问其中一位：“你在哪所大学、哪所实验室里学到了你认为是最主要的东西呢？”出人意料，这位白发苍苍的学者回答：“是在幼儿园。”“在幼儿园学到了些什么呢？”学者答：“把自己的东西分一半给小伙伴们，不是自己的东西不要拿，东西要放整齐，吃饭前要洗手，做了错事要表示歉意，午饭后要休息，学习要多思考，要仔细观察大自然。从根本上说，我学到的全部东西就是这些。”这位学者的回答代表了到会科学家的普遍看法，概括起来，他们认为终生所学到的最主要的东西是从小家长和老师给他们培养的良好习惯。

心理学家王极盛先生访谈过200名高考状元，他认为这些状元们都有良好的学习习惯。在总结高考状元的妈妈培养孩子的六个秘诀时，其中重要的一条就是培养孩子良好的学习习惯。我们在调查中发现，孩子的成绩与他们的学习习惯水平是成正比的。凡是学习成绩好的孩子，往往也是学习习惯好的孩子。

从小养成讲秩序的习惯，对学生今后的工作很有帮助。有一个学生长大后当了编辑，他说：“生活有秩序为我帮了大忙，我桌上稿子很多，我都严格分类，采用的、不用的、需我本人修改的，从不混淆。每当我改稿时，思维很紧张，遇到流汗、流鼻涕时，很自然地就用左手从左下衣兜里掏出手绢。由于这是定型性行为，我拿手绢根本不用动脑子，所以没打断我的思路，不用我停笔，节约了大量时间。”他说，“这都要感谢小时候家长和老师帮我养成的好习惯。”

培根说：“习惯是一种顽强的巨大的力量，它可以主宰人生。”北京某外资企业招工，报酬丰厚，要求严格。几个高学历的年轻人过五关斩六将，几乎就要如愿以偿了。最后一关是总经理面试。总经理说："我有点急事，你们等我几分钟。"总经理走后，踌躇满志的年轻人围住了老板的大办公桌，你翻看文件，我看来信，没一人闲着，甚至还有人说话带脏字、随地吐痰。几分钟后，总经理回来了，宣布说："面试已经结束，很遗憾，你们都没有被录取。"年轻人大惊大惑："面试还没开始呢！"总经理说："我不在期间你们的表现，就是面试。本公司不能录取习惯不好的人。"年轻人全傻了，因为从小到大，没有人告诉他们这一常识，更谈不上习惯养成。

相反有个事例，一个孩子去报考外企，主考官认为他知识上有些欠缺，告诉他另谋出路。这个孩子临走时，一按椅子，被椅子上露出的钉子尖扎破了手。他并没有说什么不好听的话，而是顺手用主考官桌上的镇尺把钉子敲回去，然后礼貌地走了。走不多远，主考官派人把他找回来说你被录取了。录取的原因是他有好习惯，有"眼力架儿"。

美国福特公司名扬天下，不仅使美国汽车产业在世界独占鳌头，而且改变了整个美国的国民经济状况。谁又能想到该奇迹的创造者福特当初进入公司的"敲门砖"竟是"捡废纸"这个简单的习惯呢？那时福特刚从大学毕业，他到一家汽车公司应聘，一同应聘的几个人学历都比他高，福特感到没有希望了。当他敲门走进董事长办公室时，发现门口地上有一张纸，他很自然地弯腰把它捡了起来，看了看，原来是一张废纸，就顺手把它扔进了垃圾篓。董事长对这一切都看在眼里。福特刚说了一句话："我是来应聘的福特。"董事长就发出了邀请："很好，很好，福特先生，你已经被我们录用了。"这个让福特感到惊异的决定，实际上源于他那个不经意的动作。福特应聘业务员的成功，看上去很偶然，但实际上却是必然的。他那下意识的动作是他良好习惯的体现，正是这种良好习惯成就了他的事业。

20世纪60年代，前苏联发射了第一艘载人宇宙飞船，宇航员是大家熟知的加加林。当时挑选第一个上太空的人时，有这么一个插曲：几十个宇航员去参观他们要乘坐的飞船，进舱门的时候，只有加加林一个人把鞋脱下来了。他觉得：“这么贵重的一个舱，怎么能穿着鞋进去呢？”就是加加林的这一个动作，让主设计师非常感动。他觉得，只有把这飞船交给一个如此爱惜它的人，他才放心。在他的推荐下，加加林就成了人类第一个飞上太空的宇航员。所以有人开玩笑说，成功从脱鞋开始。

衡量一个人的道德，不是听其口若悬河，而是看其是否有良好的行为习惯。这几个事例说明，习惯不同，人的机遇就不同。

培养良好习惯还不只是为了成才，更重要的是为了孩子成人，在一定意义上说成人比成才更重要。有的孩子讲文明、懂礼貌，人见人爱；有的孩子流里流气，人见人烦。孩子养成不良习惯贻害无穷，坏习惯就像病魔缠身一样，使之成为坏习惯的奴隶。总之，养成教育可以使孩子修养更高，行为更规范，成为一个有教养的文明人，它为孩子成才奠定了良好的基础。因此，作为家长应该充分认识到良好行为习惯的培养的重要性。孩子是妈妈的希望，是祖国的未来，作为妈妈，努力培养孩子良好行为习惯，就是送给孩子最好的礼物，也是留给孩子最大的财富。

以身作则，给孩子做榜样

妈妈的言行是孩子无声的老师，对孩子有着强大的潜移默化作用。妈妈一定要以身作则，时时、处处、事事严格要求自己，为孩子树立人生的好榜样。

杜浩瑞跟妈妈一起上街，碰到了邻居张叔叔，杜浩瑞不仅没有对张叔叔打招呼，甚至看也不看，张叔叔招呼他，他只是勉强回答，十分没有礼貌。回家之后，妈妈把杜浩瑞叫到身边，严厉地对他说：“浩瑞，妈妈发现你对张叔叔讲话时，没有运用礼貌用语。我跟你说过多少次了，你就是记不住！”

杜浩瑞顶嘴说："妈妈你不能怪我，虽然你总是教我要尊老爱幼，可你从来没有尊重过我奶奶！我都记得！"妈妈听了杜浩瑞的话，刹那间脸红了。

要对子女进行成功的教育，妈妈应先做出榜样，正如列宁夫人克鲁普斯卡娅所说："家庭教育对妈妈来说，首先是自我教育。"家庭是孩子最基本的生活和教育单位，妈妈的一言一行、一举一动，都是孩子的模仿源。孩子最初的行为习惯都是从妈妈那里学来的。因此，面对天真的孩子，妈妈要特别重视榜样对孩子的巨大影响，时时处处为孩子树立好的榜样。

妈妈是孩子终生模仿的样板。妈妈的言传身教，对孩子的心理发展和品性形成起着非常重要的作用。教育专家研究发现，孩子不仅在总体上模仿他们妈妈的生活方式，而且还往往继承与妈妈相同的个别有害于或有益于健康的行为，如吸烟或运动锻炼等，并且往往男孩的生活方式常常与父亲的生活方式更为相似，而女孩则更可能模仿其母亲的行为。

孩子在家庭的日常生活中，和妈妈朝夕相处，日夜为伴，尤其未成年的孩子对妈妈的依赖性、模仿性最强，而这时妈妈在孩子的心目中威信最高。他们认为妈妈的一切言谈举止都是最标准、最美好的，对妈妈的一切言行都有强烈的模仿欲望：妈妈的走路说话、待人接物、欢乐与痛苦等，孩子都看在眼里，记在心上，努力去模仿，无论好坏都照单全收。这种影响是在无意识中产生的，其作用也最直接、最深刻、最持久。

妈妈的言谈举止，犹如一本没有文字的教科书。因此在孩子面前，妈妈从思想品德到生活小节，都没有小事。要教育孩子具有较高的社会公德，妈妈自己就必须先成为这样的人；要求孩子积极进取、勇敢拼搏，妈妈也要率先示范。只有这样，才能对孩子产生积极、深远的影响。

妈妈是孩子最好的老师，孩子健全的人格、优良的品质、独立解决问题的能力，都来自妈妈的垂范。妈妈的好榜样将为孩子铺就成功的道路。

台湾著名学者、年过八旬的柳北岸先生不但精神矍铄，而且记忆力好得惊人。谈起童年趣事，他一桩一桩说得眉飞色舞；聊及旅行趣闻，他一件一件讲得兴高采烈；说起读书心得，他更是一则一则说得兴味盎然。思路之清晰，描绘之生动，着实令人自叹不如。他的儿子蔡澜先生这样评价父亲：“父亲不老，只因他终生读书。”

柳北岸先生有一间书房，墙壁四周镶嵌着高达天花板的书橱，橱内密密麻麻地放满了古人和今人的书。对于他来说，一日不可无书。他的几个孩子，分别是艺术界和教育界的佼佼者，他们都是手不释卷的爱书人。这一份爱书的品质，是柳北岸先生当年颇费苦心而又不露痕迹地对他们培养而形成的。柳北岸先生回忆起如何教育孩子时笑眯眯地说：“我买了大量的书，放在地上，任由孩子们看。他们把书翻得乱七八糟，东南西北丢得满天满地，我一声不响地替他们收拾。隔一段时间，又买进另一批新书，任由他们翻。我从来不逼他们读，可是，他们见我读得津津有味，而满屋子的书又伸手可及，一个个都自动地成了爱书人。”

行“言教”而更重“身教”，是教育的最高境界。妈妈在孩子面前不仅是一种权威，而且是孩子言谈举止标准的提供者，是具有强烈的暗示和感染力量的具体形象。“以教人者教己”，妈妈要求孩子具备良好的品质和习惯，自己都应首先具备。

从小培养孩子的好习惯

一个人性格形成的所有线索，都可以在儿时的生活中找到。有“世界第一CEO”之称的GE前CEO杰克·韦尔奇认为，他之所以有今天的成就，完全归功于妈妈对他习惯的养成。

同所有的母亲一样，韦尔奇的母亲给了他无限的爱。同一般母亲不一样的是，她更关注儿子习惯的形成。这个没读过多少书和管理过什么人的女人，硬是在他幼小的心灵中植入了“竞争”的因子，让他向往竞争、欢呼竞争、享受竞争。

还在读一年级的小韦尔奇，中午一放学就迫不及待地往家里跑，希望能有机会与母亲玩一会儿金拉米游戏。他母亲非常投入，赢了以后，会潇洒地把牌往桌上一扣，大喊“金！”。发自内心的张狂与豪爽，一下子会使小韦尔奇疯狂起来。争取胜利的欲望，每天都使他像着了魔似的往家里狂奔。

韦尔奇富有竞争心理，从小就乐于参加一系列竞争性很强的运动，如棒球、橄榄球、篮球、冰球、高尔夫球等，后来不知疲倦地在商场上拼搏，参与一个个自己先前并不熟悉而又极富挑战性的运作，与母亲投入地玩游戏，竟是他颇具竞争心理的肇端。

年幼的韦尔奇，从母亲身上获得了许多性格特质，使其终生受用不浅。母亲擅长分析人的性格特征。她说，“在一英里之外就能嗅出骗子的味道”。对于遇到的每一个人，她总是要有所评论。这些评论不见得百分之百准确，但却百分之百地在韦尔奇幼小的心灵中种植了一种观察人、评判人的习性。这种习性，对韦尔奇来讲是太重要了。他后来曾经把商业成功的经验归结为六个字：“人为先，策为后”。如果不能擅长于分析人，“人为先”的话就无从提起。

韦尔奇发现，他后来的许多管理理念，都可以从母亲身上看到原形：比如，通过努力奋斗去获得成功，面现实不回避，勇于接受失败，忍耐而又有进取心，纪律严明，疾恶如仇，严守承诺，利用欲擒故纵的方式来激励别人，确定苛刻的目标，严格地追问别人以保证任务的完成，敏锐的洞察力，等等。母亲有许多名言，每当一笔交易出现较大的问题时，母亲生硬而又坚定的忠告就会萦绕在韦尔奇的脑海里：“不要欺骗自己，事实就是这样！”“如果你不学习，你将什么都不是，绝对什么都不是。学习没有任何捷径可言。不要欺骗你自己！”

习惯，尤其是那些关乎一生的习惯，对一个人的成长和成功是相当重要的因素。一种在绿草蓝天下进行的阳光运动——一边挥汗如雨，一边大口吸氧，一边又可自由地进入同伴或者自己的思维天地——对一个人的健康和思维都有着一种莫大的助益。成功的商业领袖，绝对需要这种运动。想象如果韦尔奇碰巧学了麻将——一种在烟雾缭绕之中延续的缺氧运动，过程中充满了算计别人的狡诈，在消磨时间的同时，也无情地吞噬着一个人的健康、思维与友谊，那么，韦尔奇还会有今天的成就吗？当然不会。

习惯说小也小，无非是人们消磨时间的一种形式，习惯说大也大，它是一个人心性塑造的重要途径。判断一个人的前景，从他的习惯中就可以得出结论。韦尔奇的妈妈，正是在塑造他一生人格与心理的途径上，帮他做出了正确的选择。韦尔奇有理由感谢妈妈。

一个人工作、学习的好坏，20%与智力因素相关，80%与非智力因素相关，而在信心、意志、习惯、兴趣、性格等非智力因素中，习惯又占有重要位置。曾有人做过这样一个测试，让三个人完成同样一件事，没想到，其结果却因为每个人工作习惯的不同而出人意料。在我们身边，这种事例不胜枚举。

其实，好习惯并不难养成，过程虽然痛苦，一旦养成，就会成为我们终生的财富。

帮孩子克服粗心的毛病

“粗心”，这是与众多家长交流的过程中，当问及孩子学习状况时，百分之八九十的家长脱口而出的回答。“粗心”表现在学习方面比较突出，例如：表现在数学方面，把符号看混，如“+”看成“-”，把数字看混，如“5”看成“3”，忘了写答案，抄错了题，数错了数等。表现在语文方面，学拼音困难，阅读能力差，错别字多，作文偏题等。孩子“粗心”，往往也会表现在生活的许多方面。比如：上学时忘了带做好的作业本，开门进屋后忘了把钥匙拔下来，自己的东西总是丢三落四，到用的时候满世界找也找不到等。从小培养孩子良好的习惯，让人终身受益，无论从长远来看还是从目前孩子的学习状态来看，粗心都是应该纠正的。分析孩子粗心的原因，大多数家长都会认为是孩子学习不认真，太马虎，缺乏对学习的兴趣，贪玩等。

如何看待孩子粗心，家长的认知有一些误区：

误区一：孩子主观上学习不认真。其实，对于一部分孩子来说，不是他学习不努力，而是他的学习能力发展不平衡，孩子的听知觉和视知觉是影响学习能力的重要因素，说他们粗心，他们是冤枉的。不是孩子不想好，而是他的能力没达到。

误区二：片面关注学习习惯，忽视做事的条理性。学习上细心的习惯不是单一存在的，而是与生活习惯密不可分的，那些做事丢三落四，缺乏条理，不能坚持到底的孩子，往往在学习上容易粗心。家长应该从小让孩子做一些他力所能及的事，小的时候让他收拾好自己玩的玩具，大一点时，帮着洗碗。

误区三：家长任意地惩罚孩子。比如：抄十遍书、每天作50道口算题等，让孩子心理上产生厌倦，失去学习的兴趣，过度单调的重复，引起孩子的反感，欲速而不达。其实，孩子学习情绪的好坏，对学习的影响很大。刚上学的时候，每个孩子都雄心勃勃地要争第一，可是孩子们的学习能力确实存在某些不同，在这些学习能力没有提高的情况下，孩子再努力，结果总是不尽如人意。更重要的是，老师和家长误解他，认为他贪玩，心思不在学习上，学习不认真，不专心等。家长的批评，甚至打骂，使孩子心理受到严重的挫折，怀疑自己的能力，缺乏学习的信心，虽然看他坐在桌子旁学习，其实心早就飞了。因此，对孩子要鼓励，有进步时就表扬，让他看到希望，使他树立起学习的信心，调动起他的学习主动性、积极性。

我比较喜欢用赏识教育，让孩子心灵充满阳光。在学习上，要培养孩子的阅读能力，养成爱读书的好习惯。和孩子出门时，看见什么说什么，譬如，让他口头描述超市、新华书店，或者看图说话，培养他的口头表达能力。在生活上，我觉得家长要早一点放手。现在的家长，嘴里说自己孩子依赖性强，其实是大人们在潜意识里离不开孩子。他们过分地保护孩子，无论孩子做什么事都要过问，常常令孩子们反感。他们包揽了孩子的一切，让孩子的独立生活能力越来越差。常听人说，“有个能干的妈妈，就一定有个笨女儿”，就是这个道理。因此，家长首先要解决的是自己对孩子的依赖，不能认为不照顾孩子，孩子就会受罪，就不幸福。让孩子自己的事情自己做，适当做一些家务事。不要什么事都是家长大包大揽。孩子总有一天会长大的，他小的时候受到一点挫折，凭借自己的力量解决，明天就会独立成长。孩子总要离开妈妈的怀抱，走进竞争的社会，家长放手越早，孩子成熟越早。

最后，我还想说，要让孩子保持健康的心理，多给孩子细心的心理暗示。如果家长一再地说孩子粗心，做事慢，孩子就会形成一种习惯，真的认为自己粗心。相反，家长把目光放在孩子细心的方面，孩子心理就有一种自己“细心”的心理暗示。孩子小，自我意识薄弱，很在意周围的眼光，家长应该把注意力更多地放在孩子的优点上。另外，纠正粗心，养成细心的习惯，也要有一个良好的家庭氛围。

综上所述，帮助孩子克服粗心，养成良好的学习习惯，特别是在上小学的阶段，注重对孩子能力的培养，如活动的能力、心理承受能力、社会责任感，这都将会让孩子受益终身。

让孩子学会珍惜时间

在生活中，许多人没有时间观念，做事总是很慢。因此，培养时间意识对孩子来说至关重要。因为孩子能否安排好自己的时间，能否珍惜时间，会影响他的生活与学习。

孩子的时间观念并不强，他们通常不能按问题的主次和事情的轻重缓急来安排时间，而是凭自己的兴趣来安排时间，结果不但造成了不必要的时间浪费，而且还会影响处理许多事情。

同时，不珍惜时间、无法合理安排时间的孩子，通常缺少自我控制的能力，缺乏不断前进的动力。如果妈妈在早期教育中，让孩子养成了良好的时间观念，就等于给了孩子知识、力量、智慧。因为善于利用时间的人，将会获得高效率的办事结果，也是最能出成绩的人，更易成就自己的理想。

雅雅是小学五年级的学生，人虽然不小了，但还是贪玩成性，玩起来就没完没了，不知道时间的珍贵，不知道利用时间学习，成绩很不好，一学习就磨蹭，这让雅雅的妈妈伤透了脑筋。他们想方设法让雅雅明白磨蹭和贪玩是浪费时间的，但雅雅一脸的无所谓。

妈妈看着雅雅现在的行为，反省当初雅雅小的时候对她太纵容。雅雅小时候，妈妈十分疼爱她，鼓励她与小伙伴去玩，玩到什么时候从不限制，直到孩子尽兴为止。对孩子做事情磨蹭的行为，妈妈也认为是孩子的天性，从没有为此对孩子进行教育批评，有时候看着孩子做事太慢，还上前去替孩子做，慢慢地雅雅就形成了贪玩、磨蹭的习惯。现在矫正这些不良习惯不知要花费多少努力，雅雅的妈妈对此非常后悔。

你的孩子有时间观念吗？你的孩子浪费时间吗？你的孩子会利用时间吗？如果不会利用，妈妈应该运用一定的方法，帮助孩子养成合理安排时间的好习惯。

☺ 让孩子明白珍惜时间的重要性

妈妈要让孩子明白珍惜时间就是珍惜生命的道理，可以给孩子讲一些古往今来成功人士珍惜时间的故事，还可以在孩子的卧室里张贴一些名言警句来提醒孩子。

☺ 合理安排孩子的作息时间

良好的作息习惯是养成时间观念的前提。妈妈可以和孩子一起制定一张作息时间表，什么时间起床，洗漱要多长时间，吃早餐要多少时间，放学后先做什么，然后做什么，几点睡觉等，都可以让孩子做出合理的安排。

在孩子的作息时间中，学习时间一定要固定下来，妈妈必须规定孩子严格的学习时间。中小学生的作业一般需用一个小时左右，周末的作业量会多一些。妈妈应该事先与孩子商量好做作业时间、中间休息的时间，然后按规定进行。规定孩子在一定的时间内必须学习，这样可以使孩子具有一定的紧迫感，集中注意力，从而提高孩子的学习效率。

只有把作息时间固定下来，形成习惯，孩子才能对时间有一个明确的认识，才能养成良好的时间观念。

☺ **指导孩子按事情的轻重缓急安排学习顺序**

妈妈可以指导孩子每天把自己要做的事情按照重要程度和紧迫程序排列顺序，如果孩子能够按照轻重缓急的顺序来安排学习任务，便可以保证把重要的事情都完成，把学习安排得井井有条。

☺ **让孩子改掉拖拉的习惯**

有许多孩子都有做事慢的习惯，当孩子做事慢时，一些妈妈会表现得比较性急，情急之下冲孩子嚷，对孩子责备不停，有的甚至打骂孩子。可是，这种简单、粗暴的方式起不了多少作用。

孩子小，没有时间观念，做事慢，是一种不好的习惯，但妈妈不能采用发脾气的办法。因为孩子年龄虽小，但也需要得到尊重，面对妈妈发脾气、责备和打骂，孩子的心里感觉一定不好，有时他就有可能采取不理不睬的态度，或者干脆故意拖延时间来表示对妈妈的反抗。

孩子都很在意外界的评价，所以，要想让孩子不再那么磨蹭，妈妈改变对孩子的评价是必需的。如果妈妈能经常对孩子说："你如果再快一点儿就更出色了""真好，现在用不着老提醒你了"，孩子便会受到正面的刺激，而这些真诚的鼓励是能够打动孩子的。孩子为了不让妈妈失望，下次做事就会有意识地提醒自己快点儿。

☺ **教会孩子必要的技能**

妈妈必须教会他们一些基本的技能，比如怎样穿衣服才能穿得更快，怎样洗漱才能不浪费时间，怎样整理玩具才能取用方便，学习用品摆放要分门归类，先复习后作业可以节约时间，早晨醒来之后不能再恋被窝，吃饭时不能看动画片，放学回家不能边走边玩。另外，对一些动手能力较差的孩子，妈妈还应当增加些有针对性的特殊训练，以提高孩子的动手能力，从而节省孩子做事的时间。

鼓励孩子爱学习

怎么才能让那些不愿意学习的孩子转变为愿意学习，让那些不善于学习的孩子转变为善于学习呢？使孩子能够不断地提高和发展，这是家长最感困难的问题。教育的巨大潜力也就蕴藏在这里。

我们来看看德国诗人歌德的例子：

歌德是德国最著名的诗人。但是歌德在小时候曾有很长一段时间是个不爱学习的孩子，不仅不爱学习，而且还非常厌恶学习。那时他把学习当做自己最大的敌人。当时小歌德成天只知道玩，他挨了很多骂，也挨了不少打，但是无论他父亲怎么做，都不能让他安心地学习。

一个偶然的机会，歌德的父亲见到了著名人类学家福斯贝先生，他是一个热衷于儿童教育的人，他讲了许多名人受教育的故事给歌德的父亲听，歌德的父亲从他的谈话中受到了许多启发。

回到家中，他对歌德运用新的教育方式，并改变了态度。他给小歌德讲了许多历史上伟人的故事，并告诉他，那些伟人从小都是爱读书的孩子。

他的父亲一开始也不要求小歌德什么都听从他的，他只是让小歌德在潜意识里慢慢地把读书、学习和伟人联系在一起，对学习有一个新的认识。

一天，他父亲与一个朋友正在谈一个流浪汉的故事。当他发现歌德在旁边时，便故意提高了声音说道：“听说他小的时候也不爱读书，只知道玩，他认为不读书也可以生活得很好。可是长大之后，因为他什么都不懂，什么都不会，想找个工作也找不到，只好变成一个要饭的人了。”

父亲的话给了小歌德巨大的震撼，他想，我是要做一个高尚的人，还是要做一个要饭的人呢?

第二天，小歌德做出了一个惊人之举，他主动要求学习，并不顾一切地拼命学习起来。他的行为告诉人们，他选择了去做一个高尚的人。最后，小歌德成了一个高尚的人，他实现了自己的愿望。

其实任何人都可能像小歌德一样做到这样的转变。在终身学习的社会里，培养热爱学习的习惯、培养终身学习的能力越来越重要。

那么，妈妈如何让孩子爱上学习呢?

第一，培养孩子的学习兴趣。这一步从孩子生下来就开始。最初应该由妈妈引导孩子做。要有意识地引导他认识周围的环境，认识人的一些日常行为。这样做不仅能帮助孩子较快地增加知识，更能帮助他培养学习的兴趣和习惯。“热爱是最好的老师”，因为当事者对于学习发生了兴趣，就会像磁石一样，吸引他去自觉地努力学习。

到孩子能理解语言、图形和文字的含义时，妈妈要通过这些形式引导他对学习的兴趣，如让他看图画、给他讲故事、读童话书等；还可以通过玩游戏来学习，如猜谜语、认字比赛等。

再一个引导孩子学习兴趣的办法就是要设置有益于孩子学习的环境。如有益学习的玩具，有吸引力的图画，同愿意学习的小朋友一起玩，特别是妈妈要做他学习的榜样，使他的周围始终都有启示学习的条件。

第二，让孩子掌握学习方法。孩子在上学读书的时候，一开始往往只是背诵，只要是他愿意学习，学习的效果一般较好。但在学习内容越来越多越深的时候，单靠背诵就不行了。由于学习吃力、跟不上，就会失去学习的兴趣，不愿意再继续学习。若想保持学习的兴趣，提高学习的效果，就要学会学习的方法。

“得法者事半功倍”。学习者必须掌握一套具有自己特色的有效的学习方法，如怎样选用现代的学习工具，怎样从书籍和资料中学习，怎样向优秀者学习，怎样在实际经历中学习，怎样通过总结促进学习，怎样提高听课能力，怎样快速阅读，怎样提高记忆，怎样应对考试，怎样运用学习时间，等等，使之成为高效学习的有力武器。掌握了有效的学习方法，不仅能够提高学习的效率和效果，还能增强学习的兴趣，使学习成为一种乐趣。

第三，和孩子一起明确成长目标。学习到一定程度，如果没有人生成长的目标，当事者就会感到满足，觉得学习已经没有什么意义。所以，人生到了一定的阶段，就要明确自己成长的目标。有了成长的目标，就会看到在目标与现实水平之间的差距，为了消除这个差距就会激励自己不断学习提高。有了明确的成长目标，就有了学习的空间和动力，学习也就不再是一种负担。

第四，对孩子的进步表示高兴。妈妈还应让孩子感觉到他在学习上的每一点进步能给妈妈带来喜悦。如果孩子认识到他好好学习并得到好成绩，而且还能换取爸妈心灵的安慰，他就愿意用好好学习的方式给妈妈带来欢乐。所以，对于孩子的每一点进步，不管多微小，妈妈都应表现出自豪、欣慰的情绪，使孩子感到他的努力是值得的，是应该更加努力的。如此，孩子慢慢地就会爱上学习，不再把它当成一种负担。

培养孩子科学饮食的习惯

科学的饮食是身体健康的保证，妈妈要让孩子从小养成科学饮食的习惯。

胖胖人如其名，长得肥头大耳，虽然只有7岁，但足有80多斤。胖胖家里的经济条件很好，妈妈做生意收入可观，他们爱吃荤不爱吃素，所以每天桌上摆的都是大鱼大肉，很少看见有蔬菜。

胖胖从小跟着妈妈这样吃，慢慢地也跟妈妈的饮食习惯一样了。胖胖不仅食量大，而且消化快，一顿饭吃饱之后不到下顿饭的时间就会饿，妈妈因此还买了很多他爱吃的零食，一开始胖胖是饿了才吃零食，后来是不饿也想吃，养成了乱吃零食的坏毛病。只吃荤很少吃素，不仅使胖胖的身体显得笨重、臃肿，身体健康状况也不容乐观。

现在人们的生活水平提高了，却出现了很多不健康的饮食习惯。有些孩子只喜欢吃荤，所以天天就只吃大鱼大肉，像上例中的胖胖一样，导致身体营养过剩，造成肥胖，而蔬菜里的微量元素缺失严重，影响了身体的健康；还有些孩子因为生活条件好，吃饭时挑挑拣拣，只吃自己喜欢吃的东西，不喜欢的饭菜一点不沾，这样也导致营养失衡；还有的孩子热衷于减肥，只吃一点点东西，人瘦得像竹竿一样，一阵风就可能把他吹走似的，还认为这样的身材是美，殊不知自己身体已经严重受损。这种种身体不佳的状况，都是没有科学饮食造成的。

只有学会科学饮食，才能保证身体状况良好，精力充沛，学习起来才劲头十足。因此，妈妈要使孩子从小养成科学饮食的习惯。

科学饮食要少放盐，荤素搭配，以素为主，水果多吃，牛奶要喝，少吃油炸和腌制的食品，使膳食平衡，保证营养全面。妈妈给孩子养成各种食物均衡摄入的习惯，让孩子不要挑食、偏食；吃饭时要保持愉快的心情，学会细嚼慢咽；一天三餐，保证按时就餐；学会控制食量，让“饭吃八成饱，健康活到老”真正体现在生活饮食中。

孩子偏食、挑食、甚至厌食，多是由于妈妈的娇惯与不科学饮食造成的。所以，妈妈首先要做到各种食物搭配均衡，三餐按时，吃饭定量，以帮助孩子养成科学饮食的习惯。

第一，给孩子做营养全面、色香味俱佳的饭菜。科学饮食，首先要各种营养摄入均衡，荤素搭配，精细粮都吃，水果多吃。妈妈还要让孩子明白均衡摄食的重要性，并且把饭菜做到色、香、味俱佳，吸引孩子的眼球和味觉，然后自己带头不挑食，以行动帮助孩子做到吸收均衡，保证营养全面、充足。

第二，让孩子吃饭时心情愉悦，细嚼慢咽。一个人吃饭时心情愉悦，胃才能很好地消化、吸收进食的东西；而吃饭时细嚼慢咽，由于唾液的作用，能够减轻胃的负担，帮助胃进行消化。如果情绪不佳，就会影响肠胃的功能，胃里也会不舒服；狼吞虎咽吃下去的饭，更会增加胃的负担。因此，妈妈要让孩子科学饮食，就要让孩子进食时心情愉悦，吃饭时细嚼慢咽。

第三，让孩子三餐按时吃，科学进餐。吃饭按时，两餐之间相隔4~5个小时，有助于食物的高效吸收。饮食要节制，再好吃的饭菜，也只吃八成饱左右。三餐不定时，暴饮暴食，对胃和身体都不利。所以，妈妈要保证孩子一天三餐按时吃，科学进餐，这样的科学饮食习惯有助于孩子的身体健康。

教孩子养成懂礼貌的好习惯

培养孩子的文明礼貌言行，是教育孩子怎样做人的第一步。一个讲文明、懂礼貌的孩子，无论在家庭、学校、社会，都是一个受欢迎、受尊敬的人。

琪琪的妈妈是这样教育她的：在早期教育当中，除了开发她的智力外。也同步进行文明行为的训练，让她懂得礼貌待人。

从琪琪学会说话，能够听懂一些简单的提示和要求开始，他们就有意识地在各种场合下，告诉她应该怎样做。比如早晨离开家时，要和家里人说“再见”，到了托儿所要问“阿姨好”、“小朋友好”等。

在宴席上，他们让孩子坐在椅子上，默不作声地吃大人夹给她的饭菜。咳嗽时，他们提醒孩子要对客人说“对不起”。饭桌上，孩子不小心把饭粒掉在地上，他们抓住她的小手，一边拍打其手心，一边提醒她不许再犯。饭后，孩子要保姆替她取水，他们提醒孩子，不该随意让别人帮自己做事，若是非让不可，一定要说“请”、“对不起”、“麻烦您”、“谢谢”等礼貌用语。

凡是见过琪琪的人都说她气质好、彬彬有礼、落落大方。这是从小到大逐步养成的。妈妈的目标不仅是要培养出一个聪明的孩子，也是要培养出一个文明的孩子。

没有一个人是生来就不讲文明礼貌的，正所谓“人之初，性本善，性相近，习相远”。一些不文明的言行都是后天形成的。

首先是妈妈的影响。孩子生来就有模仿的能力，有的妈妈在孩子面前不检点自己的行为，殊不知妈妈是孩子的第一任老师，孩子在这样的环境下长大，耳濡目染，自然也就养成了妈妈所有的不文明不礼貌的习惯。

其次是同伴的影响。如果同伴中有几个人不讲文明礼貌，孩子就会自觉不自觉地学习他们，以此来肯定自己与他们是同类人。尤其是青春期的孩子，他们独特的心理变化，使之很容易受到同伴的影响。有时候，同伴的影响甚至超过家人。

还有周围大环境的影响。人生活在这个社会上，不可避免地要与社会接触。社会上的人是良莠不齐的，一些不良的习气也随之而来。正是“近朱者赤，近墨者黑”，孩子缺乏分辨是非对错的能力，更易受影响。

古语说：“己正而后能正人。”妈妈若要孩子礼貌待人，首先自己要做表率，妈妈对孩子的影响最直接、最深刻，妈妈的身教是对孩子最生动、最实际的教育。妈妈应充分利用机会提醒孩子，给孩子示范，使孩子在亲身实践中理解文明礼貌的含义，并通过自己的行为潜移默化地影响孩子，使孩子在耳濡目染的环境中，逐步形成文明礼貌的品德。

文明礼貌能促进孩子身心的健康发展，培养孩子的高尚人格，是孩子走向成功的通行证。教孩子学礼仪、懂礼貌，是妈妈义不容辞的责任。

第一，教孩子学会尊重他人。文明礼貌习惯看起来是一种外在行为的表现，实际上它与人的内心修养，特别是与人是否具有尊重他人的意识有着十分密切的关系。很难想象，一个不尊重他人的人会具有什么文明礼貌习惯。让孩子懂得文明礼貌，妈妈要首先帮孩子确立尊重他人的意识。

第二，让孩子掌握必要的文明礼貌常识。文明礼貌常识包括两方面的内容：语言和行为。文明礼貌语言要求不说粗俗的话，使用日常文明用语等。文明礼貌行为包括交往行为和环境行为两种。交往行为包括见面或分手时打招呼、握手，与人交谈时要体现出对对方的尊重。文明礼貌的环境行为要求遵守公共秩序和社会公德，如爱护公共卫生，不随地吐痰，不乱扔纸屑果皮；穿着朴素大方整洁，头发干净整齐；不打架骂人；待人态度热情和蔼；遵守交通规则；乘车时主动购票，给老、弱、病、残、孕者及师长让座，不争抢座位；购物付费时按顺序排队；爱护公共设施、文物古迹；观看演出和比赛时，不起哄骚扰，做文明观众，等等。

第三，为孩子讲解待客的规矩。妈妈要给孩子讲解待客的规矩，使孩子懂得一定的行为规范。如亲友来访时，听到敲门声要说“请进”；见了亲友按称谓主动亲切问好；拿出茶点，热情地请客人吃，不应显出不高兴的样子或独自食用；当大人谈话时，小孩不应随便插话；小客人来，应主动拿出玩具与小客人玩；共同进餐的人未完全入席前不得动餐具自己先吃；客人离开时要说“再见”，并欢迎客人再来。

不磨蹭的孩子，做事更有效率

孩子做事情磨蹭是让许多妈妈感到头痛的事情。有些孩子不仅在学校无法按时完成作业，回家以后也是先想着玩，把作业拖到很晚才完成。

小卓今年7岁了，他的学习成绩好，是老师、同学公认的好学生。然而，小卓也有很多的缺点，最让妈妈担心的就是小卓那个磨蹭的坏习惯。虽然已经上小学二年级了，可是小卓做什么事都不紧不慢，起床要半小时，吃饭要半小时，上个厕所还要半小时，别人不催，他更不着急。每天放学回到家后，小卓总是慢悠悠地从书包里拿出书，接着摆在桌子上，然后又磨磨蹭蹭地拿出笔，就那么点事，他却能用半个小时。尽管妈妈一直催促他“快一点，快一点”，但仍起不到效果，甚至对他发火他都无动于衷。有时他看似改了，但过不了几天就又犯了老毛病。

其实，并不是所有的孩子天生都是“慢性子”，这其中是有一定原因的：

第一，缺乏兴趣。孩子做感兴趣的事往往动作很快，没兴趣的事就做得慢吞吞。譬如，如果你说今天要带他去动物园玩，他可以在3分钟内穿好衣服、袜子，还反过来催大人；如果换成要他去收拾地上玩具的话，他就会磨蹭半天也不去做，即便去做了动作也慢吞吞。

很多孩子对于做作业缺乏兴趣，加之作业又多，所以做起来就喜欢磨蹭。比如，写到一半常常发呆或做小动作，遇到难一点的题目就马上找妈妈等。

第二，注意力不集中。有些孩子之所以慢吞吞，是因为注意力分散。当他做事时，无法把精力全部集中到所做的事情上，导致效率低下，完成的速度也就比别人慢。

第三，家庭成员的影响。孩子是极容易受到他人影响的，如果家庭成员生活散漫、做事拖拉，孩子也很容易养成拖拉的习惯。

小超的妈妈是个慢性子，做事情时常拖拉。小超耳濡目染，做家庭作业时，竟也学着拖拉起来，明明当天应该完成的作业，他非要拖到第二天才急急忙忙地写完，学习效果可想而知。妈妈平时比较喜欢看电视，还喜欢和朋友打电话，唠家常。她经常不顾小超是否在学习，在家里开大音量看电视，或者在电话机旁高谈阔论，孩子被这些声音所吸引，时常探头探脑，或者从房间出来转一圈。时间长了，小超就养成了做作业拖拉、无法专心致志的坏习惯。

所以好妈妈一定要具体分析孩子磨蹭的原因，然后再对其进行有针对性的教育，才能帮助他们改正这个坏习惯。

面对孩子磨磨蹭蹭的行为，好妈妈千万不能不闻不问、掉以轻心，但是，在纠正孩子的行为时也不要表现出急躁情绪，急于求成，要保持一种平和的心态，运用正确的方法引导孩子。

第一，激发孩子的兴趣。妈妈可以选择孩子平时最爱听的故事、最爱玩的游戏、最爱看的动画片等，激发孩子做事的兴趣，促使孩子快速行动。如孩子爱听故事，妈妈可以对他说："你快些把餐桌收拾干净，把碗筷放入盆中，我们就可以将昨天的故事讲完了。"用这种方法家长要注意，不能用谎话欺骗孩子，答应的事情一定要兑现，否则，不仅达不到目的，还会对孩子良好品格的形成带来消极的影响。

第二，培养孩子集中注意力。书中前面提到过，专注程度能决定一个人在学习和工作中的成绩。

只有集中注意力，才能提高效率，加快成功的步伐。在平时的生活中，妈妈要教育孩子，不管学还是玩，不管喜欢还是不喜欢的事，都要一心一意地去完成。比如在孩子玩耍的时候，妈妈不要频繁催促孩子学习，出门旅行也不要总提到学习的事。如果孩子能专心、高效地完成一件事，妈妈应给予鼓励。

第三，给孩子做好榜样。如果妈妈也有磨蹭的坏习惯，一定要改，要养成雷厉风行、干净利索、动作快捷迅速的做事习惯，让孩子看在眼里，记在心中。和孩子一起做家务活时，还可以比赛看谁在规定时间内做得又快又好。这样既锻炼了孩子的动手能力，又帮助自己和孩子都养成了做事干脆利索的好习惯。

第四，培养孩子的时间感。提高孩子的办事效率，就要培养孩子的时间感。所谓时间感是指孩子对时间的感知能力。妈妈首先要教会孩子认识时间，包括日期、四季、时、分、秒，进而培养孩子对时间的把握和支配的能力。一个有时间感的孩子，通常做事情都比较有条理、主次分明，懂得合理地使用和分配时间。

勤俭是一种美德，奢侈是一种浪费

当今很多孩子在消费观上存在着不容忽视的问题，四五块钱的一个面包，吃上几口就随手扔掉了，上百元的玩具玩了不到一天便玩坏了，穿了没多久的衣服就不喜欢穿了。他们花钱大手大脚，过生日也互相攀比，让很多妈妈感到头疼。由此可见，从小培养孩子养成良好的消费习惯是非常重要的。

记得小良3岁那年，妈妈和他路过一家玩具店，橱窗里有一辆双层巴士玩具车，他立刻看得入了迷，久久不肯离开。妈妈催小良走，说：“你已经有好多辆小汽车了。”小良不答应。看妈妈没有买下来的意思，他便“哇”的大哭起来，但妈妈还是没有给他买。等他平静下来，妈妈告诉他：“店里的大部分东西我们家都没有，爸爸妈妈赚钱很辛苦，要供你上学、吃饭、买衣服、买书，不可能把家里没有的东西都买回来。”小良没有说话，很认真地点了点头。从那以后，每次路过那家小店，他总要隔着橱窗欣赏那辆双层巴士，但再也不提要买它了。

小良不但从小就不乱花钱，而且也不轻易找妈妈要钱。自己过年的压岁钱，他都用来缴学杂费和书费了，很少买吃的、玩的东西；穿衣方面也不讲究，买啥穿啥；吃的方面也容易满足，夏天爱吃雪糕，每天一根就行了。

小良的同学中不乏家境富裕的孩子，但他并不羡慕。看到一些同学花钱大手大脚，进校时妈妈交了高额择校费却不好好学习时，小良认为他们太不珍惜妈妈的辛苦钱了。正是因为如此，小良发誓要考上一所好中学，不花钱上高中。后来，他果然凭借自己的努力考上了重点高中。

随着生活水平的不断提高，许多孩子养成了不良的消费习惯——吃要吃最好的，穿要穿名牌，用要用最贵的。这些现象向妈妈们敲响了警钟：应该对孩子进行消费教育。

有时候，在一些经济条件并不宽裕的家庭，妈妈觉得和孩子谈省钱，面子上不好看，有的甚至还“打肿脸充胖子”，自己省吃俭用也要让孩子吃最好、穿最好、兜里有钱。其实这样做是大可不必的。如果孩子问起家庭收入及经济状况的时候，妈妈不要对孩子说谎。

有时候孩子提出的问题或许代表了孩子想要了解的另一层意思。比如“我们家是不是很有钱”，真正的意思也许是“我会不会像我们班的×××同学那样有那么多的名牌衣服，有那么多的零花钱”。在这种情况下，妈妈应当如实告诉孩子自己的收入，教育孩子不要和别人攀比。如果孩子坚持要买一件根本不需要买的名牌衣服，妈妈可以理直气壮地告诉他“咱家买不起！”同时教育孩子要使生活过得更好，必须付出辛勤的劳动，将来要自食其力。尽管孩子不必了解家庭经济的具体细节，但是家庭经济所能承受的最大压力应让孩子彻底明了。妈妈毕竟不是孩子的“银行”，把自己有限的财产状况向孩子交底，孩子反倒会珍惜家里的每一分钱。

如何面对物质生活的强烈诱惑，养成正确的行为习惯和消费习惯，是妈妈和孩子共同面对的问题。好妈妈应该创造机会对孩子进行科学消费教育，提高孩子合理、适度、科学消费的能力。

☺　让孩子了解妈妈的工作

未成年的孩子往往不知道妈妈的钱是从哪里挣来的，并对妈妈给的每分钱抱有一种无所谓的态度。妈妈可以为孩子创造条件，让他懂得劳动和收获之间的关系。例如，鼓励孩子利用假期去参加公益劳动或者勤工俭学，体会劳动的艰辛和挣钱的不易；带领孩子参观自己工作的场所，特别是体力劳动者那些流血流汗的工作场所。劳动会给孩子幼小的心灵带来一种震撼。体会妈妈的辛劳，会让孩子更懂得珍惜，更心疼妈妈，更热爱生活。

☺ 让孩子学会理智消费

孩子将来要在社会上独立生存，就必然要与钱打交道。所以，妈妈就应该尽早教孩子学会用钱，理智消费。

要训练孩子有计划地使用钱，妈妈最好和他们一起制订出一个消费计划。让孩子自己去订计划，妈妈不必直接干预，但要对孩子的计划进行监督、检查。这样，孩子在日常生活中才能养成好习惯，懂得预算，懂得把钱花在“刀刃”上。同时，妈妈还可以用实际行动让孩子看到理智消费带来的益处。

一位妈妈曾带着6岁的女儿逛了3家商店，目的是为了买一套物美价廉的餐具。最后，妈妈用省下来的10元钱给女儿买了一个她向往已久的卷笔刀。这位妈妈的做法使女儿了解了什么是性价比，什么是理智消费及其带来的好处。这样，女儿在自己支配钱的时候，也会注意节俭。

☺ 让孩子养成储蓄的好习惯

在当代社会里，教给孩子科学的理财方法是每位妈妈义不容辞的责任，妈妈要在实践中培养、训练孩子的理财能力，教孩子养成储蓄的好习惯。妈妈要引导孩子把属于他的零用钱存进储蓄罐，这能帮他养成节省“自己的钱”的习惯。

随着人们生活水平的不断提高，孩子收的压岁钱数目也水涨船高，上千元已非常普遍，上万元也已算不上是新闻。过去收的钱少，妈妈就直接给孩子当零花钱自由支配了，现在钱多了，如果再放手不管，不但会造成浪费，而且还能助长孩子花钱大手大脚的不良习惯。

当孩子收到的压岁钱比较多的时候，妈妈可以和他一起，拿着家庭的户口簿，到银行以孩子的名义开立一个活期结算账户，如果过去的压岁钱是存在妈妈名下的，这时也可以转到孩子自己的账户上。如果孩子经常存取款，还可以同时办理一张与存折配套使用的银行卡。同时，妈妈可以借机教孩子一些理财小常识，比如，定期储蓄比活期储蓄利率高，活期储蓄比定期储蓄取款方便，等等。如果过去存储的压岁钱正好到期，这时可以教孩子明白利率、本息等概念，让孩子知道，如果连续存储，压岁钱的本息会像滚雪球一样越滚越大。给孩子建立属于他们自己的理财账户，能帮助他们树立理财观念，增强责任感，形成积累财富的良好习惯。

☺ 让孩子体会挣钱的艰辛

“要花钱，自己挣”是西方一些国家中学生的口号，其实中国的家长也应该重视培养孩子自力更生的能力，让孩子通过适当的劳动自己去挣钱。当然，在此需要指出的是，“自力更生”并不是让孩子放弃学业，去一心一意挣钱，而是在不影响学习的前提下，体会妈妈挣钱的艰辛。比如帮妈妈拖地一次给5毛钱，帮妈妈整理庭院一次给1元钱，等等。这样，孩子在体会到劳动艰辛的同时，也会珍惜用汗水换来的钱，在以后花钱的时候，就会珍惜、有节制了。

第十章

借助老公，好爸爸是教育孩子的好搭档

家庭早教中“好爸爸”角色定位

家庭早教由父母合力完成效果最佳。爸爸和妈妈，在孩子的心目中有不同的作用和“角色”：一般情况，宝宝饿了、冷了会找妈妈，想玩的时候就找爸爸。而实际上爸爸由于承担着养家糊口的重任，“角色”有时就空缺了。

☺ “好爸爸”角色定位之一：宝宝天性的释放者

多数的宝宝习惯于呆在家里，外出时，也被妈妈或保姆看着，不许随意乱走。“乖宝宝”确实令人省心，但儿童好奇与探索的天性却被渐渐磨灭了。

早教专家认为，好爸爸应该是宝宝天性的释放者，在一天的工作后，应该把自己男人的活力一面展现出来，带宝宝到户外去运动。爸爸在游戏时不妨做积极的配合者，来配合他异想天开的各种游戏。在这些历程中，你不仅能激发他的探索精神，还给了他强健的体能与魄力。

☺ “好爸爸”角色定位之二：孩子信赖的伙伴

早教育儿专家指出，爸爸有着与宝宝玩耍、逗乐和交流的独特方式。爸爸做起游戏来活跃些，而且如果能在宝宝遇到麻烦时不马上出手相助，就可以锻炼宝宝自己解决问题的能力。父亲如果尽心尽责，他们孩子的压力和挫折承受能力会更强，可以更好地迎接他们自己时代的到来。

爸爸们在鼓励宝宝尝试新事物方面也表现得十分大胆，这样做常会惹妈妈生气，因为需要冒一点险。

好爸爸在宝宝眼里，是个可信赖的朋友。当宝宝犯了错，或与大人的意志相冲突时，爸爸往往能体现更多的包涵与理解，而不是条件反射式地对宝宝加以谴责，所以宝宝更愿意听取爸爸的想法。这种平等理性的沟通，会使宝宝学会理性的思考，并善于表达自己的观念。

☺ “好爸爸”角色定位之三：孩子的榜样力量

好爸爸的榜样力量，对于宝宝的成长至关重要，在1岁以后，你能明显感受到宝宝在模仿大人，宝宝的学习是悄无声息的，他不需向你求师学艺，但你的一举一动、一言一行，都在他的视线之中。

“追求成功事业与人生价值的好爸爸，对孩子一生的影响是极其深刻的。”专家这样提醒每位爸爸，爸爸独特的魅力都将成为宝宝吸收到的素质及构筑他未来人生的素材。

专家认为，爸爸从一个男性的角度表现出爱和关怀，这是小宝宝所希望发现的。当爸爸以一个男人的形象出现在小宝宝的生命中时，爸爸或将成为孩子正希望从中找到爱并向其学习的那个男性。而妈妈们，除了爸爸以外，还要充分利用朋友、家人和邻居等社区资源，多给些机会让其他的男性来呵护照顾您的宝宝。

爸爸可以改变孩子的一生

孩子的大脑容量可能是由遗传决定的，但是，神经元的数量和连接神经元的神经突触网，却会因妈妈养育方法的不同而不同。在适当的刺激和恰如其分的教育环境中成长起来的孩子，他们的脑确实与众不同。6岁以前的脑，我们也可以称之为“尚在施工中的脑”。也就是说，6岁以前，我们给予的所有刺激和教育，将直接影响并最终决定其构造。

一直以来，人们对于英才的理解仅限于智能决定论。也就是说，智能指数位于全体人群的前3%～5%，就被认定为英才。可是最近，人们的想法正在悄然改变，即以智能为主的英才单一评价体系，正在向更多地关注潜在能力的多层次评价体系转变。现在的情况是，有些孩子，即使与智能无关，只要在某一领域，具备普通孩子们无法表现出来的卓越才能，就可以被认定为英才。比如，某个孩子，在语言或是音乐方面表现出非凡的才能，就会被视为语言英才，或是音乐英才。在数学或科学领域也是一样。这类孩子只是某一领域的英才，但是在其他领域可能就是一个普通的孩子。所以说，现在的孩子成为英才的可能性大大提高了。

以经济上的成功为最高目标的“富爸爸”时代，似乎有些渐行渐远。现在，我们正在迎来一个“新爸爸”时代，在这个时代，我们的孩子更需要的，是能和孩子一起摸爬滚打，不断从中发现孩子的潜能，并激发孩子的脑发育，像孩子的朋友一样的“新爸爸”。英国牛津大学曾以1958年出生的17000名孩子为对象，对他们从出生到33岁的成长发育全过程进行跟踪研究。结果表明，那些在爸爸积极参与孩子发展和教育的家庭中成长起来的孩子，不仅学习成绩好，在社会生活和婚姻生活中也更为成功。因此，在育儿方面，爸爸应该迅速摆脱长期处于“二线”的辅助者地位，并尽快地、坚决地投身到“一线”中来。目前，关于爸爸们在胎教、育儿和教育方面的作用，正逐渐成为人们热议的话题之一。

爸爸们在育儿方面参与度越高，其带来的影响越为正面，不论对孩子的人格形成，还是对脑发育都是有益的。那么，爸爸们究竟应该怎样做才行呢？

第一，先从孩子喜欢的游戏开始。孩子在玩游戏的时候，如果爸爸设定一个目标来共同参与的话，对孩子认知能力和集中力的提高都是很有好处的。特别是当成功达到目标时，爸爸再给予适当鼓励，会大大增强孩子的自信心。

第二，多和孩子对话。这对孩子的脑发育至关重要。爸爸多和孩子对话，共度美好时光，看似简单，殊不知其对孩子的发育，会有意想不到的效果呢。不仅孩子的沟通能力、理解能力以及社交能力都会因此而得到提升，还会为孩子最终成为全球化时代的领导人才，奠定坚实的基础。

第三，读书对于脑发育也是很有效的。爸爸们能经常抱着孩子，给孩子讲画册里的故事，这不仅有利于培养孩子稳定健康的心理素质，促进孩子的脑发育、创造力的提升，还有利于把孩子培养成为一个知识渊博的人。

第四，多让孩子体验新鲜事物。如果能在孩子6岁以前，多给孩子一些体验新鲜事物的机会，多给孩子留下一些美好的回忆，那么，这样的孩子到了成年以后，不仅会心怀感激之情，也会成长为更加具备融通性，并善于做出合理判断的、充满人性光辉的人。

如果做爸爸的，能将上述几条，每天做30分钟以上，并且坚持到孩子满6岁，那么这个孩子将是非常幸运的。我们完全有理由期待，这样的孩子，将成长为一个真正具有才能的、具备良好心理素质的、优秀的人才。

如果说，以丰富的信息为基础，细心地教育和培养孩子的人是妈妈的话，那么，用一幅宏伟壮丽的蓝图，改变孩子人生梦想的人，就非爸爸莫属了。本书的目标就是，让爸爸们深刻认识并掌握能促进孩子脑发育的具体而有效的方法。

从胎儿期到6岁，是孩子的脑发育最为迅速的时期。在这一时期，为促进孩子的脑发育，爸爸可以做很多事情。因为爸爸和妈妈的脑是不同的，所以，只有把妈妈和爸爸的作用相叠加，对于孩子来说才是完整的。只有爸爸参与到育儿中来，孩子才能获得最完美的健康心理素质、最有效的脑发育。我相信，本书对于那些准备进行脑胎教的爸爸们，或是对脑育儿和脑教育充满热情的爸爸们，将是一本很好的指南。

性示范作用

孩子从依赖妈妈的生活中分离之后，会更加关心和别人的接触。这时孩子开始重新关心起与妈妈不同的爸爸了。除了妈妈以外，孩子通过最初接触的人——爸爸，来奠定社会关系的基础。因此，这时候摆脱妈妈，去和爸爸建立亲密关系更为重要。随着与爸爸关系的增进，进而认识到自己的性别。

过了36个月的孩子会关注爸爸或妈妈的生殖器和身体结构。当然，此时孩子对生殖器的关注与成人有着本质上的不同，因此用不着责骂孩子。但是，要避免性刺激和与生殖器贴得过紧等行为，这并不等于不要做身体接触和身体游戏，爸爸可以通过健康的身体游戏帮助孩子健康成长。

其实，孩子一生下来就知道男女是不同的。通过妈妈抱自己与爸爸抱自己时触觉的差别，爸爸妈妈声音粗细的差别，孩子慢慢地、具体地认识到男女的不同。3岁时人会知道自己是男是女，过了4岁，男孩会出现想做像男人的行为，女孩出现想做像女人的行为。这时，很可能会突然发生女孩拒绝穿裤子、偏爱粉红色，男孩不愿意穿红裤子等现象。另外，随着年龄的增长，在思维、感情、行为上也会显出性别差异。此时，如果爸爸表现出的性角色过于死板，孩子也会形成固定的性角色概念。因为无论对性的认识怎么变化，只要男女在身体上、生理上存在着差异，心理上的差异是不容易消失的。

☺ 爸爸和儿子

爸爸对孩子的人格形成有很大的影响力。特别是对儿子来说，爸爸是一生的榜样。孩子在跟爸爸接触的过程中，看着爸爸的思考方式、办事态度和在家庭中的形象等，从中学习男人该具有的基本思考方式和行为，而形成自己的人格。

女孩看着妈妈长成女人，男孩看着爸爸学做男人。从这一点来说，爸爸的存在对儿子是特别重要的。有的男孩不喜欢男孩的粗鲁，倒是喜欢女孩的温柔。这是因为爸爸不在身边，未能让孩子受到恰如其分的性角色教育所致。因为没有和爸爸玩过激烈的游戏，所以别的孩子稍微碰他，他可能就会反应过度。这种反应导致会被别的男孩孤立。从孩子的立场看，跟男孩玩感到不舒服，所以渐渐喜欢上和女孩子在一起。

研究结果表明，爸爸不在身边的男孩，与跟着爸爸过正常生活的男孩比起来，缺乏号召力，与同伴关系上也存在许多不足。缺乏爸爸照顾或者没有爸爸的孩子，尤其是男孩，在成长中依赖性强，不太会调节冲动情绪，所以更具攻击性。

希望自己的儿子成为优秀的男人，爸爸就要和儿子亲近，最好的亲近方法就是跟孩子一起玩。跟爸爸玩粗鲁又有挑战性的游戏，是男孩与爸爸增进感情的纽带。与爸爸一起挑选、购买妈妈不太喜欢的机器人、刀、枪等攻击性玩具，然后一起组装，对爸爸与孩子之间的感情交流有好处。带孩子去大众浴池也是个好办法，和爸爸一起洗澡的经历，使儿子体会到不同于母亲的感情，形成男子汉的气质。

另外，跟儿子亲近之前，先要在儿子面前树立爸爸的正面形象，例如在家里起带头作用，尊重老婆和家人，适当分担家务等。爸爸是儿子成功的榜样，尤其是有责任感、有担当的男子汉榜样。给孩子观察和效仿爸爸的机会，对孩子掌握使用工具或解决问题的能力大有好处。

☺ **爸爸和女儿**

对女儿来说，爸爸是最初接触到的异性。跟爸爸的接触中，女儿以爸爸为模特学习异性是什么，如何对待异性等问题。女孩当中，有的和爸爸过于亲密，有的很疏远。爸爸如果偏爱或独占女儿时，会给女儿一种错觉：爸爸是自己的。长大以后也不愿意放弃这个位置，因而与妈妈发生冲突。另外，由于爸爸忙很难见面时，还会做出对爸爸的各种幻想。

爸爸在女儿面前讥笑、为难妈妈，一味偏袒女儿也是不可取的。养女孩的爸爸应起到帮助母女相亲相爱的桥梁作用。另外要记住，健康的家庭是从健康的夫妻关系开始的。因此，在孩子们面前做到相互信赖和爱护比什么都重要。

一般来说，爸爸的精力不应主要放在帮助女儿解决问题上，而应在鼓励、保护、开玩笑、游戏等方面花费更多时间。相比之下，爸爸对儿子可以更多地集中在事情的本质上：给儿子说明做事的根本道理，让儿子不能只满足于喜欢，而要强调把事情做完，还要定出一定的标准。总之，爸爸对儿子的要求是“要做好”，而对女儿的要求是“要玩好”。有女儿的爸爸不应该偏爱女儿，而是表现出爱妈妈，以对家庭的责任感来取得信赖与尊重，并通过对女儿的爱和关心来取得信任。

爸爸也能全身心地教育孩子

爸爸也像妈妈一样，在孩子出生以后，即能与孩子形成亲密的纽带关系。以当爸爸为荣的，通常在刚当爸爸时，会比较激动和自豪。出于对孩子的喜爱，爸爸很自然地就会产生抱孩子、举孩子、往上抛孩子等心理冲动。爸爸也和妈妈一样，也会抚摸孩子、抱孩子、逗孩子玩等。事实上，在抱孩子或悠孩子方面，爸爸会比妈妈做得更多。

格林伯格和莫利斯把爸爸的这种最初的反应叫做“全身心投入”。这实际上是指爸爸完全被孩子所吸引，并体会到乐趣的一种状态。对这样的纽带关系，孩子的贡献不过是一些简单的行为，诸如睁眼、握一下爸爸的手指、躺在爸爸的怀抱里扭动一下身体，等等。

孩子对爸爸和妈妈的依赖心理，差不多始于同一时期。一项研究表明，9个月以下的孩子在和妈妈分开时一般不会抵抗，而超过12个月的孩子，则不论爸爸、妈妈，要和他们分开时都会有抵抗。还有一项研究表明，比起陌生人，孩子一般更喜欢妈妈，而且在妈妈当中会更喜欢妈妈，特别是有什么需要时更是如此。这可能是因为比起爸爸，更多的是妈妈在照看孩子的缘故。

孩子一开始进入“认生”的阶段，妈妈往往会担心孩子的个性是不是太小心翼翼或是太敏感了。其实，完全用不着担心。因为“认生”说明孩子对主养育者已建立起依赖心理。也就是说，孩子和主养育者之间已形成正常的沟通关系，而且孩子能够辨别主养育者和其他人了。“认生”还意味着，孩子已经具备了将储藏的信息进行记忆的认知能力。一般8~12个月的孩子会出现“对象专属性”，所以这一时期，会形成依赖心理，出现“认生”或分离不安等情况。

虽然“认生”是正常的生理现象，但能不能顺利度过“认生期”，这对孩子的情感发育以及对周围人的依赖感建立至关重要。依赖心理的形成，绝不只是针对妈妈，所以爸爸也要注意和孩子一起分享时间，以便能和孩子建立起充分的沟通关系。在和孩子还没有建立起亲密关系之前，爸爸应该避免大声说话，或是做出突然抱孩子之类的举动。爸爸能不能和孩子较长时间相处是最重要的事情。

传统观念认为，从生理学角度讲，妈妈对孩子的需要，所作出的反应更为敏锐。但现在越来越多的人认为，对于孩子的反应，爸爸和妈妈并无差异。据说，爸爸可以像妈妈一样和孩子说话、喂奶、喂辅食，当看到电视里出现孩子时，爸爸心律、血压、皮肤变化等反应与妈妈也并无二致。

可是，现实是爸爸还没有妈妈做得那么好。这是因为爸爸们在传统观念的影响下，不太积极参与育儿导致的结果。是否对孩子的需要敏感，不是由性别差异造成的，关键要看对照看孩子这件事的重视程度。和孩子的相互交流是和孩子培养感情最为基础的过程，所以抱孩子、喂奶、和孩子说话、陪孩子玩、给孩子洗澡等，都是非常必要的。

爸爸如何培养孩子的独立性

孩子生下来后，最初一段时期还认为自己和妈妈是一体的，直到3岁，才通过妈妈的关系逐步认识到自己是独立存在的个体。女孩还算好，因为和妈妈一样都是女性，从而减轻了混乱的程度。而男孩子就不一样，他知道了和自己身为一体的妈妈是异性时，就会陷入混乱状态。此时的男孩子会认为与自己同性的爸爸，是不好接触的、可怕的。这就造成孩子既不能跟着妈妈，也不敢跟着爸爸的心理困惑，或者又重新回到妈妈身上纠缠起来。

3岁是第一个不安定期，到了4岁进入一段安定期，可长到5岁又重新进入不安定期。为了好记可以这么说：双数年龄即4岁和6岁是安定时期，而单数年龄即3岁和5岁是不安定期。因为3~4岁是独立意识和过错意识相交叉的时期，这时孩子为壮胆而努力，又为主动权用尽心思。在这个过程中如果伤害了别人就会有罪恶感。

3~4岁的孩子在身体上和语言上已具备了一定能力，所以在执行什么任务、计划和处理问题时想占主动权，这时应给孩子探索、体验事物的自由，还要诚实地对待孩子的好奇心。这样做，孩子的主动性才能得到发展。如果过分纵容或者限制孩子的活动，就会产生过错意识。

由于上述倾向，3~4岁的孩子什么事都按自己的想法去做，或者一个人独立地做。开始有了自己喜爱的书，硬让人读自己挑选的书不可。这时，如果责备或者体罚他，孩子自律之心就会萎缩，而不满和反抗将在心里郁结。对于3~4岁的孩子，最好在制约和允许之间能够维持平衡的情况下，鼓励孩子按自己的速度和方法去做任何事情。

孩子过了3岁开始走向社会，许多孩子被送进幼儿园和托儿所等陌生的世界。一直跟爸爸妈妈生活惯了的孩子，看到新朋友和老师，与他们进行交流，会促进孩子的大脑发育。

在集体生活中必需的各种行为，例如，控制自己、起带头作用、发表意见等都源于大脑前额皮质下的指示。因此，要过好集体生活，前额皮质的发育是必不可少的。最近社会上所关注的爱发火的孩子，是因为他们前额头脑皮质没有得到充分发育，缺乏调节自己行为的能力。让孩子在社会里和谐地生活，就要从儿时起，通过在集体生活中的各种体验来训练前额大脑皮质的发育。

另外，要想消除孩子因在新的集体生活中所堆积的紧张和不安情绪，最有效的方法是身体上的接触。孩子撒着娇向你跑来时，不要推开，要用力拥抱他。对孩子来说，妈妈是可以放心依赖的，而爸爸是社会生活的榜样。如果孩子做了不好或者过分的行为时，爸爸应该担当批评的角色。

爸爸在家教中的特别作用

从脑科学的角度看，妈妈的脑更适合育儿。相反，爸爸的脑不适合育儿。所以，爸爸必须接受育儿相关教育后，才能做出适合育儿的行为。妈妈的脑比较感性，更适合于产生共鸣，而爸爸的脑偏理性，更适合于理解和构造系统性的知识。因此，爸爸的脑更易于理解事物的本质，善于预测。相反，妈妈的脑在理解孩子方面更为自然。妈妈们很容易理解孩子的感受，并能对孩子的情绪做出适当反应。艾力诺·麦柯比曾经做过一次有趣的测验。他给妈妈和6岁的孩子4张比较抽象的图画，先让爸爸或妈妈就其中某一幅画进行描述，然后让孩子来猜是哪一幅。结果是孩子更容易猜中妈妈描述的画。这就说明，妈妈的沟通传达能力更强。

☺ 爸爸的育儿方式与妈妈的不同

妈妈和爸爸的差异说到底是女人和男人的差异。与妈妈的感性判断不同，爸爸的想法一般更为理性，往往会发现妈妈看不到的部分。如果这种不同能够互补，则是非常完美的事情。也就是说，当爸爸和妈妈的影响非常完整而和谐时，这个孩子则更容易成长为一个完美而健全的人。

爸爸的情感表达一般都比较少而且生硬。爸爸不愿意表达自己的现象从社会学角度分析，是与文化传统相关联的。因为一个男人如果轻易流露出自己的情感，往往被视为不成熟的表现，而这在现代社会激烈的竞争中是绝不允许的。这样的社会氛围，是爸爸不易表达情感的重要原因之一，和孩子们的关系上也是如此。一般来说，孩子和妈妈的交流比较顺畅，与之相比，和爸爸的沟通就困难许多。从抱孩子的姿势中也能看出差别，抱孩子时能做到与孩子目光相对的爸爸，远远少于妈妈。于是，爸爸通过目光交流表达情感的几率也就小得多。在游戏过程中，妈妈们可以很好地了解并呼应孩子想玩的主题，而爸爸们则更多地将自己的想法强加于孩子。另外，妈妈们在和孩子说话时，会很注意孩子是否能听懂，而尽量用一些小孩子的话；与之相反，爸爸们则很少考虑到这些，所以经常会使用一些孩子不熟悉或完全听不懂的话。而且，总体上讲，爸爸与孩子的对话比妈妈少得多。从以上养育孩子的不同方式可以看出，妈妈们更擅长和孩子产生共鸣。

☺ 只有爸爸才能赋予孩子特别的东西

爸爸们在和孩子对话时显得更为理性，这对培养孩子的社会性和逻辑思考能力能起到正面的作用；而且对孩子的学习，特别是需要逻辑思考的数学很有帮助。碰到孩子从外面受伤回家，一般妈妈的反应仅集中在孩子受伤这个层面上，而对客观上的受伤程度和受伤全过程则关注不够。可是，爸爸会对受伤全过程做出客观判断，并且如果孩子在这个过程中有什么过错，还可能当即指出。爸爸这样的视角，会促使孩子不再犯同样的错误，而成为一名坚强的孩子。

研究表明，孩子在和爸爸玩耍或相互作用中，其主管逻辑和理性的左脑会得到充分开发，而在婴幼儿时期没有爸爸陪伴的孩子，往往数理能力和行为意识低下。另外，爸爸的存在对孩子的社会性培养也有很大影响。《爸爸才能给的东西》一书的作者罗斯·D·帕克，把爸爸对孩子成长发育的独特影响，称为“爸爸影响力”。爸爸在孩子面前应该如何表现，这样的表现又对孩子的成长发育产生哪些影响，探究其中的奥秘正是时下研究的热点。众多研究结果均表明，爸爸对子女的成长和发育起着非常重要而独特的作用。

☺ 对孩子发出的信号，爸爸也会做出迅捷的反应

对孩子发出的声音或所做的动作，爸爸也会像妈妈一样做出迅捷的反应。孩子在咿咿呀呀的时候，爸爸一般会和孩子说上几句，也会抚触孩子或用眼睛看孩子。同样的情况下，如果是妈妈，也会抚触孩子。类似的研究表明，爸爸和孩子也会形成一定的互动关系。这与妈妈和孩子的关系没有大的不同。如果爸爸能够对孩子发出的信号做出适当的反应，孩子为了做进一步的沟通，也会使用一些更为有效的沟通手段。实际上，沟通从每个人小时候起，就给人以非常肯定和积极的认识，因为沟通能让人明确地感到，通过自己的行为是可以影响别人的。

对8个月大的孩子和妈妈之间的互动关系进行观察和研究，结果表明，与妈妈相比，爸爸会更多地玩把孩子抛向空中再接住，或是托举孩子等身体接触的游戏。像此类身体接触方面的刺激，对妈妈以语言为基础建立的情感型互动关系，可以起到很好的补充作用。

在家里有决定权并处于支配地位的爸爸，如果在教育孩子的过程中也能起到能动作用，那么这对于培养一个男孩子来说会有决定性的影响。对女孩子的培养和教育，爸爸的作用可能更大。爸爸是否像个男子汉，爸爸是否对妈妈这个女儿模仿的对象经常给予肯定，或是爸爸对于女性活动是否能经常给予支持和激励，所有这些，都会对女孩子的培养和教育产生巨大的影响。

诸如此类，爸爸的影响力还不只于婴幼儿时期。在青少年时期和成人期，女孩子对异性交往的态度，比起妈妈的影响力，其实受爸爸的影响更大，即更多地取决于和爸爸的关系如何。如果对成年女性异性关系中存在的问题进行分析，很多都是和小时候缺少父爱、遭受爸爸的冷落或敌视等因素相关。在研究4岁孩子的认知能力时发现，如果爸爸是亲切的，而且经常激励和帮助孩子，那么这个孩子的智力和语言水平，都比其他孩子高出许多。所谓其他孩子，就是指他们的爸爸不是那么亲切，而且不会经常激励和帮助他们的孩子。

☺ 学习“爸爸影响力”课程的爸爸

爸爸如何做好养育孩子的工作，如给孩子换尿布或喂奶、和孩子玩各种游戏，并从中发挥“爸爸影响力”等，这一系列已被开发成为“爸爸影响力”课程。参加此类课程的爸爸们，在建立与孩子的亲密关系和互动关系方面，确实比那些没参加过课程的爸爸们要好许多。也就是说，“爸爸影响力”也是可以通过学习掌握的。因此，要想成为一名出色的爸爸，就只有刻苦学习了。

在养育孩子的问题上，爸爸们再不能只是旁观者了。对于育儿来说，确实有一些只有爸爸才能做。妈妈双方，不论是哪一方都无法替代另一方的作用。当然，在爸爸可以发挥的作用当中，也有一些是妈妈可以做的，但是确实有一些是妈妈做不到的，这部分就必须由爸爸来担当了。如果爸爸无法很好地发挥这部分作用，那么，即使妈妈再优秀，也没办法代替。从孩子的立场上看，没有什么比从妈妈单一的榜样中走出来更重要了。也就是说除了妈妈一个人的思想和价值观以外，孩子还需要了解更多，而爸爸正是孩子通向世界的另一扇窗。

在育儿方面，现代社会上有一个人们认识的误区，那就是让孩子想干什么就干什么吧，不用管太多，爸爸尤其如此，因而导致爸爸们自动放弃了对孩子的教育权。实际上，爸爸对孩子的教育权在家庭中是至关重要的。因为一旦放弃教育权，孩子对爸爸的尊敬就没有了。孩子6岁以前的教育本来就应该在家庭中完成。一个孩子的人格形成最重要的时期，也正是孩子上小学前这段时间。所谓尊敬，不是单向的，而是要互相尊重。所以，孩子在把爸爸作为尊敬的对象时，也希望受到爸爸的尊重，而且，与妈妈相比，孩子们一般更希望得到爸爸的认可。

把孩子给爸爸照看是最佳选择

随着双职工的增加，越来越多的爸爸加入到育儿行列中来，但仍有不少人认为育儿就是妈妈的责任。因为最基础的育儿工作都是由妈妈来承担的，所以，爸爸们也就是做些换换尿布的事，能做喂奶、喂辅食等工作的爸爸还是少数。但是，只要爸爸平时在育儿方面再多留意一些，是完全可以做好的，也是完全可以信赖的。爸爸们应该以愉悦的心情参与到育儿中来，积极地学习如何喂奶、换尿布、洗澡等。因为爸爸不像妈妈那样整天和孩子在一起，所以往往会有些新的发现。爸爸和孩子在家里一起待上一天，一定会有新的交流。

需要请别人照看孩子的事情突然发生时，如果像奶奶、姥姥这样的老人离得比较近，那么请老人照顾是个不错的选择。先把孩子的情况交代清楚，再把奶粉、平时玩的玩具准备好，尽量营造一种和家里差不多的氛围以后，就可以把孩子放心地交给老人了。孩子满5~6个月后，因为开始认生了，所以可能会哭一下，不过很快就会好的。如果没有亲戚可以托付，就只能选择托儿所或是亲子班了。有时也需要选择一个可靠的地方，把孩子暂时托管一下，以便让妈妈能得到休息，并放松心情。选择托儿所时，要事先考察一下有关设施，并把能够反映孩子有关情况的健康手册、预防接种记录等带着一起去为好。孩子太多，或是通风不好，保育员素质不高，或是保育员数量太少的地方，尽量不要选。

建立和保育者的密切关系，对于妈妈来说是很重要的。为此，必须和保育者进行对话，而且，对话要保持真实性。也就是说，真实的对话能够让保育者知道，孩子妈妈具体的要求是什么，也能知道孩子的妈妈对保育者的信赖程度。另一方面，妈妈也可以了解保育者的能力、品德及保育方法，从而提高对保育者的信赖感。那么，作为爸爸应该具体做哪些事情呢?

第一，不能认为把孩子托付给保育者是件不好的事。这种否定性的想法，会让人感到把孩子托付给了不该托付的地方，而且，这种想法会影响到保育者和孩子。

第二，对于孩子的情况要毫无保留地讲清楚。这样做，最终保育者也会将孩子的情况原原本本地讲给爸爸。爸爸和保育者是育儿合作者，不是单纯的商业委托关系。所以，爸爸应该建立健康的育儿观，并通过和保育者的对话，建立充分的信赖感。要明白，实际上爸爸和保育者是站在同样的立场上的。

第三，不能把孩子托付给托儿所就不管了。现在有不少当爸爸的，很难为自己孩子的成长所感动。其实，爸爸不仅要关心自己孩子的成长，也不要吝惜对保育者的称赞。

第四，同一个托儿所的爸爸们也要经常沟通。他们不仅可以交换信息，还可以就托儿所工作的改进进行交流。

第五，当对托儿所或保育者产生不满时，特别是存在安全问题时，爸爸应该毫不犹豫地提出来，并要求加以改进。

最后，爸爸们要懂得对保育者的辛勤工作表示感谢，不要吝惜感谢他们的话语。

第十一章

走出误区，好妈妈懂得自我反省

家庭教育中的误区

现在的妈妈在孩子身上花的时间、精力和金钱无疑比过去多得多，也比前辈们更讲民主，但总的来说，孩子却比过去娇纵、难管了。原因就是，如今，家庭生活方式出现了新的变化，但妈妈并未及时调整教子方略，所以，家庭教育中的一个个新误区便出现了。

☺ **误区1：孩子应该放到首位**

近些年来，孩子在家庭中的地位越来越高。可悲的是，一个家庭中越是以孩子为中心，孩子就越以自我为中心。力力的妈妈对此深有感触，以前每次吃虾她都是把虾剥给儿子吃，自己从来不吃，当她有一次随意地把一个虾仁塞进自己嘴里时，没想到力力立刻翻了脸，又哭又闹，还逼着她吐出来！很显然，像力力这样以自我为中心的孩子将来是很难融入社会的。

☺ **误区2：现在的孩子都很幸福**

很多人都认为，现在的孩子吃得好穿得好，甭提多幸福了。

但幸福不幸福，只有孩子自己知道。据调查，在三种情况下孩子最不开心：一是妈妈吵架离婚时，孩子很惊恐，不知所措，又担心自己没人要；二是没人玩时，特别是乔迁新居后，妈妈给孩子很多限制，墙上不许画、地板上不能拍球、卫生间里不许玩水，更不能领着同伴来胡闹，到最后，很多孩子都想回老房去住；三是做不想做的事时，被妈妈逼着哄着学画画、弹琴、上各种兴趣班。

安全、交往、自主都是儿童期的合理需要，这些需要没有被满足，那么即使锦衣玉食、玩具丰富，孩子也不会感到幸福，所以，幸福的童年是让孩子过孩子的生活。

童年的主旋律应该是快乐无忧的，但孩子也会有孩子的小小烦恼。妈妈应随时关注孩子的情绪体验，肯定、鼓励他表达情绪，帮助他调整情绪。

☺ 误区3：吃饭穿衣不要紧，大了自然会！

很多妈妈带养孩子偏重控制，衣服穿得多但恰恰先感冒，吃饭追着喂直到跑不动，结果是长大以后生存适应能力差，中学生妈妈铺床垫褥、大学生妈妈全职陪读大有人在。

妈妈的包办代替剥夺的是孩子生活自理的实践机会。其实像穿脱衣服、洗脚洗脸、整理学具这些简单的自我服务劳动完全可以让孩子自己去干，初期妈妈要容忍他的不利索、不完美，妈妈从示范到手把手教到只动嘴不动手，逐步放开，只要你坚持一个月两个月，没有培养不出的生活能力。在这些方面，大人要有意识的“懒”些，小孩才可能“能”些，小时候肯放手，长大了才放心。

☺ 误区4：尽量满足孩子的愿望

很多妈妈对孩子有求必应，生怕拒绝会挫伤了他们的心灵。其实生活中的挫折是不可避免的。

如果我们把自己向往的东西列一张表，然后，在今后三年内可能满足的愿望上打勾，其中打勾的能占20%，我们多半就很满足了。而现实是多数孩子75%以上的愿望都能如愿以偿。许多妈妈善于克制自己的物欲，却无节制地满足孩子的要求，可是，太容易获得的东西人们往往不珍惜，而且从中获得的乐趣也了了，这一点孩子和大人是一样的。更糟糕的是，孩子从中学会的是不劳而获，高消费不是靠努力与牺牲得来，而是靠抱怨、要挟、强求得来。

所以，妈妈应善于对孩子说不，要他学会克制与承受。一项实验表明，幼年时面对桌上精美的巧克力能克制自己攫取欲望的孩子长大后的成就要远远高于不能克制的孩子。

问题是很多妈妈缺乏临场说不的处理技巧。典型的过程是这样的：上街前说好今天不买东西，但到了街上，面对诱惑，孩子先逗留再明示后撒泼，大人觉得很丢面子就屈服了，当然嘴上还是要恶狠狠地说“下不为例否则就收拾你”之类的，显然这种空洞的威胁永远都不会兑现。另有一对夫妻是这样处理的：孩子撒泼，夫妻俩一商量，决定由妈妈出面说，你愿意赖在这儿就呆这儿，我们先回去了，说完掉头就走，孩子见势不对，拔腿就追。回去后吃完晚饭，妈妈郑重地和孩子交谈，让他自己反省今天的行为，并主动作出行为承诺。

☺ 误区5：家务活妈妈干就行了

我们小时候都被家长安排着承担一定的家务，但轮到自己做妈妈时几乎没人指望孩子能帮家里做事。

调查显示，各国儿童平均每日劳动时间分别是：美国1.2小时、韩国0.7小时、法国0.6小时、英国0.5小时、日本0.4小时、中国0.2小时，德国甚至将6岁以后让孩子参与家务劳动写进法律。

家庭教育的最终目的是帮助孩子脱离妈妈走向独立，成功地构筑自己的生活，而家务活正是增强他们能力与自信的途径。比如3岁可以端板凳、递用具，4～5岁可以叠衣服、理床铺，6岁可以收拾桌子、整理房间，10岁的孩子就该固定地承担家里的某项劳动了，如收饭桌、倒垃圾。总之，孩子是家庭成员，就应该让他对家庭尽义务。

☺ 误区6：板凳绊倒了你，我打它！

板凳绊倒了孩子，不同国家的父母有不同的对待方式，而不同的对待方式又造就了孩子不同的人格特征：中国的家长是打板凳，安抚孩子，孩子学会的是推卸责任，抱怨他人；美国的家长是“没看见”，不去干预，孩子学会的是爬起来走，独立性强；日本的家长是批评指责，孩子学会的是承担责任，寻找原因。

其实很多事情大人是不必急着挡在前面的，自己的事情让他自己做，自己的责任让他自己承受，比如玩具弄丢了，不要急着给他买，让他承受丢三落四的后果；把小伙伴的东西弄坏了，不必掏钱给他赔，让他自己出零花钱。只有承受了他才会从错误中汲取教训，这远比家长过后反复唠叨效果要好得多。

家庭亮起的“红灯”

肯定的语言，是孩子成长的正信息；否定的语言，是孩子成长的负信息。

家庭教育是靠家庭语言来完成的。家庭语言是一种最有影响力和渗透力的家庭教育方法。孩子笔下的妈妈和一些儿童教育专家研究的结果表明，这一代年轻的妈妈使用最多的不良语言有三种，我们将这些语言称为“家庭红灯”。

☺ 否定词

孩子们在家每天所听到的、妈妈常讲的词语中，由“不”组成的否定词为最多：“不许”、“不能”、“不要”、“不可以”……有个孩子在一篇名叫《不许妈妈》的作文中，写了妈妈讲的很多很多“不许”的语言：“不许淘气”、“不许玩沙子”、“不许晚回来”、“不许去同学家”、“不许看电视”、“不许乱花钱”……

这种家庭的子女教育是由一连串的“不许”组成的，家长像警察似的，他们的任务是不断向孩子亮起红灯。可是，准许干什么，家长又没说。于是孩子只有不断地犯错误，不断地受指责。

☺ 限制词

“应该”、“必须”是妈妈常用的词。这是表达主观愿望、主观想象的词。妈妈强调的只是自已的主观愿望，完全忽视了孩子的客观存在，用一种强硬的态度让孩子进入某种规定的位置，并按家长的设计修剪孩子。其结果，孩子常常陷入不知所措之中，极大地影响了孩子思维的发展。

☺ 挑剔词

在中国的家庭教育中，挑剔词比激励词的用量多好几倍。许多家长几乎是不停地去发现孩子身上的缺点，并及时拉出来进行施教，以为只有把孩子的缺点说出来才能使孩子获得帮助和改变。基于这样一种教育思想，中国家长对孩子使用各种挑剔的语言时毫不犹豫、决不心软。其中最常用的有“太笨”、“不成”、“太差劲”，等等。这些消极的词，完全是一种“负信息”，强化了孩子的弱点，最终是让孩子以否定的态度对待自己，对自己失去信心。

妈妈的语言，是孩子成长的营养，爱的语言多了，一定结出“爱”的果子；恶的语言多了，会结出“恶”的果子。肯定的话，是孩子成长的正信息；否定的语言，是孩子成长的负信息。

家庭亮起的“红灯”，使孩子觉得很累很烦，使他们觉得整天生活在噪声中。妈妈每天用不变的腔调、老掉牙的语言，和一连串的否定词、限制词、挑剔词进行说教，令孩子们感到生活索然无味。

其实，在家庭中，真正的“红灯”，是应该禁止不利于家庭精神文明建设的语言。

现在，社会上有各种各样的“服务忌语”，我想，家庭成员间也应有一些“忌语”。

只有讲文明的妈妈，才能培养出讲文明的孩子。如果你的孩子出言不逊、打架骂人，你是否查查自己；如果你的孩子不守秩序、不讲公德，你也要查查自己；如果你的孩子出口伤人、不讲礼貌，你还要查查自已……

“您好”、“对不起”、“给您添麻烦了”、“打扰您了”、“谢谢您的帮助”等礼貌用语，不仅小孩子要学会，我们做妈妈的更要学会。

著名教育家徐特立讲过：“今日的儿童转眼即青年，稍不注意就难补救了。”因此，就青少年的成长而言，“重要的是教育妈妈”。

不要一味教孩子学乖

目前，我国的家庭教育存在着一个很大的误区——教孩子学乖。评价孩子时，动不动就说“你真乖”或者“你不乖”，将“乖”当成了教育标杆，具体就是听话，按老师和家长要求做事。

现在的学校评选三好学生，十之七八是女孩，在所谓的优秀生里，永远没有调皮孩子的身影，这其实很好理解，因为比起男孩子的好动，女孩子更容易静下心来好好学习。不吵不闹、不惹是非，完全符合我们这个社会认可的“乖”孩子标准。

殊不知，在塑造这样一批批“好孩子”的过程中，往往也剥夺了孩子建立自信和良好自我形象的独立空间，甚至无形中扼杀了他们的创新能力，这是一种片面强调孩子社会性的教育理念。

好学生固然值得肯定，但专家认为，那些不听话的调皮孩子也有可取之处。比如那些上课爱做小动作的学生，虽然常会被老师教训，但每次挨批后，都能立刻抖擞精神继续调皮。所以说，他们的“抗击打”能力比起那些“好学生”要好得多，而自我调节也是一种能力，它能使其以积极乐观的态度面对今后的人生，这对他们日后步入社会是大有益处的。

专家认为：“不听话”并非绝对坏事情。其实，孩子有时不按妈妈的要求去做，不听从妈妈的指令，这正是幼儿身心发展的特点。何况现在的孩子生活在信息丰富的社会，每天都可以吸收到许多信息，对人对事都会有自己的想法。如果妈妈过早地用成人的标准去要求孩子，是不符合孩子身心发展规律的，而且容易扼杀儿童的天性，使孩子从小失去最珍贵的创造性人格，这会给妈妈留下难以弥补的悔恨。

著名的德国心理学家海查曾做过如下的实验：他对2~5岁时有强烈反抗倾向的100名儿童与没有这种倾向的100名儿童追踪观察到青年期。结果发现前者有84%的人意志坚强，有主见，有独立分析、判断事物和作出决定的能力。而后者仅有26%的人意志坚强，其余的人遇事不能做决定，不能独立承担责任。这一研究说明，反抗行为强的孩子，长大易有坚强的独立意志，而这一点正是21世纪人才应具备的素质。

谨防“挫折教育”步入误区

“挫折教育”是最近一段时间十分走俏的一种教育方式。越来越多的人意识到，一味地为孩子提供优裕的物质生活条件并不能保证他们成长，只有心理强健的孩子，才能在未来激烈竞争的社会生活中立于不败之地。可以说，这是人们教育态度上的一个质的飞跃，是人们对孩子高层次爱意的表达。为了培养孩子强健的心理品格，不少人开始尝试“挫折教育”，遗憾的是，不少人在实施“挫折教育”时，只追求热闹的外在形式，忽视了人才培养的根本要素和这种教育方法可能导致的消极作用，使“挫折教育”步入误区。

暑假，是各种“吃苦”夏令营开办得最为热闹的时候：去旷野跋涉、到深山探险、调查老少边穷地区人民的生活情况、寻访父辈插队落户的穷乡僻壤……这是往年夏令营的热点所在。这些夏令营的举办，对于帮助那些生活在优裕物质条件下的青少年，尤其是都市青少年，客观全面地认识社会、培养吃苦耐劳的优秀品德等方面，确实起了十分积极的作用。但是，我们切不可过高地估计了类似“挫折教育”的作用，因为类似的教育充其量不过是“挫折教育”的一方面——吃苦教育，这种带有追求轰动效应性质的活动可能会令孩子们感动一时，却并不能从根本上解决问题。

心理学家告诉我们，耐挫折力的培养主要是在无充分准备的状态下进行的。孩子们在参加上述各种夏令营时，已在心理上和生理上做好了各种准备，即使是为了赌一口气，也要经受住痛苦的考验，而生活中的许多挫折却往往出现在不经意间。学习环境的变迁、家庭的变故、好友的背叛、学习或事业的失意……往往是在不知不觉中来到的。只有经受得住诸如此类的挫折，才能说成功地经历了“挫折教育”。因此“挫折教育”更多地应由师长们在日常生活中潜移默化地进行。

在“挫折教育”中，还有一种似是而非的说法：“要让孩子在不断的挫折中接受挫折教育。”似乎孩子经受的挫折越多越好。其实，这也是一种误区。心理学家们这样为挫折定义：“挫折，是个人从事有目的活动时，由于遇到障碍和干扰，其需要不能满足时的一种消极的情绪状态。”既然挫折是一种消极的情绪状态，就绝不该是越多越好，这是一种基本的心理学常识。过多的挫折，会使人失去自信心，变得十分自卑和软弱，这就像经常遭老师批评的学生无法树立学习的自信一样，是和“挫折教育”的目的背道而弛的。因此，就“挫折教育”而言，无论其数量和质量，都不应该超过必要的限度。

我们今天进行的“挫折教育”，归根到底是为了孩子们能健康成才，因此我们花大力气进行的教育，应当是成功教育或称成才教育。“挫折教育”是一种手段而不是目的，它从根本上只能是成功教育的一个辅助手段，只有成功教育才是人才培养的根本要素。

不要对孩子有过高的期望值

妈妈期望子女成才，这本是天经地义、无可厚非的。但是一味地追求高标准，追求完美，其结果往往适得其反，有时甚至酿成难以挽回的悲剧。对此，妈妈不得不三思。

凌凌原来是一个非常活泼、开朗、懂事的孩子，在凌凌五岁时家长省吃俭用给她买了一架钢琴，并且为她请了钢琴老师，由父亲天天带着练琴，每周去老师那儿上课。但从此以后，每天练琴时，凌凌耳边不时传来父亲急躁的训斥声，上课时老师也难得满意一次，家庭气氛明显地变坏了，学琴成了她无法摆脱的痛苦。

然而凌凌从小就非常懂事，她理解妈妈是为自己好，她也知道自己必须忍受。凌凌就在这样的心理状态与家庭氛围中长大了。当凌凌上小学二年级时，周围的人都注意到她变了，变得孤僻寡言，胆小怕事，不愿学习，害怕困难，回到家里也很少和妈妈说话，与妈妈的关系变得疏远、有隔膜。

鲁迅先生曾经写过一篇《我们现在怎样做父亲》的文章，那时候，妈妈过分强调“恩”，讲究让孩子报恩。如今的妈妈过分强调“爱”，讲究向孩子献爱。但这种以牺牲自我为代价，将生命的赌注全压在孩子身上的爱似乎太沉重了。中国的妈妈望子成龙的心情特别迫切，妈妈对孩子期望值过高已成了一种不容忽视的现象。

妈妈几乎大半生都是为孩子活着：从孩子出生到抚养其长大，上学就业，结婚成家，到孩子生儿育女，几乎全过程妈妈都恨不得包办一切。这种“包办一切”的爱，充分表达了妈妈的慈爱心意，但并没有给下一代的健康成长带来适当的能量和养料。

很多妈妈之所以把过高的期望强加在孩子身上，是因为他们知道现在的社会竞争很激烈，希望孩子从开始就赢在起跑线上，以增加孩子将来胜出的概率；也有些妈妈因自己某方面的不足，希望在孩子身上得到弥补，而不顾孩子的喜好与特点，把自己过高的期望强加在了孩子的身上；还有些妈妈片面地认为，孩子成绩好将来就能成功，从而天天盯着孩子的成绩，希望孩子能次次考得第一。无论哪种原因，妈妈不顾孩子的能力特质、天生禀赋而把自己过高的期望强加在孩子的身上，都不会有理想的结果。

妈妈对孩子期望过高，会严重影响孩子身心的健康成长。上海市教育科学研究院普通教育研究所对800名上海市区幼儿园家长进行的一项调查显示：超过95%的被调查者希望自己的孩子受教育的程度要达到或超过大学毕业，对子女就业期望率最高的职业依次是：医生、工程师、大学教师、科技人员、演员、运动员、作家、翻译，所占百分比在2.4%~6.7%，而目前上述几类从业者在全部就业人员中的比例不足1%。

妈妈对孩子抱有的期望，应该是在充分了解孩子各方面能力的基础上，让孩子经过努力可以达到的。妈妈为孩子提供学习的便利条件，满足孩子各种学习的要求，对孩子表现出积极负责的态度等，会增加孩子的自信，激发孩子的学习动力，主动挖掘自己的潜力，最终达到妈妈的期望。而把过高的期望强加在孩子身上，会给孩子带来巨大的压力，甚至造成难以弥补的伤害，严重影响孩子将来的前途与幸福。

家庭教育对孩子的成长会起到非常重要的作用，妈妈如果只依据自己的愿望去塑造孩子，根据某一标准去要求孩子，结果往往出乎妈妈的意料。因此，妈妈应从实际出发，对孩子提出恰当的要求和期望。

建议妈妈在以下方面对孩子进行教育：

第一，顺应孩子成长规律，杜绝揠苗助长。每个妈妈都希望自己的孩子能有个美好的未来，但是因为缺乏科学的教育理念，常常使她们把自己的期望强加给孩子，对孩子进行超前教育，其结果是揠苗助长，令自己得不偿失。教育孩子，应该从孩子的具体实际出发，估计孩子的爱好与特长，尊重孩子的意愿和学习规律，指导孩子踏踏实实地稳步发展，这样才能达到预期的效果。

第二，对孩子的期望要实际。妈妈对孩子的期望要符合实际，顺其自然，不能异想天开。要设身处地地为孩子排忧解难，而不是一味地给孩子提要求，逼迫孩子去做能力之外的事情。这种揠苗助长的方法只能适得其反。妈妈应该根据孩子的兴趣、爱好、能力、素质等各方面的实际情况，提出孩子经过努力可以达到的期望。对竞争意识不强的孩子需要这样做，对好胜心比较强的孩子更应如此。

第三，提高孩子的综合素质。现在的妈妈，大多数都只看重孩子的成绩，认为孩子成绩好就万事大吉，一心希望孩子将来考取名牌大学，因此只注重孩子的学习成绩，忽略了对孩子综合素质的培养。这样培养出来的孩子，即便成绩再好，也不一定能在社会中成就大事，因为其他方面的不足会严重影响孩子的成功。

家长不要一提起学习，就和成绩、分数、差距、名次等联系起来，这些都是结果。受这些结果的影响，孩子就会一学习就容易急躁、消极，从而对学习失去兴趣。把到终点看做是目的，就谈不上乐趣。科学教育学的观点是：学习成绩并不能决定一个孩子的优劣，每个孩子都有自己的发展前途。妈妈应该及时树立这样的现代教育观念。

不要打骂孩子

打骂只会损害孩子的身心健康，扭曲孩子的人格，其结果只有两种：孩子因害怕挨打表现出服从的态度，但骨子里可能从此开始怨恨妈妈，产生逆反心理；或者变得唯唯诺诺，没有自信，没有主见，从此变得胆小、自卑。有些经常遭受妈妈打骂的孩子，从妈妈的举止中学会了暴力行为，经常与别人打架斗殴，因此埋下祸端，给妈妈带来麻烦；还有的孩子因为受不了妈妈过于严厉的打骂，离家出走，在社会上受骗上当，给自身和家庭带来不幸。

从心理学的角度看，打骂还会使孩子学会撒谎欺骗，失去童真；还使孩子变得粗野、残忍。据某校统计，由于学习不好挨打的孩子占70%。据某少管所统计，因学习不好等原因经常挨打后走上犯罪道路的占56.43%。可见打骂不但不是促进孩子学习的好办法，反而会促使孩子变坏，进而走上犯罪的道路。

孩子处于成长阶段，说错话，办错事是难免的，他们需要妈妈的理解和宽容。妈妈要批评教育孩子，但应讲究方式方法，给孩子摆事实、讲道理，把道理说到孩子的心坎上。即使要惩戒，也应该采取科学的办法，这样才能收到良好的教育效果。

面对正在长大的孩子，妈妈应适时转变教育方法，让自身具备科学的家教知识和与时俱进的现代教育理念，树立民主教育的观念，建立尊重、平等的家庭关系，以鼓励和赏识的教育方式为主，使孩子在民主和谐的家庭环境中健康成长。

家长应该和孩子站在同样的高度，尊重孩子的人格，用孩子的视角去观察问题。对孩子要求过高，或一味地指责、打骂孩子，很容易打击孩子的积极性和上进心，造成孩子缺乏自信心、否定自己、与人交往困难等性格缺陷。经常打骂孩子的妈妈应该从以下几个方面改进自己的想法和行为：

第一，了解打骂带来的不良后果。妈妈认识到打骂孩子会带来的一系列不良后果，才会下决心改正。因此，惯于采用打骂的方式教育孩子的妈妈，只有改掉自以为是的毛病，多学一学教育孩子的方式，多听一听专家的意见，才可能走出只有打骂才能把孩子教育好的误区，改为采用温和的方式教育孩子。

第二，了解现象后面的原因。有些妈妈，看到孩子成绩不好，或者与别人打了一架，不问孩子原因就开始打骂，这样教育孩子不会产生任何效果。妈妈应该在日常生活中全面了解孩子的情况，出了问题要问清原因，不要在一无所知的情况下就对孩子使用暴力，这样只会起到反作用。

第三，设置合理的期望值。许多妈妈都是望子成龙、望女成凤，而不管孩子的实际水平，给孩子提出过高的要求。在孩子没有达到要求时就进行辱骂、责打，这样孩子压力过大，不仅不会考出好的成绩，连正常的水平都难以发挥出来。

第四，学会先审视自己。妈妈发现孩子有不好的行为后，首先要反思一下自己是否也有自己的行为举止，如果有，首先要自己改正，自己没有，对孩子也不能用打骂的方式纠正，而应该采取说理的方式让孩子明白自己错在哪里并且指出错误行为的害处，以达到规劝孩子改正的目的。

第五，盛怒之下不作为。每个妈妈在盛怒之下，往往有失去理智的言谈举止，容易采用暴力的方式发泄自己的气愤，这样做对事情的解决没有什么帮助，反而会给孩子的幼小心灵造成极大的创伤。因此，妈妈在发现孩子有严重的毛病和错误时，首先要缓和一下自己的情绪，然后用理智的方法和手段去教育孩子。

不要过度指挥孩子

生命属于孩子自己，命运应该掌握在他们自己手上，妈妈对子女“包办一切”，把自己的意识强加给孩子，结果只能是害了孩子。给孩子犯错误的机会、成长的自由空间，才有利于孩子的健康成长。

有一位当工人的父亲倾囊负债为独生女购置了一架钢琴。不料这女孩视学琴为苦役，而父亲则强行规定她每天必须练琴4个小时，练不够时间不许吃饭、睡觉，并效法古人“头悬梁，锥刺股”，当女儿疲倦得抬不起头时，他就用绳子将女儿的头发捆吊起来。

终于有一天，女儿操起剪刀，铰断了自己的手筋。抢救她的大夫十分震惊：“你将手筋铰断，不怕疼？”她说：“铰断手筋只疼一时，不断手筋，我的痛苦却是一辈子也解除不了的。”

妈妈一定要明白，犯错误是上帝给予孩子的权利。孩子成长的过程其实就是不断犯错误的过程，也是不断改正错误、掌握方法的过程。在生活、学习中，假如不给孩子犯错误的机会，轻易地帮他们做好一切，不但剥夺了孩子寻求正确方法的乐趣，更会使他们变得懒于动手，疏于尝试，习惯依赖妈妈，以致泯灭天性，懦弱无能，永远不会自立自强。

妈妈应该认识到，孩子是一个自由的人，他们有自己的思想、兴趣和爱好。现在的妈妈把眼光和爱都聚集在孩子身上，对孩子监护过度，以致孩子完全没有个人空间，一举一动都在长辈们的关注与监护之下。妈妈按照自己的意志，想把孩子培养成自己心中设想的样子。这样一来，妈妈的爱成为一种巨大的压力，使孩子无所适从，失去自我。

孩子不是物品，不是可以随意摆放的东西。孩子是有思想的个体，是需要在宽松环境里健康成长的人。作为妈妈，你了解孩子的需求吗？你知道该怎么样陪伴孩子快乐地成长吗？包办一切的爱会使孩子失去自我，失去独立思考的机会，失去锻炼的机会。最终使孩子无法制定和实现自己的人生目标，对生活感到迷惘。在这样的环境下成长的孩子非常痛苦，相信这也不是妈妈希望看到的。

如果妈妈不给孩子自由成长的机会，什么都替孩子想到了、做到了，孩子缺少独立精神和责任感，最终就会变成一个缺乏独立精神的怯懦无能的人。因此，每个妈妈应该从以下几个方面改变自己的言谈举止：

第一，放下权威架子，尊重孩子的人格。妈妈应放下权威的架子，把自己放在和孩子平等的位置上，真正做到尊重孩子，不把自己的想法强加给孩子，只是提出想法和建议，让孩子自己选择。很多妈妈之所以不让孩子自主选择，是因为担心他不能正确地选择。但是，孩子正是在错误中成长的，妈妈应该给予孩子充分的信任。当妈妈的想法跟孩子有冲突的时候，不妨换位思考一下：如果有人不尊重我而只是要我听话，我会是什么感受呢？这样就会更多地理解孩子的行为和想法了。

第二，不要对孩子过度关照。妈妈对孩子事无巨细都包办代替、照顾过头，对孩子来说绝不是什么好事。孩子一旦习惯了“饭来张口，衣来伸手”的生活，他们有大脑而不需要用，有手脚而不需要动，不参加任何实践活动，只是被动地接受。他们不会做家务，生活不能自理，一旦离开妈妈、家庭就会感到寸步难行，不知所措。妈妈适当的关心和照顾有利于孩子的健康成长，一旦照顾过了头，就会带来上述的种种问题。

第三，以宽容眼光看待孩子的成长。孩子是稚嫩的，不成熟的，容易犯错误的。回顾他们成长的过程，正是一连串的犯错误和改正错误的过程。爱因斯坦曾说：“谅解也是教育。”对孩子的过错能宽容理解是优秀妈妈必须具备的心理品质。宽容使妈妈走进孩子的内心，变成可亲可敬、可以推心置腹的朋友，从而顺利帮助孩子健康成长。宽容也使孩子不会失去积极寻求“开门”方法的乐趣，变得自立自信，勇敢坚强。

不要强求孩子练特长

妈妈不尊重孩子的兴趣，一厢情愿地强求孩子练特长，想把孩子塑造成自己期望的模样，只会徒劳无功，对孩子的成长与兴趣的培养都不利。

金飞喜欢绘画，想在周末报个绘画兴趣班，妈妈认为孩子学那个对今后的升学没有用，因而擅自做主给孩子报了英语班。

金飞的兴趣不在英语上面，因此对于妈妈强人所难的行为十分反感。但他知道拗不过妈妈，只好答应去学习，可妈妈刚把他送到学校，他就转身跑到别处去玩耍。第一次上课金飞就开溜，老师打电话告诉了他的妈妈。

金飞的妈妈很生气，等儿子回到家就把他狠狠地批评了一顿。但金飞没有改，第二次妈妈把他送去以后，他又偷着溜走了。妈妈没办法，只好取消了金飞的英语兴趣班。

兴趣是最好的老师，它能给人动力，提高人的积极性。妈妈要注重孩子兴趣的培养，不能像上例金飞的妈妈那样，以自己的眼光与标准去给孩子训练特长，虽然妈妈的出发点是为孩子着想，但结果只会徒劳无功，适得其反。

孩子的有些兴趣表现得比较明显，有些还有待培养。对于孩子的兴趣，如果这个兴趣对孩子身心没有损害，也不危及他人，妈妈都要学会尊重、支持；对于那些比较隐蔽的兴趣，妈妈要在孩子的活动中进行鼓励发掘，摸清孩子真正的兴趣所在，有针对性地进行培养，帮助孩子更快乐地在兴趣中学习。

孩子对兴趣的投入情况多种多样，有些是钻进去就不愿再出来，而有些只是暂时地投入一下。对于孩子真正的兴趣，妈妈要尽力挖掘培养，并鼓励孩子坚持下去。

因此，妈妈要尊重孩子的兴趣，不要再出现如上例的金飞妈妈那样的情况。

孩子的兴趣妈妈只能尊重、引导、挖掘和培养，不能擅自做主给孩子设定兴趣，那样妈妈虽然是善意的，却不会收到任何效果，反而使孩子越来越糟。面对孩子的兴趣，妈妈应该按照下述方法去做：

第一，尊重孩子的选择。孩子不管有什么样的兴趣，只要不是有害的，妈妈都要支持，学会呵护、尊重孩子对兴趣的选择。因为兴趣可以加强孩子的好奇心，能够提高孩子的积极性，是孩子学习的动力。

第二，挖掘孩子的真正特长。孩子的有些特长或者兴趣，孩子自己并不知道，表面上也没有表现出来，因此，妈妈平常要多注意观察孩子，鼓励孩子多参加各种活动，找机会发现孩子的真正兴趣所在。

第三，把孩子的兴趣培养成今后的专业。很多人之所以取得成功，有不少是受益于小时候的兴趣。因此，妈妈要悉心培养孩子的兴趣。如果从小进行很好的培养，长大后孩子又能从事相关的工作，那么，孩子会比一般人更容易获得成功。

不拿自己的孩子与他人比较

许多妈妈在教育孩子的时候，总习惯拿自己的孩子与其他的孩子比较，认为这样才能让孩子有压力有进步。可过分地互相攀比也会给孩子带来过大的心理压力，这对孩子的成长是不利的，教育孩子时用比较的方式虽然有一定的作用，但好妈妈一定要掌握好尺度和方法，避免孩子受到伤害。

小明和小亮是表兄弟，两人经常在一起玩。学校刚一放假，小亮就到姨妈家找小明玩。这天姨妈扣小亮聊起了考试成绩，小亮骄傲地告诉姨妈，他的各科成绩都是95分以上，“你真是好孩子，学习总是那么好。咦，我还没有看见小明的成绩单，小明，来一下。”其实小明早已在楼梯上听到了他们的对话，踌躇着不愿出来。听到妈妈叫他，只好不情愿地走过来。“小明，这次考试考得怎么样？成绩单在哪里？”“在我房间里。”小明很慢地回答。

看着他无精打采的样子，妈妈有些生气了，“是不是又得了坏成绩？去把成绩单拿来，我要看一看。”成绩单拿来了，没有一科上了90分。“你真让我感到羞愧，小明！”妈妈忍不住大声训斥起来，“你的成绩为什么总是这么糟？小亮总是得到好成绩，你为什么不能像他一样，你的学习环境哪一点比他差？你就是太懒，总是注意力不集中，不专心听讲，回房间去好好想一想，再来跟我谈。我不想看你那个样子。”虽然已经不是第一次在小亮面前挨骂了，小明还是感到下不了台，只好含着眼泪回到了房间。

从此，小明就觉得自己像一只丑小鸭，情绪总是不高，他常常感到来自小亮的压力，觉得自己无法比得过他。小明的成绩更是大幅度地下滑，任凭妈妈、老师怎么教育，就是不爱学习。仅仅上完初中，小明便辍学在家了。

许多妈妈都喜欢拿自己的孩子与他人比较，总觉得自己的孩子没有人家的优秀，不知不觉地会用其他孩子的优点来比自己孩子的缺点。毋庸置疑，做妈妈的，没有谁不爱自己的孩子，经常拿别人家的孩子与自己的孩子相比，也是出于好心，希望孩子能以他人为榜样，学习别人的优点，超越别人，为妈妈争光争气。

但是，有时候好心也会做坏事，妈妈经常拿自己的孩子与别人作比较，对孩子造成的不良影响是特别严重的。这些孩子通常会有很多负面情绪，如不开心、无安全感、愤怒和嫉妒等。在行为表现方面，他们会觉得得不到妈妈注意，因为妈妈似乎更喜欢别的孩子，他们常会采取一些特殊行为以吸引妈妈的注意，但这些行为通常都是妈妈不喜欢见到的。

其实，妈妈要想避免这种现象，最好的办法是不要把自己的孩子与别的孩子比较，而是关注自己孩子每一个微小的进步。毕竟，每个孩子都有自己的特点。人生在世，从没有哪两个人是一样的，各人有各人的天赋，各人有各人的性格，各人有各人的能力。如果妈妈只和更优秀的孩子比，看不到自己孩子的长处，而只看到孩子的短处，便容易使自己的教育收不到应有的效果，甚至彻底失败。

好妈妈要学会欣赏孩子，鼓励孩子在生命的交响乐中演奏好属于自己的乐章。这是孩子潜能最大化的重要通道，也是孩子自信最大化的源泉，更是使孩子实现人生价值的必由之路。

☺　正确对待孩子的优点和缺点

每一个孩子都是独一无二的，每个孩子都有自身的特点。虽然有的孩子身上有很多缺点，但也不是一无是处的。因此，妈妈不要只看到孩子的缺点，忽视孩子的优点；也不要盲目夸大他的优点，强调别人的缺点。妈妈应该尽量让孩子知道，每个人都自己的优点和缺点。面对优点，要让孩子继续发扬；面对缺点，要及时改正。

☺ 承认孩子间有差异

许多妈妈喜欢把自己的孩子跟别的孩子进行比较，这样做实际上是忽视了孩子之间的差异，妈妈应当接受并承认孩子之间的差异，帮助孩子学会取长补短。而且，当妈妈看到自己的孩子和别的孩子有差异时先不要着急，这种差异未必就是差距。孩子跟别人的差异往往是其个性形成的开始，其实更需要妈妈来加以保护。此时，妈妈的正确态度是，根据自己孩子的特点进行教育。只要孩子付出了努力，已经尽其所能，妈妈就不要对孩子提出过高要求。

☺ 让孩子有一颗不甘人后的上进心

上进心是在与人竞争的过程中不甘落后、总是想超越别人、争取第一的强烈愿望。一个有上进心的人，总是能看到自己的不足，也总是能自觉地寻求成功的方式，并不断地取得进步。

新疆理科状元郭慧勤的妈妈常常这样教育女儿：做人一定要有骨气，不要跟人家比吃、比穿、比喝，也不要比谁口袋里钱多，要比一比看谁的知识多，比一比看谁做的事情多，看谁做得好。也就是这样的家庭环境让郭慧勤在成长中，渐渐拥有了一颗不甘人后的上进心。

也就是这样一颗上进心让她在学习的竞赛中总是向前、向前、再向前。最终她把整个自治区的考生都远远地甩在身后，摘取了新疆理科状元的桂冠。

☺ 给孩子接触榜样的机会

妈妈要为孩子创造与他人交往的机会，让孩子们有时间一起玩，一起学习。在接触中，孩子们能增进感情，互相影响。妈妈不仅要及时了解情况，有时还需要参与其中，比如文体活动、郊游、参观等。这样孩子就能够从玩耍中看到别人的优点，发现自己的缺点，从而进行改正。

不要轻易剥夺了孩子的兴趣

对于孩子的兴趣爱好，行之有效的办法是，孩子对某一样事物有兴趣，妈妈首先应该帮助孩子分析其利弊，若是积极有益的，就应主动地加以引导，并让孩子懂得只有认真学习，才能发展自己的兴趣爱好，做自己想做的事。

兴趣，是一个人走向成功的钥匙。很难想象一个人会对一件自己不感兴趣的事产生极大的热情，也很难想象一个人对自己不感兴趣的事情会有突破性的创造和发展。好妈妈更懂得如何尊重孩子的兴趣爱好，因为她们知道，孩子只对自己感兴趣的事情才会充满热情，才会全身心地投入，才会对所遇到的问题进行思考，这样才更容易取得好的成绩。

明明已经上中学了，依然淘气爱玩，尤其是最近他迷上了网络游戏，虽然都是在完成作业后才玩，但是每次都玩到很晚。妈妈非常担心这样玩游戏会干扰明明的正常作息，影响他第二天上学时的精神状态。

一天晚上，已经十点多了，妈妈发现明明的房间又隐约透出光亮，知道他还没有睡，在玩游戏，就打算和他谈谈。

妈妈敲门之后，明明说道："等一会儿。"过了一阵子明明才出来，脸上有一丝慌乱。妈妈知道他正在关闭游戏，怕被自己发现。

进了明明的房间，妈妈便在他的旁边坐下。

"不必紧张，我不是来说你的，是想和你聊聊天。"妈妈轻声说道。

明明点点头："嗯，我想如果因为我玩游戏没完成作业，你一定会生气，所以就先完成作业再玩。"

“你做得很好，乖儿子。”妈妈摸摸他的头，“妈妈想通了，不反对你玩游戏，只是希望你不要每天玩，也不要因为玩游戏影响休息，好不好？”

“好，我知道你是为我好。”

“这才是我的好儿子。”妈妈把一张纸递给明明，“今年暑假你可以去学学这个。”

明明接过纸，是一张电脑游戏编程学习班的报名表。

“谢谢妈妈，我答应你，绝对不会影响学习。”

“我相信你。”

从此之后，明明再也没有玩游戏到深夜，而且还在妈妈的支持下参加了游戏编程比赛，取得了不错的成绩。

对于孩子的兴趣爱好，行之有效的办法是，孩子对某一样事物有兴趣，妈妈首先应该帮助孩子分析其利弊，若是积极有益的，就应主动地加以引导，并让孩子懂得只有认真学习，才能发展自己的兴趣爱好，做自己想做的事。可以说，只要妈妈引导得当，孩子的课余爱好将不失为帮助他们开拓眼界、提高学习能力的有效途径。

然而，很多妈妈常常勒令孩子放弃某些兴趣爱好，强迫他们去做根本不感兴趣的事情，这一类做法是极不明智的。只要孩子的兴趣爱好不是有害的或者不健康的，我们就要加以鼓励和保护，并且尊重孩子的兴趣爱好。因为孩子的兴趣爱好是引导孩子获取知识、培养能力、开发智力的有利因素。

人们对有兴趣的事情往往容易全身心投入，最易见成绩；反之，则难得成就。孩子的兴趣之苗一旦破土而出，作为妈妈就要精心呵护，不要让其因“杂草”而枯萎，更不要随意拔掉它。“兴趣是最好的老师”，兴趣可使一个人的潜能得到最大限度、最持久的发挥。

妈妈培养孩子首先要发现孩子的特长与爱好，不要学“泥人张”，要学“根雕家”。根雕家的艺术原则是发现、尊重根形的特点，然后通过艺术加工，使其特点更为突出，更为生动，最后成为精品。培养孩子也一样，我们不能使每一个孩子都变成毫无个性的学习机器，而应当使他得到全面的发展。

妈妈如果强迫孩子学习他并不喜欢的东西，不仅“吃力”，而且“讨不了好”。真正高明、有远见的好妈妈应懂得诱导、鼓励孩子健康的爱好，并给孩子提供与他爱好有关的书籍和工具。同时，妈妈也应参与其中，与孩子交朋友，给孩子做参谋。

第一，把选择的权利还给孩子。为了培养孩子的兴趣，妈妈要多和孩子进行沟通，要看看他们真正喜欢什么，不喜欢什么。孩子虽小，但也有着鲜活的思想和情感，有自己的好恶。只有从兴趣出发，孩子才能自主地学习，从而学得又快又好，享受到学习的乐趣。妈妈如果把自己的兴趣强加给孩子，那就是在加重孩子的负担，往往会使孩子的学习变成一个痛苦的过程。

作为一名合格的好妈妈，要善于洞察孩子的内心世界，要多用商量、引导、激励的语气和孩子进行交流，要能够站在他们的角度去考虑问题。所以，好妈妈一定要把选择的权利还给孩子，让孩子自主选择、发展兴趣，快乐地学习、成长！

第二，尊重孩子的兴趣爱好。好妈妈要尊重并保护孩子的兴趣爱好，不要企图通过说教或打骂等方式强迫孩子改变兴趣爱好，更不要对孩子表现出兴趣的事物报以讥讽或不屑的评论，孩子的心灵十分脆弱、敏感，妈妈不经意的一句话、一个眼神都有可能刺伤他们。尊重孩子的兴趣，就是尊重孩子本身。

一味表扬，将会适得其反

当孩子做出值得表扬的事情，妈妈才能给予表扬，这样才能给孩子留下深刻印象。不要随意给孩子廉价的表扬，这样只会使孩子无所适从，如果形成习惯，还会造成孩子的盲目自信。

心理学家的研究成果表明，表扬是孩子进步的催化剂。但是，当代儿童心理学和教育心理学研究成果同时证实，过多的表扬对孩子的健康成长有诸多消极的影响。因此，妈妈在培养和教育孩子的过程中，不可对孩子的一切无过错行为一味地给予表扬。美国儿童心理学家认为，表扬并不总是与孩子美好品质的养成同步，习惯性地接受表扬可能会导致孩子对表扬的依赖，而司空见惯、唾手可得的表扬又可能会使孩子对进一步受到的表扬无动于衷，从而逐渐失去为获得某种表扬和肯定去完成各种任务的动力。

梅梅上小学的时候，作文成绩特别好。为了能让女儿充分发挥自己的特长，每次梅梅在写作文的时候，妈妈总是不忘了说一句"你写的可真好"。刚开始的时候，梅梅听见妈妈夸赞自己，写得就更来劲儿了。但是随着夸赞次数的增加，梅梅渐渐对妈妈夸赞的言语感到了厌烦。

有时候，妈妈在一旁夸个不停，她就会放下手中的笔，直愣愣看着妈妈一言不发，直到妈妈知趣离开后，才将笔拿起来重新构思作文。梅梅在日记中曾写道："妈妈不厌其烦的夸奖让我渐渐失去了写作的兴趣，我现在真是烦透了。"

批评和表扬对孩子而言是同样重要的，表扬过度也有害。赞美太容易得到，人生就会失去意义，失去动力。孩子过多地被吹捧、被肯定，会让他们失去防御能力，反而更容易受到伤害。对于孩子的好成绩，妈妈既不能毫无表示，让他觉得不受重视，也不能过度赞扬，让他失去正确的方向。那么，作为妈妈，在表扬孩子的时候就要注意把握好一个度。

☺ 表扬时掌握分寸

大多数妈妈都意识到表扬在孩子成长过程中的作用，因此越来越多地以表扬代替其他的教育手段，这种做法是不妥的。适量的表扬对孩子的良好品质形成起到积极的作用，而过度的表扬则往往适得其反，它容易使孩子形成骄傲自大的心理，久而久之，就会使孩子丧失前进的动力。表扬的真正目的是为了让孩子确立一种自强、自律、自信的心理，使孩子在不受表扬的时候，同样具有成就感和自我满足感，也就是人们常说的"表扬的目的就是为了不表扬"。因此，表扬应适量，忌过度。

☺ **表扬时掌握时机**

当孩子做出值得表扬的事情，妈妈才能给予表扬，这样才能给孩子留下深刻印象。不要随意给孩子廉价的表扬，这样只会使孩子无所适从，如果形成习惯，还会造成孩子的盲目自信。

很多孩子都有良好的家境，头脑也聪明。因为从小成绩优秀，获奖无数，每个大人都喜爱和宠溺他们。生长在一片赞美声中的孩子，很容易自以为是，认为自己很完美，什么都懂，容易形成一种狂妄自大的心理，以为自己什么都比别人强。因为身边的人总是一味地给予肯定，所以他们看不到自己的不足，接受不了任何一句不中听的话，心理特别脆弱，在面对挫折的时候更容易被打击。

☺ **要表扬，更要鞭策**

当孩子取得一点小成就的时候，有的妈妈会对其大加表扬，其实她们犯了这样一个错误：只表扬，不鞭策，只看到了孩子的成绩，却看不到孩子尚存在的不足。这样会使孩子误会妈妈的意图，认为妈妈对自己的成绩已经很满意了，他可能因此会忘记自己的不足，从而变得骄傲自满。妈妈要让孩子知道，考第一、当班长、得奖状都不是终极的成就，也不是人生唯一的目的。不断进步和超越自己比得意于短暂的成绩更有意义。

把假期还给孩子，就是把自由还给孩子

有些孩子极具逆反心理，你越给他施压，他就越是和你对着干。这也是很多孩子和妈妈关系紧张的主要原因。

一般而言，妈妈之所以在假期将孩子送入培训班，一方面是怕孩子虚度光阴，另一方面是将孩子交给培训班托管——后者在低年级孩子的身上表现尤为明显。可是，这种托管方式并不受孩子的欢迎，因为它不仅约束了孩子的自由，而且增加了学习负担。对于大多数孩子来说，他们不想被约束，只想在假期好好地放松一下，做一些自己喜欢的事。

陈好是小学三年级的学生。学校放假之前，她拟定了一份假期生活计划表。在她的计划表里，我们可以看见这样的安排：

“放假以后，我要去登一次山，因为登山既可以锻炼身体，又可以磨炼人的意志；放假以后，我要去一次外婆家，因为外婆家离海边不远，我每天可以牵着外婆的手去看海；放假以后，我要给自己做一个很好看的布娃娃，还要给娃娃买一身漂亮的小衣服……”

可到了放假的时候，陈好的妈妈给孩子报了一个英语培训班。为此，陈好还哭了一鼻子。可妈妈并不理会她，因为在妈妈的眼中学习好才是最主要的。

许多妈妈在“不要让孩子输在起跑线上”这一口号的影响下，不惜投入财力、精力或是请家教，或是让孩子上辅导补习班。有的妈妈则让孩子“连轴转”，学了英语再去上音乐课，还有数理化、美术、书法……

尽管现在的孩子生活、学习环境远远好于当年，但社会竞争变得更加激烈，妈妈往往把自己承受的社会压力，不由自主地灌输到对孩子的教育之中，而忽视了孩子的承受能力。

有些孩子极具逆反心理，你越给他施压，他就越是和你对着干。这也是很多孩子和妈妈关系紧张的主要原因。因此，妈妈不要刻意要求孩子参加各种各样的暑期培训班，把假期还给孩子，让孩子利用暑假多接触外面的社会，多了解七彩的世界，多培养孩子的动手能力，多参加各种家务劳动和社会实践，这样的效果要比填鸭式的教育方式好得多。

小铁上了初中以后，每次学校放假，妈妈都鼓励小铁出去旅游。刚开始的时候，小铁觉得自己出去旅游很不安全，每次都央求妈妈和他一起去。后来，小铁出去的次数多了，胆子也慢慢大了起来。最后，他干脆骑车独自旅行。中国大大小小的城市，他几乎都跑遍了。自然而然，他对各个城市文化的了解也越来越多。每经过一个城市，他都要停留几天，好好研究一番当地的风土人情。渐渐地，小铁成了班级里的文化通。

妈妈们要安排好孩子的学习、作息和娱乐，使孩子劳逸结合、有张有弛，让孩子有充裕的时间将书本上的知识充分地应用到实际生活中，去实践、去感悟。这样才符合青少年成长规律，使孩子德、智、体全面发展；反之，如果妈妈以自己的权威强迫给孩子灌输比别人多得多的书本知识，那么哪怕他的学识再渊博，他的视野也是十分狭窄的。

假期原本是让孩子们放松身心，以良好的状态投入新学期的调整时间，也是提供机会让孩子接触自然、接触社会的时间。妈妈如果在假期依然把孩子关在教室里，只会加剧他们的厌学情绪。

把假期归还给孩子，是全社会的呼声，应引起广泛关注。把孩子从沉重的负担中解脱出来，可以采取许多措施，如举办夏令营、短途旅游，到大自然中去陶冶情操、磨炼意志；还可开展溜冰、游泳、打球等丰富多彩的文体活动，以强健身心。

好妈妈知道，学和玩是密不可分的。因此，当孩子们在盈盈的微笑中迎来假期的时候，好妈妈会通过以下方式和孩子共同度过难忘的假期：

☺ 和孩子一起制订假期计划

好妈妈不会横加干涉孩子的假期活动，而是会放低姿态，和孩子一起商讨假期活动计划。在征得孩子同意后，好妈妈会和孩子一起制订一份详细的假期计划表，以便约束孩子按计划度过假期。

☺ 未经同意，不参与到孩子的活动当中

有的妈妈虽然把假期还给了孩子，但是在孩子外出活动时，她们总会因为担心而陪伴在孩子左右。这往往会让孩子有一种约束感，很难玩得尽兴。好妈妈若是想参与到孩子的活动之中，应事先征得孩子的同意，否则，在孩子的安全得以保障的前提下，她们可以待在家里看电视也不要强行参与到孩子的活动中。